데카르트의 『성찰』 입문

데카르트의 『성찰』 입문

리처드 프랭크스 지음 | 김성호 옮김

서광사

이 책은 Richard Francks의 Descartes' *Meditations* (Bloomsbury Publishing Plc., 2008)
를 완역한 것이다.

데카르트의 『성찰』 입문

리처드 프랭크스 지음
김성호 옮김

펴낸이 | 이숙
펴낸곳 | 도서출판 서광사
출판등록일 | 1977. 6. 30.
출판등록번호 | 제406-2006-000010호

(10881) 경기도 파주시 회동길 77-12 (문발동)
Tel: (031) 955-4331 | Fax: (031) 955-4336
E-mail: phil6161@chol.com
http://www.seokwangsa.co.kr | http://www.seokwangsa.kr

제1판 제1쇄 펴낸날 · 2020년 9월 20일

ISBN 978-89-306-1053-7   93160

옮긴이의 말

이 책은 리처드 프랭크스(Richard Francks)가 컨티뉴엄 출판사의 리더스 가이드 시리즈 중 한 권으로 출판한 *Descartes' Meditations* (2008)를 우리말로 번역한 것이다. 리더스 가이드 시리즈는 서양 철학의 다양한 원전들에 대해 많은 독자들이 비교적 쉽게 읽고 접근할 수 있는 입문서를 제공하는 것으로 정평이 나있는데 이 책 또한 이런 평가를 저버리지 않고 데카르트의 『성찰』을 이해하는 데 큰 도움이 되는 충실한 입문서의 역할을 한다.

흔히 철학에 대한 정의(定義)는 철학자의 수만큼이나 많다는 말을 하곤 하지만 철학을 '우리가 아무 의심 없이 받아들이는 지식이나 믿음의 근거를 검토하고 규명함으로써 우리의 지식과 믿음을 확실한 기반 위에 올려놓으려는 시도'라고 정의한다면 데카르트의 『성찰』은 가장 철학적인, 철학의 교과서와도 같은 책이다. 『성찰』에서 데카르트는 우리가 일상적으로 받아들이고 믿는 경험의 내용을 의심하는 것에서 출발해, 심지어 자신의 신체를 비롯한 모든 물리적 대상의 존재를 회의한다. 그리고 이런 회의의 과정을 거친 후에도 남는 것으로 자아의 존재를 확보한 후 이를 바탕으로 신과 세계의 존재를 증명하기에 이른다. 이 책의 저자도 지적하듯이 데카르트의 사고와 추론 방식에 대해서 모두가 동의하지는 않으며 수많은 비판이 제기되는 것도 분명한 사실이지만 그의 작업이 철학이라는 활동의 본모습을 여실히 보여주는 모범 중 하나라는 점은 누구도 부정할 수 없을 듯하다.

　다양한 관점에서 근대철학의 진정한 출발점을 알린 것으로 평가받는 『성찰』에 대한 이 입문서는 여러 장점을 지니는데 대표적인 것을 소개하면 다음과 같다. 우선 저자는 이 책에서 『성찰』의 구조와 논의 전개 방식을 명확하게 소개함으로써 『성찰』을 이해하는 데 큰 도움을 준다. 『성찰』은 다른 철학 원전들에 비해 그리 난해하다는 평가를 받지는 않지만 무척 다양한 내용을 압축해서 논의하므로 전체를 체계적으로 조망하기란 결코 쉽지 않다. 저자는 『성찰』의 각 부분에 등장하는 논의가 정확히 무엇을 의미하며, 이런 논의를 전개한 데카르트의 의도가 무엇인지 또한 이후의 논의와는 어떤 식으로 연결되는지를 분명히 제시함으로써 『성찰』이 그리는 거대한 철학적 나무의 전체 모습을 제대로 볼 수 있도록 우리를 인도한다.

　또한 저자는 데카르트의 주장이나 자신의 해석을 일방적으로 소개하는 것이 아니라 끊임없이 독자들에게 질문을 던짐으로써 독자들로 하여금 수준 높은 철학적 사유에 기꺼이 동참하도록 유도한다. 저자는 각 장마다 자신의 설명이 끝나는 부분에서 '이런 데카르트의 생각은 옳은가?', '이렇게 확신할 수 있는가?' 등의 질문을 던지고 독자들 스스로 이런 질문을 고찰해보고 답할 것을 유도한다. 이런 면에서 이 책을 어쩌면 가장 철학적인 원전에 대한 가장 철학적인 입문서라고 부를 수 있을 듯하다. 이 책을 번역하면서 옮긴이는 데카르트의 『성찰』이야말로 서양철학에 관심을 지닌 사람이라면 누구나 반드시 정독해야 하는 탁월한 고전이라는 점을 다시 한번 느꼈다. 그리고 『성찰』을 읽는 모든 사람들에게 이 입문서가 훌륭한 안내자의 역할을 하리라는 점을 조금도 의심하지 않는다.

　항상 그렇듯이 이 책을 번역하는 과정에서도 많은 선후배 동학들로부터 물심양면의 큰 도움을 받았다. 일일이 이름을 들지 않더라도 모든 분들께 깊이 고개 숙여 감사의 말씀을 올린다. 또한 그리 미덥지 않은 번역 원고를 잘 다듬고 꼼꼼하게 교열해 이렇게 훌륭한 책으로 만들어 주신 서광사 편집부의 모든 분들께도 깊이 감사드린다. 이제 이 책으로 리더스 가이드 시리즈 중 다섯 권을 번역, 출판한 셈이 되는데 이전에 출판한 책들과 마찬가지로 이 책도 철학에 관심을 갖고 원전 읽기에 도전하려는 분들에게 작은 도움이라도 되기를 바랄 뿐이다.

이 책의 번역을 마친 후 교정지를 받을 즈음에 서광사의 김신혁 사장님께서 영면에 드셨다는 슬픈 소식을 전해 들었다. 코로나 바이러스 사태 때문에 제대로 조문을 하지도 못해 더욱 죄송하고 애통할 뿐이다. 벌써 30년도 넘은 오래 전, 아무것도 모르면서 철학 책 번역을 하고 싶다는 철없던 젊은이를 따뜻하게 격려해주시고 많은 가르침을 베푸셨던 사장님의 모습이 눈에 선하다. 옮긴이가 철학 책 번역을 꾸준히 계속하면서 지금에 이른 것이 모두 사장님의 은혜임을 잊지 않으려 한다. 항상 인자하고 선했던 사장님의 미소를 마음속 깊이 간직하면서 이 책을 사장님의 영전에 바쳐 그동안 받은 은혜에 조금이나마 보답하려 한다.

2020년 6월
옮긴이 김성호

이 책을 읽는 방법

이 책을 읽는 가장 좋은 방법은 다음과 같다.

- 우선 『성찰』의 원문을 읽는다(여러 번 읽어도 좋다).
  나는 『성찰』 본문을 '절'로 나누었는데 데카르트의 원전은 '절'로 나누어져 있지 않다. 내가 나눈 각 절이 원전의 어느 부분인지는 절의 제목에 표시해 두었다.
- 원전이 말하는 바를 요약해서 적어본 후 그것에 대한 자신의 생각도 적어본다.
- 각 절에 대해 내가 제시한 '개관'을 읽어보고 자신이 쓴 요약문과 비교해본 후 차이점을 검토한다.
- 제1성찰의 나머지 절들에 대해 위와 같은 작업을 반복한다.
- 내가 제시한 '논의' 부분을 차례대로 하나씩 읽고 그것이 말하는 바를 요약한 후 자신의 생각도 요약해본다. 또한 각 절의 마지막에 제시된 '연결고리' 부분을 살펴보고 관심을 끄는 '논의'가 있다면 그것을 읽는다. 이를 자신의 생각과 관련지어 검토해보아도 좋다.
- 이 책의 나머지 부분에 대해서도 위와 같은 작업을 반복한다.
- 하지만 항상 그렇듯이 대부분의 사람들은 최선의 방법으로 여겨지는 것을 대부분 하려고 하지 않는다 —사람들은 자신의 관심을 끄는 일부만을, 곧 이전에 들은 적이 있거나 현재 자신이 하는 일에 도움이

된다고 생각되는 부분만을 읽으려 한다. 따라서 나는 이 책을 작은 조각들이 이어지는 형식으로 구성하려 했다. 하지만 연결고리와 상호 참조를 통해 독자들은 자신이 원하는 곳에 충분히 도달할 수 있을 것이다.

• 개관은 데카르트가 각 절에서 주장하는 핵심 논점에 대해 내가 생각하는 바를 매우 간략하게 요약한 것이다.

• 주석은 각 절에 대해 독자들이 생각하고 이해하기 바라는 바를—곧 그 절이 이전 또는 이후의 여러 부분들과는 어떻게 관련되며, 무엇을 의미하며, 어떤 질문을 제기하는지를—설명한 것이다.

• 논의는 각 부분에 대해 뒤이어지는 쟁점들을 모아놓은 것으로서 주로 여러 주제의 등장 배경이나 이후의 사상적 전개 방향 또는 이 둘을 결합한 내용으로 구성된다.

인용 표시와 생략형에 관하여

이 책에서 데카르트의 원전을 인용할 경우 아당(Adam)과 타네리(Tan-nery)가 편집한 데카르트 전집의(5장 참조) 권수와 면수를 밝혔다. 이 전집의 면수는 최근의 영어 번역을 비롯한 많은 번역본에도 양측 여백에 표시되어 있다. 예를 들면 'IXb. 46'은 이 전집 9b권 46면을 의미한다. 권수가 표시되어 있지 않은 경우는 이 전집의 7권에서 인용한 것이다.『철학의 원리』는 짧은 절들로 나뉘어져 있으므로 이 책의 경우에는 부와 절의 수만을 밝혔다.

　데카르트 원전의 영어 번역은 코팅햄(Cottingham), 스투트호프(Stoothoff), 머독(Murdoch)의 번역본에 따랐다(이 번역본의 양측 여백에는 아당과 타네리 판의 면수가 표시되어 있다).[1]

　둥근 괄호 안에 표시한 숫자는— (54)와 같이 —인용출처 또는 어떤

1　[옮긴이 주] 데카르트의 원전을 우리말로 번역하면서『성찰·자연의 빛에 의한 진리탐구·프로그램에 대한 주석』이현복 옮김(문예출판사, 1997);『방법서설·정신지도를 위한 규칙들』이현복 옮김(문예출판사, 1997);『방법서설』김선영 옮김(부북스, 2018);『철학의 원리』원석영 옮김(아카넷, 2002);『정념론』김선영 옮김(문예출판사, 2013);『성찰에 대한 학자들의 반론과 데카르트의 답변』원석영 옮김(나남, 2012) 등을 폭넓게 참고했다.

　그리고 데카르트의 저서 중『자연의 빛에 의한 진리 탐구』는『진리 탐구』로,『프로그램에 대한 주석』은『주석』으로,『정신지도를 위한 규칙들』은『규칙들』로,『철학의 원리』는『원리』로,『성찰에 대한 학자들의 반론과 데카르트의 답변』은『반박과 답변』으로 약칭했다.

주장의 근거가 되는 대목을 나타낸다. 중괄호 안의 표시는— {『반박과 답변』5, 336}과 같은—어떤 주장과 동일한 또는 유사한 내용이 등장하는 대목을 나타내며 상호 참조를 위한 것이다. 각괄호 안의 표시는—[3.3.2]와 같은—논의되는 주제가 등장하는 이 책의 다른 부분을 나타낸다.

차례

옮긴이의 말   5

이 책을 읽는 방법   9

인용 표시와 생략형에 관하여   11

1장 『성찰』의 맥락   15

2장 주제들의 개관: 객관성의 문제   23

3장 본문 읽기   31

    1부: 회의   33

    2부: 자아   91

    3부: 신   163

    4부: 지식의 가능성   229

    5부: 물체의 본성 그리고 신의 확실성   257

    6부: 물체의 존재   279

4장 평가와 영향   301

5장 더 읽어볼 만한 자료들   313

찾아보기   321

1
장

『성찰』의 맥락

1. 1596-1650

데카르트(René Descartes)는 1596년에 태어나서 1650년에 세상을 떠났다.

이는 무엇을 의미하는가?

이는 그가 프랑스에서 종교전쟁이 거의 끝나고 앙리 4세(Henry IV of Navarre)가 왕위에 오를 무렵에 태어났음을 의미한다. 당시는 엘리자베스 1세가 잉글랜드를 40년째 통치 중인 때였으며, 영국의 탐험가 월터 롤리(Walter Raleigh)가 남아메리카에 있는 오리노코강을 300마일이나 거슬러 올라간 때였고, 영국 군대가 활을 전쟁 무기에서 폐기한 때였다. 데카르트는 셰익스피어(Shakespeare)가 활발한 작품 활동을 하고, 버드(William Byrd)와 다울런드(John Dowland)가 한창 음악을 작곡하고, 카라바조(Caravaggio)와 엘 그레코(El Greco) 그리고 틴토레토(Tintoretto)가 수많은 그림을 그렸던 시기에 태어났다.

데카르트는 평생 30년 전쟁을 지켜보았다. 그의 생애 동안 잉글랜드에서는 찰스 1세(Charles I)가 처형되었고, 프랑스에서는 루이 14세(Louis XIV)가 왕위에 올랐다. 아메리카대륙에 영국 출신의 이주민과 흑인 노예들이 첫발을 내디뎠으며, 유럽에 중국차와 커피가 상륙했다. 이보다 더욱 직접 관련되는 일들을 들면 하비(Harvey)가 혈액 순환에 관한 논문을 발표했으며, 튀코 브라헤(Tycho Brahe)와 케플러(Kepler)의 우주론과 갈릴레오(Galileo)의 물리학 및 천문학이 등장했고, 지구가 닫힌 우주의 고정된 중심이 아니라 무한한 우주에 속하는 태양의 둘레를 도는 행성에 지나지 않는다는 '코페르니쿠스의' 우주관이 (교황이 이를 금지했음에도) 지식인들 사이에 점차 확산되었다.

2. 데카르트의 생애

데카르트는 프랑스 서쪽 투렌(Touraine) 지방의 비교적 부유한 가문에서 태어났는데 (그가 토지와 직함을 팔기 이전까지 그는 페로의 영주(Seigneur du Perron)라는 직위를 유지했다) 여러 형제들 중 무사히 성장한 세 번째 자녀였다. 그가 한 살 때 어머니가 세상을 떠나버려 외할머니가 그를 키웠다. 그는 병약하고 신경이 날카로운 기질을 타고났던 듯하며, 집중해서 열정적인 연구를 하고 나면 최소한 한 종류의 신경쇠약에 걸리기도 했다. 그는 젊은 시절 몇 년 동안 법률가 또는 행정가로서의 경력을 쌓으려고 생각했지만 결국 적당한 상속 재산에 의지해 살면서 자신이 계획한 연구에 몰두하기로 결심했다. 그가 실제로 쌓은 유일한 경력은 30년 전쟁이 이어지는 동안 서로 다른 여러 군대에서 군사 기술자로 일한 것이었는데 이 때문에 그는 유럽의 여러 곳을 여행했으며 다양한 지식인들을 만날 수 있었다. 그는 1628년 라로셸(La Rochelle)의 전선에 있었는데 전투에 직접 참여하는 일은 적극 피하려 했던 듯하다. 이 이후 그는 당시 새로 독립한 네덜란드 공화국(Dutch Republic)으로 거처를 옮기고 그곳에서 20년 동안 살았다(그가 정확히 어디에 사는지는 엄격한 비밀이었으며, 그는 자주 거주지를 옮겼다). 그 후 그는 스웨덴의 크리스티나 여왕(Queen Christina)의 개인교사로 초청받고 이를 수락했는데 스톡홀름에 도착한 지 6개월 만에 폐렴으로 세상을 떠났다. 그는 평생 결혼하지 않았으며, 다른 사람들과의 관계는 강한 애정과 신랄한 상호 비난이 반복되어 그리 원만하지 못했다. 그는 딸 하나를 두었는데 (딸의 어머니는 그가 암스테르담에서 머물렀던 집의 하녀였다) 그 딸은 다섯 살 때 세상을 떠나고 말았다.

3. 데카르트가 행한 작업, 그의 친구와 적들

1. 그가 평생에 걸쳐 행한 바

오늘날 데카르트는 오직 철학자로서 명성을 누리지만 지금의 관점에서 보면 그는 무엇보다도 수학자인 동시에 자연과학자였다. 그는 이뿐만 아니라 다른 많은 분야에 대한 책과 논문을 썼는데 여기에는 현재 우리가 심리학, 기하학, 역학, 물리학, 해부학, 음악, 우주론, 윤리학, 기상학, 광학이라고 부르는 것이 포함된다. 수학자로서 그는 해석 기하학의 창시자였으며, 그의 자연학은 최소한 뉴턴 이전까지는 이 영역에서 모든 연구의 기초로 작용했다. 하지만 현재 우리의 목적을 위해 그가 쓴 것들 중 가장 중요하게 검토해야 할 것은 그의 과학적 저술이 아니라 그가 과학의 근거를 제공하고, 과학을 정당화하고, 대중화하고, 옹호하기 위해 행한 노력의 결과물이다. 이런 노력의 결과로 등장한 것이 이른바 철학적 저술들인데 이들 중 가장 유명한 것이 바로 『성찰』이다.

비록 그의 성격이 다소 내성적이고 신경질적이었을지 몰라도 그는 대단한 지적 자부심을 지닌 인물이었다. 그는 당시 특별히 종교적이지 않은 부유한 젊은이들이 그랬듯이 아리스토텔레스주의에 기초한 기독교 정통설의 과학관은 완전히 틀렸다고 확신했으며[3.1.11], 30대 중반에 이르자 자신이 이 세계가 실제로 어떻게 작동하는지에 대한 진리 전체를 발견했으며 오직 자신만이 자연 세계 전체에 대한 유일한 참된 설명을 제시할 수 있다는 결론에 도달했다. 유감스럽게도 그가 자신의 발견을 정리한 저술을 완성하기 이전에 갈릴레오가 지동설을 옹호했다는 이유로 교회 당국에 의해 유죄 판결을 받았다는 소식이 전해졌다. 그런데 지동설은 생명과 우주 그리고 다른 모든 것에 대한 데카르트의 새로운 이론의 핵심적인 부분이었으므로[1] 그는 세상이 아직 자신의 주장을 받아들일 준비가 되지 않았다고 여기면서 실망한 채 저술의 출판을 포기한다.

하지만 그는 다른 사람과의 논쟁에 휘말리는 일을 두려워했던 것 이
상으로 무언가를 모호한 채로 내버려 두는 일을 도저히 참지 못했던 듯
하다. 따라서 그는 곧 자신의 이론을 우회해서 전하기 위한 다른 방법
을 찾는 데 열중했다. 그는 자연의 본질에 관한 자신의 견해가 옳다고
확신했으며, 또한 자신의 결론이 교회의 가르침과 충분히 조화를 이룰
수 있을 뿐만 아니라 사실상 동일하다고 생각했다. 문제는 사람들이 종
교와 같은 다른 영역에서 유래한 선입견 때문에 눈이 멀어 이런 사실을
알지 못한다는 점이다. 그렇다면 사람들에게 자신의 자연학 이론이 옳
다는 점을 보이기 위해서는 훨씬 거슬러 올라가 신과 세계의 관계, 인
간의 본질과 인간이 세계에서 차지하는 위치를 설명하고 더 나아가 인
간 지식의 가능성과 본성 및 범위를 상세히 제시해야 한다. 이것이 바
로 그가 행했던 바이며, 이런 일을 행함으로써 그는 현재 우리가 철학
자라고 부르는 인물이 되었다.

2. '새로운 철학'과 이에 반대하는 사람들

수학과 자연학의 영역에서 데카르트는 역사가들이 자주 '과학혁명'이
라고 부르는, 과학적, 사회적, 정치적, 심리학적, 철학적인 거대한 변화
에 가장 크게 기여한 인물 중 한 사람이었다. 그리고 이런 변화를 옹호
하기 위해 전개한 철학을 통해 그는 과학혁명 최초의 사상가이자 가장
위대한 사상가가 되었다. 지동설의 경우에서 완벽하게 드러나듯이 이
런 변화의 핵심에는 자연에 대한 진정한 지식은 눈에 보이는 세계의 다
양한 체계와 변화 과정을 상세히 나열하는 것 이상의 무언가를 필요로

---

1 "… 만일 이 견해가[지동설이] 거짓이라면 나의 철학의 전체 기초 또한 거짓이
되고 말 것입니다"('메르센에게 보낸 편지', 1633년 11월; I. 271).

한다는 플라톤적인 사상의 부활이 놓여 있었다. 우리가 주변에서 볼 수 있는 것들을 제대로 이해하려면 무엇보다도 이들을 밑에서 떠받치는, 보이지 않는 것들에 대한 지식을 발전시켜야 한다—곧 현미경이나 초현미경으로만 보이는 작은 입자나 상상할 수 없을 정도로 작거나 멀리 떨어져 있는 보이지 않는 힘들 그리고 이들 모두를 지배하는, 시간을 넘어선 법칙들을 알아야 한다.

이런 생각은 당시 과학에서 마술(Magical) 전통의 핵심에 해당하는 것이었으며 종교에서 신비주의와도 밀접히 연결된 것이었는데 케플러나 갈릴레오 같은, 교육 받은 중산층 계급이 내세웠던 '새로운 철학'에서도 명확히 드러나는 것이었다. 그리고 데카르트도 이런 인물들의 활동을 열렬히 지지했다. 반면 당시 교회를 주도했고 따라서 대학('신성한 강단')을 지배했던 보수적이고 완고한, 아리스토텔레스의 전통에 따르는 사람들은 이런 생각에 강력히 반대했다. 데카르트는 평생에 걸쳐 이런 보수적인, '스콜라철학적' 태도를 보이는 사람들에 맞서 싸웠다(이런 사람들은 교회의 권위를 등에 업고 정치권력을 쥐고 있었으므로 데카르트는 한 손을 등 뒤에 묶다시피 한 채 은유적 표현을 통해 이들을 비판하는 불리한 싸움을 벌였다). 따라서 그의 저술, 특히 『성찰』과 관련해 우리가 기억해야 하는 첫 번째 적들은 바로 이들이다[3.1.1]. 모든 혁명적인 상황에서 항상 그렇듯이 데카르트가 맞서 싸워야 하는 두 번째 적들은 같은 편에 섰지만 다른 분파에 속하는 내부의 적이었다. 데카르트나 그의 친구들과 마찬가지로 전통적인 학문을 뒤집어야 한다고 주장하는 사람들 중에는 우리가 세계를 다른 방식으로 이해하기 위해 노력하는 것이 아니라 오히려 그런 시도 자체를 완전히 포기해야 한다고 생각하는 사람들이 있었다. 이전의 전통에 근거한 낡은 확실성이 붕괴되는 것을 보고 많은 사람들은 객관적인 지식에 도달하는 일

이 아예 불가능하다고 생각하게 되었고 따라서 회의주의가 큰 세력을
얻었다[3.1.7].

3. 데카르트와 우리

그렇다면 데카르트 철학의 기본 임무는 우리가 올바른 길로, 곧 과학의
길이라고 부를 수 있는 길을 따라 나아간다면 진정한 객관적 지식이 실
제로 가능함을 보여주는, 인간과 신 그리고 세계에 대한 설명을 제시하
는 것이다. 이런 설명이 가능하다는 것은 17세기에 마음과 정신의 본질
을 두고 벌어졌던 전투에서 결국 승리를 차지한 견해이다. 또한 이는
근대라는 시대를 다른 무엇보다도 명확하게 정의하는 견해이며, 우리
의 삶을 둘러싼 전통, 제도, 언어, 태도와 정신적 습관 대부분이 전제하
는 견해이기도 하다[4.1]. 그리고 데카르트의 『성찰』은 바로 이런 견해
가 참임을 증명하려는 시도이다. 만일 그의 증명이 그리 큰 확신을 주
지 못한다면 우리는 과연 그의 견해가 여전히 유지될 수 있는지를 우리
자신에게 물어보아야 할 것이다[2장; 3.6.5].

2장

주제들의 개관:
객관성의 문제

『성찰』은 객관성을 다룬 책이다. 그리고 객관성은 우리가 세계를 객관적으로 관찰하고 사물들을 진정으로 존재하는 모습 자체로 보기 위해 우리의 인간성, 세계에서 차지하는 개인적인 위치, 우리의 개성, 양육 과정과 받은 교육 등의 요소 때문에 필연적으로 부과되는 한계를 넘어설 수 있는지, 있다면 언제, 어떻게 그리고 왜 넘어설 수 있는지를 묻는다.

나는 이런 질문들을 모두 한데 묶어 객관성의 문제라는 제목으로 다루려 하는데 내가 보기에 이들은 우리 시대의 가장 절박한 철학적 문제인 듯하다. 많은 사람들이 세계가 이전보다 훨씬 좁아졌다는 데 동의한다. 이 결과 우리는 우리 선조들이 단 한 번도 경험하지 못한 방식으로 다른 사람 또는 타자의 문제를 다루지 않을 수 없다. 곧 우리가 전혀 예상하지 못하고, 전혀 동의하거나 시인하지 않고, 아예 이해할 준비조차 되어있지 않은 방식으로 생각하고 행위하는, 우리와 다른 사람들에게 어떻게 대처해야 하는가?

우리가 흔히 접할 수 있는 다음과 같은 상황들을 예로 들어보자.

• 우리가 낯선 문화를 처음 접하면 곧바로 그런 문화에 속한 사람들은 우리와 정말 다르다는 생각을 하게 된다. 이는 단지 그들이 다른 언어를 사용하고 다른 옷을 입는다는 정도에 그치지 않는다. 그들은 우리와 다르게 생각한다. 그들은 우리가 믿는 바를 믿지 않기도 하는데, 이는 우리가 거짓이라고 여기는 바를 그들은 참이라고 여긴다는 수준에 머물지 않고 세계와 사물에 대한 그들의 이해 전반이 편향적이고, 우리와 다르고, 우리와 조화를 이루기 어렵다는 점을 의미한다. 따라서 같은 질문에 대해서도 그들은 우리와는 전혀 다른 대답을 하는 듯이 보인다. 심지어 그들은 우리가 원하는 바를 원하지 않

는 듯하므로 우리는 그들이 그저 다른 인종이 아니라 아예 우리와는
다른 종(species)에 속한다고 여기기 시작한다.

• 텔레비전 프로그램을 보면서 말을 잇지 못할 정도로 끔찍한 내용이
라고 느끼는 경우가 자주 있다. 다음 중에 무엇을 보고 그렇게 느끼
는지 한번 선택해보자—아동 학대, 인종 학살, 여성 성기 할례, 노
인 강간, 고문, 부르카 착용, 광신적 기독교, 모리스 춤(Morris-
dance)¹ 등등. 우리는 이런 행위를 하는 사람들이 있다는 생각을 하
는 것만으로도 불쾌해진다. 하지만 실제로 이런 행위를 하는 사람들
은 자포자기에 빠지거나 위협을 받아서 또는 술 취한 상태에서가 아
니라 자신이 무엇을 하는지 분명히 알면서 고의로, 마치 아무 일도
아닌 듯이, 심지어 어떤 경우에는 마치 중요한 일을 한다는 듯이 자
랑스럽게 여기면서 이런 일을 행하며 이것이 평범한 인간 삶의 일부
라는 듯이 생각한다.

• 가장 적나라한 경우로는 다른 면에서는 완벽하게 정상적으로 보이는
사람들이 우리를 살해하거나 큰 부상을 입히려는 뿌리 깊고 용의주
도한 욕구를 지니기도 한다는 사실을 들 수 있다. 그들은 우리를 결
코 만난 적이 없으며 우리의 이름을 알지도 못한다. 우리가 누구인
지 전혀 모르면서도 그들은 우리를—아무 죄가 없고/때로는 현명하
고/가끔 갈팡질팡하고/자주 혼란에 빠지기도 하는 우리를—죽이는
일을 일생의 최대 목표로 삼는다. 그리고 목표를 이룬 후에는 기회
가 주어지면 기꺼이 자신의 목숨도 버리고 만다.

이런 경우들을 보고 이에 대해 생각하자마자 우리는 객관성의 문제

---

1 [옮긴이 주] 모리스 춤은 영국 시골 마을에서 주로 추는 민속춤인데 이교도적인 제
례의 성격이 매우 강하다.

에 접하게 된다. 이런 경우들은 사람들이 어쩔 수 없이 자신들의 이해력이라는 작은 틀 안에 갇혀 있으며, 우리들 각각이 서로 분리된 자신만의 현실, 곧 자신의 내부에서는 완벽하게 충분한 의미를 지니지만 외부자는 결코 그 안에 발을 들일 수 없는 세계 안에서 살아간다는 점을 드러내는가? 아니면 우리가 모두 하나의 세계 안에서 살아간다는 단순한 사실 때문에 최소한 동의에 이를 가능성이 있다고 말해야 하는가? 곧 모든 사람들이 인정하지 않을 수 없는 사실들이 있는데, 우리는 어떤 관점에서도 이들에 동의해야 하므로 이들은 상대적이거나 편파적이지 않은 객관적 지식의 가능성을 증명한다고 말해야 하는가? 설령 확고부동한 사실을 확립할 수 없다 할지라도—최소한 어떤 주어진 상황에서도 모든 사람들이 다른 것보다 낫다고 여기는 사고방식이 존재한다고 말할 수 있는가? 어떤 문제를 해결하는 과정에서 바람직한 결과를 낳을 것을 보장해줌으로써 우리를 모든 사람이 도달할 수 있는 진리로 인도하는 객관적인 (이성적인? 논리적인? 과학적인?) 접근법 같은 것이 과연 존재하는가?

18세기 이후 자연과학이 객관적 사고와 객관적 지식의 모델을 제공한다는 믿음이 폭넓게 확산되었다. 과학은 사실을 발견하는데, 사실은 세계가 어떻게 존재하며 어떻게 작동하는지를 알려준다. 또한 사실은 누가 관찰하는지, 그가 무엇을 생각하는지와 전혀 무관하게 객관적으로 참이다—이를 깨달으려면 과학이 낳는 실제 결과를 지켜보기만 하면 된다. 이런 면에서 과학적 사고는 객관적 사고이므로 누구나 이런 사고를 할 능력을 지니며, 사물들이 실제로 어떻게 존재하는지를 알려준다. 하지만 최근 들어 위와 같은 '계몽주의적' 견해는 점차 설득력을 잃게 되었다. 유전자 변형 곡물이나 대체 의학과 같은 주제에서 등장하는 주장들을 보고 많은 사람들은 과학적 사고가 잘해봐야 제한적일 수밖에 없다고 생각하게 되었다. 과학적 사고는 진리에 이르는 객관적인 통로가 아니라 단지 많은 것들 중 하나의 목소리, 문제를 바라보는 특정한 하나의 관점에 지나지 않으며, 현재 과학에 도전하는 다양한 종교, 신조, 태도 또는 삶의 방식들이 넘쳐나고 있다. 어떤 사람들은 이보다 더 나아가 과학이 자신의 고유한 영역에서조차도 객관적인 세계상을 제공하지 못한다고 주장하기도 한다. 과학 이론 자체는 단지 상대적으로만 참일 뿐이다. 과학 이론은 오직 자신의 규칙 및 자신이 설정한 '사실들'의 집합과 더불어 특정한 사고의 맥락 안에서만 작동한다. 따라서 과학 이론은 잠시 동안 효력을 지니는 특정한 사고방식일 뿐이며 통용 기간이 지나면 폐기된다. 따라서 과학적 '진리'란 단지 일종의 유행 또는 전통에 지나지 않는다. 서로 다른 두 과학 문화가 충돌할 경우—예를 들면 닫힌 우주를 주장하는 중세적 세계관과 이에 반대해 팽창하는 우주를 전제하는 우리의 세계관의 경우처럼—한쪽이 객관적으로 옳고, 다른 쪽은 객관적으로 그르다는 말은 무의미하다. 각자는 자신의 고유한 규준과 기준을 지니며 자신의 고유한 영역에서는 각각 옳다.[2]

그렇다면 과연 객관성이 가능한가? 우리가 자신의 관점에서 벗어나 사물들을 존재하는 그대로 보는 일이 가능한가? 만일 가능하다면 언제, 어떻게, 왜 가능한가? 그리고 객관적 관점을 통해 드러나는 세계에 대한 객관적 진리는 무엇인가?

데카르트는 바로 이런 질문들에 답하기 위해 『성찰』을 썼다. 그는 중세 세계가 무너진 시대에 살았는데 당시는 이런 질문들에 답할 능력을 지니며 따라서 어떤 결정을 내릴 수 있는 사람들 사이에서도 자연에 관한 가장 기본적인 사실에 대해서—예를 들면 지구는 고정된 우주의 중

---

2 이런 생각을 지지하는 대표적인 학자는 쿤(Kuhn)이다.

심인가 아니면 태양의 둘레를 도는 행성인가?—뿐만 아니라 이런 질문에 답하기 위한 적절한 방법이 무엇인가에 대해서도 전혀 일치된 의견을 찾기 어려운 시대였다. 『성찰』은 데카르트가 당시 새로운 지적 대중들 사이에 확산된 회의와 불확실성을 활용해 이들에게 자신의 대답을 반드시 받아들여야 한다는 점을 확신시키기 위해 쓴 책이다. 그리고 이들을 설득하기 위해 데카르트는 바로 객관성의 문제를 걸고넘어진다. 데카르트의 주장은 다음과 같이 요약된다.

- 어느 누구도 부정할 수 없는 몇몇 진리가 존재한다.
- 이런 진리들을 통해 우리는 자연에 관한 진정한 객관적 지식을 형성할 수 있다.
- 현재 우리가 명확히 대답할 수 없는 문제에 대해서도 상대적이지 않는, 객관적인 어떤 결론이 존재하며 우리는 이를 이끌어낼 수 있다.

또한 『성찰』에서 중요한 점은 데카르트가 이런 것들에 관해 단지 언급하는 수준에 그치지 않고 이들을 증명했다고 주장하는 점이다. 이 책은 누구나 뒤따를 수 있는, 계속되는 논증의 연쇄로 구성된 보기 드문 책이며, 이 때문에 데카르트도 독자들이 자신의 결론을 받아들이지 않을 수 없으리라고 말한다. 그렇다면 이 책에서 나의 임무는 오직 데카르트가 제시한 일련의 사고를 현대의 독자들에게 명확하게 보여주고, 그의 사고를 이해하는 데 도움이 되는 약간의 배경적 지식을 설명하고, 우리가 방금 제기했던 문제들에 대한 데카르트의 사고를 추적하는 것이다. 이제 이 책을 통해 『성찰』에서 전개된 논증을 검토하려는 독자들의 임무는 데카르트의 결론을 받아들일지 그렇게 하지 않을지, 받아들이지 않는다면 그 이유는 무엇인지를 결정하는 것이다.

독자들은 데카르트의 논증이 어떤 결정적인 영역에서 무너진다고 생각할 수도 있다. 특히 객관성을 옹호하려는 그의 시도는 신과 인간의 정신에 관한 그의 견해에 크게 의존하는데, 많은 사람들이 이런 견해를 거부하기도 한다. 그리고 나는 이 책의 세 주제에 해당하는 아래의 세 가지 논제가 『성찰』의 가장 중요한 문제라고 생각한다.

• 우리가 인간 및 인간과 세계의 관계에 대한 데카르트의 견해를 받아들이지 않는다면 객관성을 옹호하려는 그의 시도는 받아들일 수 있는가 그렇지 않은가?
• 만일 그의 시도를 받아들이지 않는다면 객관적 지식의 가능성이 존재한다는 믿음을 옹호할 수 있는 다른 어떤 방법을 발견할 수 있는가?
• 만일 발견할 수 없다면 우리는 객관적 지식 자체를 아예 포기해야 하는가?[3]

---

3   나 자신은 '객관적인' 견해의 가능성에 대한 믿음이 일종의 신화라고 생각한다. 이런 가능성은 사람들 사이에 객관적 동의의 가능성을 보증하기보다는 우리와 가장 극단적으로 불일치를 드러내는 사람들의 견해를 배제하고, 또 우리에게 그런 견해를 배제해야 한다고 가르치기 위한 장치로 사용되었다고 생각한다.

3장

본문 읽기

1부

회의

3.1.1 제1성찰, 1절. (17-8)

불필요한 것들을 깨끗이 치우기

개관

현재 내 머리는 지금까지 살면서 내가 믿어왔던 것들로 가득 차있다. 나는 이들 중 최소한 몇몇은 거짓임을 알고 있다. 내가 앞으로 사물들에 대한 확고한 이해를 확립하려 한다면 나는 이런 혼란스러운 것들을 모두 쓸어내 버리고 아무것도 없는 상태에서 다시 시작해야 한다. 따라서 나는 세상에서 한걸음 물러난 평온한 삶을 계속 유지할 것이다. 곧 세계로부터 나 자신을 차단하고 내가 지금까지 쌓아온 모든 믿음들을 내 머리 안에서 깨끗이 치우려 애쓸 것이다.

주석

지어낸 이야기를 통한 철학: 데카르트 대 사고하는 자

이야기를 시작하면서 데카르트는 자신이 무엇을 믿어야 할지 모르기 때문에 무척 혼란스럽다고 말한다. 그는 자신이 성장하면서 얻었던 다양한, 정리되지 않는 생각들이 뒤섞인 상태에서 벗어나기 위해서는 자신의 정신을 깨끗하게 비워야 하는데 이 일은 상당한 시간을 필요로 한다고 주장한다.

이제 이런 주장에 관해, 더 나아가 『성찰』이라는 책 전체에 관해 가장 먼저 지적해야 할 것은 그의 주장이 순전한 거짓말—곧 일종의 허구라는 점이다. 『성찰』을 쓸 당시(1638-40) 데카르트는 자신이 무엇을 믿어야 할지에 대해 전혀 아무런 회의도 하지 않는 상태였다. 그는 세계와 그것에 대한 지식과 관련해 자신이 참인 동시에 증명 가능하다고 생각하는 일련의 의견을 주의 깊게 탐구해 이미 확보한 상태였으며, 이런 의견은 근본적으로 변화되지 않고 계속 유지되었다[3.4.5]. 또한 이 이야기는 그가 젊은 시절 실제로 경험했던, 지식 탐구의 고통스러운 과정을 재구성한 것도 아니다. 물론 그가 자신의 새로운 체계를 아직 발견하지 못했던 시기가 있었던 것은 분명하지만 어떤 관점에서도 그가 여기서 묘사된, 강렬하고 극적인 동시에 체계적인 반성의 과정을 실제로 겪었다고 생각할 만한 증거는 어디에도 없다. 그런데도 왜 그는 자신이 이런 과정을 경험했다고 말하는가?

『성찰』은 우리가, 지적인 독자들이 데카르트 자신의 체계가 참임을 확신하도록 인도하기 위해 쓰인 일종의 문학 작품이며 지어낸 이야기이다.[1] 그는 이 이야기를 반성과 분석이 이어지는 상상적인 여행처럼 풀어놓는데 그 까닭은 자신이 이를 직접 겪었기 때문이 아니라 독자들이 자신이 묘사하는, 철저한 지적인 점검 과정을 함께 따라오기를 바라기 때문이다. 그는 자신의 관점을 단지 교과서와 같은 형식으로 나열하

---

1   『방법서설』에도 이와 매우 유사한 언급이 등장한다. 데카르트는 "나는 이 책을 오직 하나의 이야기[histoire]로, 독자들이 원한다면 우화라고 불러도 좋을 만한 것으로 세상에 내놓는다…"라고 말한다(1:VI.4).

기보다는 (그는 몇 년 뒤『원리』를 실제로 이런 형식으로 썼다) 자신의
체계를 이런 방식으로 소개함으로써 독자들이 이를 더욱 쉽게 이해할
수 있고, 자신의 사고방식을 독자들에게 더욱 효과적으로 전달할 수 있
으리라고 생각한다.

데카르트 편에서 보면 이렇게 허구적인 이야기로 논의를 시작한 이
유가 한 가지 더 있다. 그가 이렇게 우리를 속이려 드는 이유는 우리 앞
에 놓인 이 길을 함께 걸어가자는 문학적 효과를 높이려는 것에 더해
당시의 종교적, 학문적 권위자들이 실제로 자신의 입장을 오해하게 만
들려는 훨씬 더 심각한 측면을 지닌다.

데카르트는 당시의 이런 권위자들이 한마디로 틀렸다고 생각한다.
이들이 고수하는 지적인 전통 전반은 허영으로 장식된 지적인 옷을 걸
친, 오직 편견과 미신을 기반으로 삼는 무지일 뿐이다. 그는 이런 권위
자들과 그들의 전통을 쓸어내 버리고 자신이 지적인 영웅으로 여기는
케플러[2]나 갈릴레오[3] 같은 인물들이 ─무엇보다 특히─자기 자신이 이
룩한 바를 지식의 원천으로 삼으려 한다. 하지만 기존의 학문적 권위자
들은 현실적인 정치권력을 손에 쥐고 있었으므로 그들에게 반대하는
것은 매우 위험한 일이었다. 따라서 1633년 갈릴레오가 종교재판에서
유죄 판결을 받은 이후 데카르트는 자신의 견해를 직설적으로 드러내
는 일을 포기했으며, 자신의 주장을 우회해서 전달하기 위한 교묘한 방
법을 사용하지 않을 수 없었다[1장]. 이런 점에 비추어볼 때『성찰』은
탁월한 발명품이다. 이 책은─당시의 일반적인 종교 저술 양식인─칩

---

2   케플러(Johannes Kepler, 1571-1630)는 1609년에서 1619년 사이에 출판한 저술
을 통해 행성의 운동 법칙을 제시한 인물로 유명하다.
3   갈릴레오(Galileo Galilei, 1564-1642)는 망원경을 통해 태양중심설을 지지하는
관찰을 한 인물로 유명하다.

거하면서 쓴 일기의 형식으로 쓰였으며, 데카르트가 대표적인 적으로 여겨 전복하려 했던 최고 권위자들이 모인 파리대학 신학부에 헌정되었다.[4] 또한 데카르트는 『성찰』에 '신의 현존 및 영혼의 불멸성을 증명함'이라는 부제를 붙였다. 『성찰』은 기존의 권위자들이 결코 비난할 수 없는 형태로 등장했지만 사실은 그들을 넘어서서 책을 읽는 대중에게 직접 호소하는 방식을 취한다. 혼란스러운 영혼이 진리를 찾아가는 과정을 그리는 방식을 통해 『성찰』은 우리에게 지금까지 배웠던 바와 권위에 의지해 받아들인 바를 모두 배제하고 무엇을 믿을 것인가를 스스로 결정하면서 오직 우리 자신의 지성만을 사용할 것을 요구한다. 데카르트가 제시하는, 매우 사실적이지만 순전히 허구인 여행의 각 단계를 따라감으로써 우리는 지식에 이르는 길이 권위나 전통 또는 상식에 의해서가 아니라 오직 현재 우리가 자연과학이라고 부르는, 세계에 대한 일종의 이성적 탐구에 의해서만 열린다는 점을 깨닫게 될 것이다.

『성찰』에 대해 고찰하는 과정에서 이 책이 쓰인 진정한 목적을 이해하고 숨겨진 의도를 제대로 인정하려면 그것이 지닌 허구적 특성을 항상 기억해야 한다. 그리고 이 책의 전개 과정에서 서로 전혀 다른 인물 사이의 구별이 항상 이루어진다는 점을 염두에 두어야 한다. 한편으로는 정통적이지만 항상 무언가를 망설이며, 질문을 던지는 '나'라는 인물이 등장하는데 그는 자신의 머릿속을 잘 정리하기 위해 세계와 거리를 두는 인물로 묘사된다. 다른 한편으로 『성찰』의 저자인 데카르트가 등장하는데 그는 앞의 '나'에게 부여되는 속성 중 어떤 것도 전혀 지니지 않는다. 이 책에서 논의의 전개를 위해 나는 두 인물을 (순서를 바꾸어) 각각 데카르트와 사고하는 자(The Thinker)로 지칭하려 한다.

---

4 『성찰』의 제일 앞에 실린 '헌정 편지' 부분을 읽어보고 이 내용이 —특히 불신자와 순환 논증에 관한 언급이(2) — 얼마나 진정한 것인지를 생각해보라.

그리고 이런 구별을 더욱 선명히 드러내기 위해 사고하는 자는 여성으로 간주하려 한다.[5]

3.1.2　제1성찰, 2절. (18)

회의의 방법

개관

내가 이전에 지녔던 믿음들에서 벗어나기 위해 실제로 이들이 모두 거짓임을 보일 필요까지는 없다. 다소 억지스럽다 할지라도 나의 믿음들 중 하나가 거짓일지도 모른다는 어떤 근거를 발견하기만 하면 나는 그 믿음을 거부하고 그것을 거짓인양 여기면 된다. 물론 내가 개인적으로 소유한 모든 믿음을―그렇게 여기는 일은 불가능할 것이다. 내가 하려는 바는 나의 믿음들이 의존하는 기본 원리들을 상세히 검토하는 것이다―곧 내가 지닌 믿음들을 서로 다른 유형으로 나누고 각 유형을 검토하는 것이다. 그리고 각 유형에 속하는 믿음들을 회의할 만한 어떤 근거라도 발견할 수 있는지를 살펴보는 것이다.

주석

1. 회의

지금부터 몇 페이지에 걸쳐 소개되는 일련의 회의는 아마도 『성찰』에서, 아니 철학의 다른 모든 고전을 통틀어서도 가장 유명하고 널리 기

5　[옮긴이 주] 따라서 저자는 '사고하는 자'를 'she', 'her' 등의 대명사로 표현하는데 이를 '그녀', '그녀의'로 직역하면 우리말 번역에서는 오히려 혼란을 일으킨다고 생각되어 '그', '그의'로 번역했다.

억되는 부분일 것이다. 이에 대해 수많은 설명과 해석이 이미 등장했는 데 이들에 관해서는 후에 더욱 상세히 검토하려 한다. 하지만 우리 앞에 놓인 원전에 의미를 부여하려면 우선 데카르트의 전체 이야기가 왜 회의의 과정과 더불어 시작되는지를 명확히 밝히지 않으면 안 된다.

또한 왜 『성찰』이 회의와 더불어 시작되는지를 물으면서 우리는 앞서 언급했던, 데카르트와 사고하는 자 사이의 구별을 기억해야 한다 [3.1.1]. 이제 이를 염두에 두고 두 가지 질문을 던져보자. 사고하는 자는 이렇게 모든 것을 회의하는 과정을 진행해야 하는 이유로 무엇을 제시하는가? 그리고 저자 데카르트는 왜 우리를, 독자들을 이런 회의의 과정에 동참하게 만들면서 『성찰』을 시작하는 방법을 선택하는가?

사고하는 자의 이유는 매우 명백하지만 자주 쉽게 오해되기도 한다. 그는 우리들 대부분과 마찬가지로 주변 사람들에게 의존하는 지극히 우연적인 과정을 통해 세계에 대한 자신의 견해를 얻었음을 잘 알고 있다. 그는 또한 자신이 믿는 것들 중 대다수가 거짓임도 알고 있다. 그는 기존 지식에 대한 도전이 점차 증가하는 시대에 살고 있다—교회는 분리되고, 대학은 쇠퇴하고, 고대의 지식이 재발견되고, 새로운 지식이 속속 모습을 드러낸다. 이 결과 그는 자신이 무엇을 또는 누구를 믿어야 할지 알지 못하는 상태이다. 따라서 그가 세상에서 물러나 자신만의 탐구를 시작하면서 맨 먼저 해야 할 일은 자신이 확실하다고 여길 수 있는 무언가를—아니 무언가라도—발견하는 것이다. 그리고 이 확실한 지식을 활용해 더욱 체계적이고 신뢰할 만한 지식의 구조를 세울 수 있기를—곧 '최초의 토대에서 다시 시작하기'(17)—바라는 것이다. 하지만 그는 어떻게 이런 일에 착수할 수 있는가? 간단하다. 자신이 회의할 수 없는 것을 발견하기를 바라면서 회의할 수 있는 모든 것을 회의해보면 된다. 그는 자신이 서로 다른 종류의 믿음을 지닌다는 사실을 알고 있으므로 어떤 종류의 믿음이 최소한 거짓일 수 있는 어떤 근거라도, 아무리 얼토당토않은 근거라 할지라도 찾을 수 있는지 검토해보고 그런 근거를 찾게 되면 그 유형에 속하는 모든 믿음들을 제거해버리면 된다. 그리고 이들을 받아들일 것인지 그렇게 하지 않을 것인지를 결정하는 어떤 방법을 발견하기 이전에는 이들에 대한 판단을 보류하면 된다(18).

다른 한편으로 우리를 이런 회의의 과정으로 인도하는 데카르트의 이유는 고대와 근대의 지식에 대한 그의 태도와 밀접히 관련된다. 그는 자신의 이론 및 동료 근대 학자들의 이론이 이성과 증거에 기초한다고 생각하며, 따라서 그는 지성을 지닌 합리적인 사람이라면 누구라도—곧 우리 같은 독자들도—이런 이론들을 기꺼이 받아들이지 않을 수 없으리라고 생각한다. 반면 그의 논적들의 견해는 전통을 무비판적으로 수용하고 여기에 정치적 폭력을 더한, 과장되고 모호한 언어로 표현된 '상식 수준의' 무지에 지나지 않는다고 여긴다. 물론 그가 대학의 스콜라철학자들이 떠드는 바는 무의미하므로 그들의 말을 들어서는 안된다고 대놓고 말하기는 어렵다. 하지만 그는 자신이 기존의 지식을 우리 자신의 관점에서 바라보도록 이끈다고 생각한다. 데카르트는 이제 우리가 거짓일 가능성이 조금이라도 있는 모든 것에 대한 판단을 중지하는 과정을 실제로 행한다면 논적들의 견해는 일찌감치 하나도 남김없이 추방되리라고 생각한다. 그 후에 데카르트 자신의 견해를 편견에 사로잡히지 않고 개방적으로 검토하게 되면—결국 그가 옳다는 점을 깨닫게 될 것이다.[6]

---

6 이를 통해 데카르트는 일종의 철학적 개혁을 제안한다. 곧 모든 사람들이 교회의 중재를 거칠 필요가 없이 오직 자신의 지성을 사용함으로써 신이 창조한 자연을 탐구할 수 있음을 주장한다.

데카르트의 회의를 제대로 이해하려면 위에서 언급한 내용과 관련해 특히 두 가지를 기억해야 한다.

1. 사고하는 자가 진행하는 회의의 과정, 곧 데카르트가 우리에게 동참을 요구하는 과정은 일차적이고 일상적인 회의가 아니라 이차적이고 철학적인 것이다—곧 사실들에 대한 회의가 아니라 사실을 규정하는 기준들에 대한 회의이다.

   예를 들어보자. 어떤 한 순간 사고하는 자는 자신이 지금 방 안에서 난로 옆에 앉아있다고 생각하지만 실제로 그렇게 앉아있는지를 확신할 수 없다고 말한다(29). 이제 이 순간에 우리가 그의 앞에 벽과 천장 그리고 크고 노랗게 타오르는 불이 놓여있음을 지적하면서 그에게 확신하라고 말하는 것이 그의 질문에 대한 충분한 대답이 될 수 있겠는가?

   그렇지 않다. 이는 지금 그가 시도하는 종류의 회의에 대한 답이 아니다. 문제는 그가 지금 난로 옆에 앉아있는지, 개썰매를 타고 북극 지방을 달리는지 아니면 다른 무엇을 하는지를 발견할 수 있는 방법을 모른다는 것이 아니다—그는 우리와 마찬가지로 이런 질문에 대한 대답에 세세하게 적용될 수 있는 판단 기준이 무엇인지를 잘 알고 있다. 또한 여기서의 문제는 그에게 자신의 결론을 확신하기에 충분한 증거들이 부족하다는 것도 아니다—예를 들면 그는 납치당해 약물 주사를 맞았는데 깨어나 보니 눈이 가려진 채 의자에 묶여있어 자신이 지금 어디에 있는지 전혀 모르는, 그런 상황에 놓여있지도 않다. 현재 그가 던지는 질문은 설령 자신이 어떤 상황인지를 완벽하게 잘 알고 있으며, 이런 지식이 자신이 난로 옆에 앉아있다고 생각할 만한 기준을 만족시키는 듯이 보일지라도 과연 이런 기준이 실제로 자신의 지식을 신뢰하기에 충분할 정도의 근거를 제공하는가 그렇지 않은가이다. 따라서 이는 현재 상황의 구체적 사실에 대한 질문이 아니라 그런 사실을 확인하는 자신의 기준에 대한 질문이다. 따라서 그는 '내가 지금 지니는 것과 같은 믿음이 얼마나 안전한가?' 그리고 '이를 내가 지닌 다른 종류의 믿음들과 어떻게 비교할 수 있는가?'를 묻고 있다.

바꾸어 말하면 이런 회의는 인위적인 것이며 이론적인 것이다—말하자면 회의하는 체하는 것이다. 데카르트는 자신이 현재 의문시하는 사실들에 대해 실제로는 전혀 회의하지 않는다는 점을 매우 분명히 지적하며, 만일 누군가가 이들을 실제로 회의한다면 그는 미쳤음에 틀림없다고 말한다(22). 그렇다면 현재의 회의는 철학적인 것이며, 우리가 살면서 충분히 성숙했고 시간과 여유가 있어 지금까지 적용하라고 배워왔던 기준들에서 한걸음 물러날 경우 한두 번쯤 던져볼 만한 질문이다. 곧 그런 기준들이 실제로 얼마나 정당한 것이며, 이들을 다른 기준과 비교한다면 어떤 결과가 나오는지를 우리 자신에게 물어볼 수 있다(17).[7]

2. 하지만 동시에 데카르트가 우리에게 대답할 것을 요구하는 질문은 여전히 매우 실천적이고 현실적인 것임을 잊어서는 안 된다. 현재의 회의가 분명히 철학적인 것이라고 할지라도 우리는 (다른 많은 사람들이 그랬듯이) 데카르트가 단지 지식의 기초에 관한 순전히 추상적이고 난해한, 이론적인 문제를 다룬다고 여기면서 이런 문제는 전문 철학자나 세상만사가 모두 고민거리인 몇몇 십대들만이 관심을 가지는 대상일 뿐 현실의 일상적인 삶과는 아무 관련이 없다고 생각해

---

7 "이런 회의를 일상적인 삶에 적용해서는 안 된다. 일상에서는 이런 회의를 피해야 하며, 오직 진리를 추구하는 것과 관련해서만 사용해야 한다"(『원리』, 1.3).

서는 안 된다. 이와는 정반대로 데카르트가 붙잡고 씨름하는 문제는 당시 그의 저서를 읽은 독자들에게 직접적이고 절박한 중요성을 지닌 것이었다. 나는 그의 문제가 현재의 우리에게도 마찬가지로 직접적이고 절박한 중요성을 지닌다고 생각한다.

데카르트가 대답하려고 애쓰는 실천적 문제는 매우 단순한 것으로서 무엇을 또 누구를 믿어야 하는가라는 것이다. 나는 대학의 교수들을, 곧 교회가 신성시하는, 수세기에 걸쳐 축적된 지혜의 계승자들을 믿어야 하는가? 아니면 법칙이 자연을 지배하고 지구가 움직인다는 주장을 내세우는 새로운 학문('새로운 철학')의 신봉자들을 믿어야 하는가? 또 아니면 고대의 원전들과 새로운 불확실성에 자극받아 새로이 유행하기 시작한 회의주의를 받아들여 지식은 우리를 넘어선 무언가라는 주장을 수용해야 하는가[3.1.7]? 그리고 나는 무엇을 행해야 하는가? 데카르트의 회의는 우리가 무엇을 진정으로 인식할 수 있으며 그것을 어떻게 인식할 수 있는가라는 질문을 우리 스스로 던지도록 유도하기 위한 것이다. 그리고 그는 우리가 이런 높은 수준의 철학적 질문들을 던진 후 자신의 인도에 따른다면 회의주의가 거짓이라는 점을 깨닫고 세계에 관한 진정으로 객관적인 지식에 도달할 수 있다고 생각한다. 하지만 이런 일은 우리가 기존의 전통과 권위를 포기하고 자신과 같은 이성적 인간이 제시하는 방법에 따를 경우에만 가능하다고 주장한다.

달리 표현하면 『성찰』은 추상적이고 비현실적인 철학 논문이 결코 아니라 분명한 실천적 목표를 지니고 서술된, 상당히 정치적 색채를 띠는 저술이다. 우리에게 이 저술이 중요한 까닭은 객관적 지식이 가능하다는 그의 믿음이 우리가 당연시하려는 바이기 때문이다. (예를 들면 우리는 지구가 태양의 둘레를 돌고, 혈액이 우리 몸 전체를 순환한다는 등의 주장을 그저 우리가 지닌 일시적인 의견이라고 생각하는가 아니면 실제로, 객관적으로 참이라고 생각하는가?) 그렇다면 우리가 던져야 하는 질문은 바로 내가 『성찰』의 가장 중요한 문제로 제시했던 바이기도 하다[2장]. 과연 데카르트는 객관적 지식을 획득할 수 있다는 우리의 생각이 옳다는 점을 보이는 데 성공하는가? 만일 성공하지 못한다면 우리는 그의 시도를 개선할 수 있는가? 아니면 우리는 객관적 지식에 대한 믿음을 포기해야 하는가?

연결고리
• 『성찰』의 저술 목적은 2장과 3.2.4에서 더욱 상세히 논의된다.

2. 확실성
여기서 분명히 밝혀야 할 것이 한 가지 더 있는데 그것은 바로 확실성의 개념이다.
   위에서 언급한 사고하는 자는 자신의 믿음 중 어떤 것이 참이며, 어떤 것에 의지할 수 있는지를 발견하려 한다. 그는 자신이 '학문에서'(라틴어로는 in scientiis/프랑스어로는 dans les sciences) '확고하고 불변하는'(firmum et mansurum/de ferme et de constant, 17) 지식을 찾는다고 말한다. 여기서 '학문에서'라는 말은 '우리가 체계적으로 학습한 것의 어떤 분과에서'라는 의미를 지닌다.[8] 이런 탐구의 초점

---

8   데카르트는 '학문'(les sciences)을 '우리가 이미 소유한 지식을 기초로 삼아 신뢰할 만한 판단을 내리는 것'으로 여기면서 이를 단지 정보를 모음으로써 얻게 되는 다른 영역의 지식과 구별한다(『진리탐구』, X.503). '학문'의 세 가지 주요 분과는 '의학, 역학 그리고 도덕학'이다(『원리』, 서문: IXb.14).

은 차를 왜 마시는지, 소시지 가격이 얼마인지 등에 관한 지식이 아니라 이 세계 안의 사물들이 어떻게 존재하는지에 관한 어떤 불변적인 사실과—예를 들면 우주의 구조와 인간의 신체에 관한 사실과—흔히 철학으로 불리는—인간 정신의 본질과 신의 현존 등을 다루는—영역의 몇몇 진리들에 놓여있다. '확고하고 불변하는' 지식이 어떤 특수한 한 종류 또는 여러 종류의 지식을 의미하지는 않는다. 사고하는 자가 찾으려 하는 바는 오직 자신이 지식이라고 확신할 수 있는—곧 자신이 충분히 신뢰할 수 있으며, 결코 거짓으로 판명되지 않을 무언가로서의—지식이다. 자주 등장하는 표현에 따르면 그는 확실한 무언가를 찾으려 한다. 하지만 '확실성'은 몹시 파악하기 어려운 개념이므로 이를 사용하기에 앞서 이것이 의미하는 바를 명확히 밝힐 필요가 있다.

1. 때로 우리는 무언가에 대해 우리가 얼마나 확신하는지를 표현하기 위해 확실성이라는 용어를 순전히 심리적인 의미로 사용한다. 예를 들면 '나는 그가 나타나리라고 확실히 믿는다', '나는 절대 비가 오지 않을 것이라고 확실히 생각한다'고 말한다. 하지만 현재 문제가 되는 것은 이런 경우가 아니다. 사고하는 자가 찾으려는 바는 자신이 확신한다고 느끼는 무언가가 아니라 그런 확신의 느낌을 정당화해주는 무언가이다—곧 자신이 그것을 믿을 만한 충분한 근거를 지니는 무언가, 자신이 우리에게 설득할 수 있다고 생각하는 무언가, 자신이 증명할 수 있다고 여기는 무언가이다.

2. 두 번째로 지금 우리가 논의 중인 확실성 또는 정당화가 어떤 수준의 것인지를 분명히 밝힐 필요가 있다. 다음의 경우들을 고찰해보자.

    (a) 지금 내 양말 안에 뱀장어 한 마리가 들어있다는 것은 확실한 사실이다—나는 그 뱀장어가 어떻게 꿈틀거리는지를 보여줄

3장 본문 읽기 45

수 있고, 원한다면 그것을 끄집어내어 다른 사람들의 눈앞에 내
보일 수 있다. (물론 그 뱀장어가 나를 물지도 모르고, 내 손은
미끌미끌해지겠지만.)

(b) 지구상에서 중력가속도가 약 32피트/s²이라는 사실은 확실히 참
이다. 이는 신뢰할 만한 근거에 의해서 지지되며, 원한다면 실
험을 통해 우리 스스로 이를 측정하고 확인할 수 있다.

(c) 2 더하기 3이 5라는 점은 확실하다―이를 모르는 사람은 더하
기가 무엇인지 모르는 사람이다.

이 세 경우는 모두 똑같이 확실한가?

뒤에서 우리는 데카르트가 그렇지 않다는 점을 보이려고 노력하는
과정을 검토할 것이다[3.1.3-4]. 하지만 논의를 시작하는 현 단계에서
도 그가 확실성의 기준을 어느 정도의 높은 수준으로 제시하는가를 명
확히 밝힐 필요가 있다. 그리고 이를 위해서는 사고하는 자가 확실성을
발견하는 데 사용하는 방법, 곧 회의의 방법을 살펴보면 된다. 회의의
방법은 사고하는 자가 자신의 믿음을 검토해 어떤 것이 확고하고 불변
하는 지식을 형성하는지 또는 어떤 것이 확실한지를 결정하기 위해 사
용하는 방법이다. 과연 그는 어떤 종류의 검토 방법을 사용하고 또 어
떤 수준의 확실성을 목표로 삼는가?

이 질문에 대한 대답은 다음과 같다. 사고하는 자는 가능한 모든 회의
를 넘어서서 '완벽하게 확실하고 의심할 수 없는' 것이 아니라면 어떤
것도 확실하다고 여겨서는 안 된다고 가정한다(18). 내가 어떤 방법을
통해서든 무언가를 거짓이라고 상상할 수 있다면 나는 그것을 결코 확실
한 것이 아니라고 보고 거부해야 한다.

우리가 흔히 사용하는, 확실성의 다른 여러 기준들을 비교해보자. 예

를 들면 영국 민법에서는 만일 어떤 것이 개연성의 우위에 근거해 참이라면, 곧 합리적인 사람들이 모든 증거를 검토한 후 그것이 참이라는 결론을 내리면 그것은 증명된 것으로 간주한다. 반면 형법에서는 훨씬 더 높은 기준이 요구된다. 쟁점이 되는 주장이 참이라는 데 대한 어떤 합리적인 의심도 전혀 없는 경우에만—곧 모든 증거를 검토한 사람들이 모두 일치된 의견을 보이고, 이들과 달리 생각해 다른 의견을 내세우는 것이 단지 다른 견해를 지니는 수준에 그치지 않고 불합리하게 행위하는 것으로 여겨질 경우에만—그 주장은 증명된 것으로 간주된다. 확실성에 대한 데카르트의 기준을 이런 기준들과 비교해보면 어떤가?

　　데카르트가 매우 높은 기준을 채택한다는 점은 분명하다. (그는 자신이 '일상적인 확실성보다 훨씬 더 높은 수준의 것을' 추구한다고 말한다—『반박과 답변』 4, 226.) 만일 법률이 어떤 범죄자가 범죄를 저지르지 않았다는 점을 상상조차 할 수 없어야 할 경우에만 그는 유죄라고 규정한다면 아마 어떤 범죄자도 유죄 판결을 받지 않을 것이다. 예를 들어 내가 살인 혐의로 재판을 받는데 다른 누군가가 나와 디엔에이(DNA) 배열과 지문이 똑같은 경우를 상상할 수 없는 것은 아니다. 이런 일이 실제로 일어나지는 않지만 상상할 수 없지는 않다. 내가 범죄를 저지르는 것을 직접 목격한 모든 증인들이 최면 상태에 빠져 제정신이 아닌 경우를 상상할 수 없는 것은 아니다. 나에게 희생당한 피해자가 사실은 내가 죽인 것이 아니라 키가 작고 피부가 녹색인 외계인들이 현재 인간의 어떤 추적 장치를 통해서도 발견되지 않는 우주선을 타고 와서 쏜 살인 광선을 맞고 죽었다는 사실을 상상할 수 없는 것은 아니다. 하지만 내가 이런 주장을 편다면 어떤 법정에서도 이를 받아들이지 않을 것이다. 반면 이들 모두는 데카르트의 사고하는 자에게는 내가 범죄를 저질렀다는 믿음을 확고하고 불변하는 지식의 일부로 받아들이는 것을 거부할 만한 충분한 근거로 작용한다.

따라서 데카르트가 사용하는 기준이 매우 높다는 점이 확인된다. 그 것은 가능한 한 가장 높은 기준이다. 사고하는 자의 탐구 방법을 이런 식으로 설정하면서 데카르트는 은연중에 다음 두 가지를 주장한다.

1. 상상할 수 있는 모든 회의를 넘어서서 절대적으로 확실하지 않은 어 떤 것도 확실할 수 없다—달리 표현하면 어떤 것도 진정으로 확실하 지 않다.
2. 바로 이런 의미에서 진정으로 확실한 무언가를 발견하지 못한다면 우리는 결코 진정한 지식을 지니는 것이 아니며, 단지 계속 변화하 고 신뢰할 수 없는 잡다한 믿음만을 지닐 뿐이다. 그리고 우리는 이 런 믿음을 받아들일 만한 어떤 충분한 근거도 제시할 수 없다. 그렇 다면 남는 것은 단 하나, 곧 절대적 확실성과 회의주의 중 하나를 선 택하는 일뿐이다[3.1.7].

이 두 주장은 참인가?

연결고리

• 절대적 확실성의 가능성과 바람직함에 관해서는 3.1.10에서 논의 된다.
• 회의주의와 확실성에 관한 더욱 상세한 논의는 3.4.4에서 전개된다 (이들에 관한 가장 탁월한 논의는 제4성찰에 이르러서야 등장한다).
• 확실성과 과학적 지식의 관계는 3.4.5에서 검토된다.

3.1.3 제1성찰, 3절. (18-9)

꿈이 아닌가라는 회의

개관

이제 내가 항상 가장 깊이 신뢰해왔던 것들은 내가 나의 감각을 통해 지각해온, 나의 주변 세계에 있는 것들 — 곧 내가 보고, 듣고, 느낀 것들이라는 점이 밝혀졌다. 하지만 나는 자주 이와 같은 것들과 관련해 잘못을 저지르기도 한다. 내 친구가 길을 건너는 것을 보았는데 사실은 그가 낯선 사람임이 드러나기도 하고, 악마가 긴 손톱으로 내 침실 창문을 긁는 소리를 들었는데 사실은 바람에 흔들리는 나무 소리로 밝혀지기도 한다. 따라서 내가 나의 감각을 통해 얻은 모든 것은 거짓**일 수도** 있으므로 현재 나의 탐구를 위해서 나는 이들을 무시해야 한다(18).

> '하지만 잠시 생각해보자. 비록 감각으로 파악하기 어려운 경우에 — 예를 들면 멀리 있는 사람을 본다든지 한밤중에 이상한 소리를 듣는 경우에 — 내가 잘못을 저지르는 것이 사실이라 할지라도 내가 결코 의심**할 수 없는** 감각인 것들도 있다. 내가 지금 이 방 안에 앉아있다거나 지금 내 눈 앞에 있는 것이 내 손이라는 점과 같이 진정으로 명백한 것들을 의문시한다면 나는 완전히 미친 사람이라는 말을 들을 것이다.'(18-9)

아니 그렇지 않다. 이는 어리석은 주장일 뿐이다. 꿈을 꾸면서 하는 경험도 가장 신뢰할 만한 실제 경험과 똑같은 정도로 명확하고 직접적이다. 그런데 꿈에서의 경험은 모두 거짓이 아닌가!

> '하지만 나는 꿈꾸는 상태와 깨어있는 상태의 차이를 분명히 안다. 나는 **지금**

꿈꾸고 있지 않다!'

아! **꿈을 꾸면서** 내가 깨어있다고 생각하고 나를 꼬집어보기도 한 일이 얼마나 많았던가? 일반적으로 말하자면 내가 깨어있을 때 할 수 있는 **모든** 경험을 나는 잠자면서도 얼마든지 **할 수 있다.** 그렇다면 깨어있을 때와 잠잘 때를 명확하게 구별할 수 있는 어떤 방법도 없다. 따라서 나의 **모든** 감각적인 경험은 원리상 회의의 대상이 되며, 나를 둘러싼 세계 같은 것이 전혀 존재하지 않을지도 모른다고 결론지어야 한다.

지금 나는 매우 혼란스럽다(19).

주석

여기서 사고하는 자는 처음으로 자기 자신과 일종의 대화를 나누면서 논의 주제에 대해 서로 반대되는 두 주장을 오가는 모습을 보이는데, 이는 자신의 사고 전개에 독자들을 끌어들이려 하면서 자주 사용하는 기법이다. 이제 이를 검토하려 하는데 그의 이런 기법을 제대로 파악하지 못하면 그가 말하려는 논점을 놓치기 십상이다.

위의 내용에서 첫 번째 전환은 우리가 대부분의 시간 동안 가장 확실하게 여기는 바는 우리를 둘러싼 세계, 곧 우리가 직접 경험하는 것들이라는 평범한 주장에로의 전환이다. 이 주장은 합리적으로 보이는가? 사고하는 자는 분명 그렇다고 말한다. 설령 모든 것이 의문시되더라도 이들은 내가 의지할 수 있는 것들이다─곧 내 발 아래 있는 땅과 내 얼굴 앞에 있는 내 손, 내가 손가락으로 가리키는 작은 쥐 또는 존재할지 모를 모든 것들이다. 사실 데카르트 자신도 이들은 우리가 **최소한** 확신할 수 있는 것들이라고 생각한다. 여기서 그의 목표는 우리가 이들이 우리에게 어떻게 보이고 느껴지는가로부터 주의를 돌려 이들 자체가 진정으로 어떻게 존재하는가에 집중하도록 만드는 것이다. 곧 이들에 대한 우리의 주관적인 반응에서 벗어나 이들을 객관적으로 파악하도록 만드는 것이다. 달리 말하면 그는 우리가 마치 어린아이처럼 세계를 물끄러미 쳐다보다가 우리에게 보이는 대로 그것을 받아들이는 일을 멈추고 그런 현상들 배후에 놓인 것에 관해 사고하기를, 곧 현재 우리가 과학적 추론이라고 부르는 방법을 통해 경험을 이성적으로 분석하기를 원한다[3.1.11]. 이를 위해 그는 우선 주변 세계에 대한 우리의 감각적 지식은 확실하지 않다는 점을 설득하려 한다. 그리고 그 후에 과학적 추론이 어떤 것인지를 보이려 한다.

　과연 데카르트는 우리의 감각이 우리를 둘러싼 세계에 대한 어떤 확실한 지식도 제공하지 못한다는 점을 증명하는 데 성공하는가?

　그는 오류로부터의 논증이—감각적 판단들 중 일부가 거짓이므로 모든 감각적 판단들은 의심스럽다는 주장이—실패로 돌아간다는 점을 인정하는 듯하다. 우리가 결코 잘못을 범하지 않는 감각적 판단들도 있기 때문이다. 예를 들면 우리는 분명히 먼 거리에서나 안개 속에서 낯선 사람을 보고 그를 친구로 여기는 잘못을 저지르기도 한다. 하지만 우리가 실제로는 자전거를 타는 중인데 집안 거실에서 이웃과 대화를 나누고 있다고 생각하거나 실제로는 집에서 멀리 떨어진 테니스장에서 테니스를 치면서 집에 앉아 텔레비전을 보고 있다고 생각하는 일이 일어나는가(18-19)?[9]

　비록 꿈 논증은 위와는 다른 종류의 오류를 우리에게 환기시키며, 우리의 모든 감각 경험을 회의하게 만드는 듯이 보이지만 감각 경험을 의심할 수 있는 가장 분명한 경우를 제시한다. 어떤 감각 경험이 아무리

___
9　다른 저서에서는 오류로부터의 논증과 꿈 논증이 서로 같은 것이라는 점이 훨씬 더 분명히 드러난다(『방법서설』, 4; 『원리』, 1.4).

명확할지라도 우리가 그것을 꿈꾸면서 얻었을 가능성이 이론상 충분히 성립하지 않는가? 우리는 이웃이 우리 집에 오지 않았거나 심지어 이웃이 아예 없는데도 분명히 이웃과 대화를 나누는 꿈을 꿀 수 있다. 그리고 이런 꿈을 꿀 때 우리는 꿈속에서 일어나는 일을 마치 실제로 일어나는 일인 듯이 여기며 우리가 그런 일을 하고 있다는 점을 완벽하게 확신한다. 더욱 일반적으로 말하면 다음과 같은 점들은 분명히 참이 아닌가?

1. 우리가 지니는 경험 중 우리가 꿈을 꾸면서 얻었다고 결코 생각할 수 없는, 그런 경험은 없다.
2. 우리가 지니는 경험 안에 포함된 어떤 요소도 그 경험이 단지 꿈이 아니라 실제의 경험임을 알려주지는 않는다.[10]
3. 따라서 만일 지금까지 우리가 얻은 모든 경험이 꿈일 수도 있다면 우리는 주변의 세계에 관해 아무것도 확실하게 알 수 없으며, 심지어 그런 세계가 실제로 존재한다는 사실조차도 알 수 없다. 그렇지 않은가?

이는 매우 중요한 전환점이며, 이후에 전개될 탐구 전체의 성격을 규정한다. 우리는 이를 옳다고 생각하는지 그렇지 않은지를 결정해야 하며, 앞으로 이야기가 어떻게 전개될지를 파악하려면 우리 자신의 의견을 점검할 준비를 갖추어야 한다.

연결고리
• 꿈 논증은 3.1.8에서 논의된다.

---

10 '우리가 잠잘 때와 깨어있을 때를 확실히 구별할 수 있도록 해주는 어떤 특징도 존재하지 않는 듯이 보인다'(『원리』, 1.4).

- 꿈 논증에 대한 데카르트의 최종 대답은 3.6.4에 등장한다.
- 꿈 논증과 회의주의 사이의 관계는 복잡하다. 이에 대한 논의는 3.1.7에서 시작하는 것이 가장 좋을 듯하다.

3.1.4 제1성찰, 4절. (19-20)

감각 대 지성
개관

'좋다, 내가 지금 꿈꾸고 **있다고** 가정하고 — 내가 지금 여기 앉아있다는 것, 이 것이 내 손이라는 것 등이 모두 실제로 일어나는 일이 아니라고 치자. 어쩌면 나는 손이 아예 **없는데도** 단지 손이 있다고 꿈을 꾸는지도 모른다. 하지만 꿈은 오직 내가 깨어있을 때의 경험에서 얻은 개념들을 재배열한 것에 지나지 않는 다 — 나는 실제로 손이 없는데도 손이 있다고 생각하는 일 등이 꿈에서는 얼마 든지 일어난다. 아니면 꿈은 이런 개념들을 기묘한 방식으로 혼란스럽게 뒤섞 어 꿈에서는 내가 물고기나 거미, 또 다른 무엇과도 대화하는 일이 일어나기도 한다. 따라서 내가 실제로 겪는 경험은 항상 회의의 대상이 될 수 있다. 하지만 나는 여전히 **지성을 통해 내가 그런 경험을 이해하는 범주들은** 회의할 수 없는 것이라고 말할 수 있지 않은가? 나의 **경험은** 회의의 대상이 될 수 있지만 나의 **지성은** 그렇지 않다!' (19-20)

'그리고 회의가 나의 일상적인 지성이 지닌 범주들에는 적용되지 않는다면 지 성은 더욱 깊은 수준에서 참임에 틀림없다. 어쩌면 손의 관념은 내가 그것을 구 성하는, 그것보다 더욱 단순한 관념들을 지닌다면 — 손가락과 손톱이 아니라 최소한 이들보다 더욱 기본적인 개념들, 예를 들면 형태와 크기, 수, 시간 등의 개념을 지닌다면 — 내가 만들어낼 수 있는 무언가일지도 모른다. 나는 이런 모든 개념들을 통해 세계를 경험하므로 이들은 내가 기초로 삼는 근본적인 관념이다. 따라서 이들은 모든 회의를 넘어서서 실재함에 **틀림없다.**' (20)

'위의 주장이 의미하는 바는 다음과 같다. 세계가 어떻게 존재하는지에 대한 우리의 모든 지식은 — 자연학, 천문학, 의학 등의 분과가 다루는 — 꿈 논증에 의해 위태롭게 되지만 우리가 지닌 개념적인 또는 아프리오리한[11] 지식은 — 대수학과 기하학 등이 다루는 — 전혀 흔들리지 않는다. 왜냐하면 이런 지식은 **세계가 어떤 모습인가와 무관하게** 참이기 때문이다.' (20)

주석

이 절에서는 오직 사고하는 자의 분신이 내는 목소리만이 등장하는데 그는 꿈 논증이 낳은 '혼란' (또는 혼동, obstupescam/tout étonné, 19) 에 대처할 방법에 대해 생각한다. 그가 감각적 지식을 옹호하려 하지 않는다는 점에 주목할 필요가 있다 — 그는 꿈 논증이 이런 지식을 완전히 무너뜨릴 수 있다는 점에 동의한다. 그 대신 그는 자신이 가장 확실한 지식이라고 여겨온 바를 이끌어냄으로써 자신에게 남겨진 잔해에서 무언가를 구출해내려고 노력한다.

그가 떠올린 것은 내가 개관에서 '아프리오리한 지식'[12]이라고 부른 바 — 곧 여러 개념들과 그들 사이의 관계에 대한 우리의 이해이다. 어

---

11 [옮긴이 주] 아프리오리(a priori)는 경험과 무관함을, 아포스테리오리(a posteriori)는 경험에 의존함을 의미하는데, 이 책에서는 다른 용어로 번역하지 않고 그대로 음역해서 표현했다.

12 데카르트도 이런 표현을 사용하지만 순전히 근대적 의미로 사용하지는 않는다 (『세계』(Le Monde), 7; XI.47}.

쩌면 나는 손이 아예 없는데도 손이 있다고 꿈꾸는지도 모른다. 어쩌면 아무도 손이 전혀 없는지도 모른다. 하지만 손이 어떤 종류의 대상이라는 점, 곧 어떤 크기와 형태를 지니고 어떤 구체적인 방식으로 움직이는 대상이라는 점은 참이 아닌가? 손과 같은 대상이 아예 존재하지 않을 수도 있다. 좋다. 하지만 그런 것이 바로 손이라는 점은 여전히 참이 아닌가? 그렇다면 '손은 이러저러한 종류의 대상이다'라는 형식의 진술은 참이며, 이런 진술은 설령 우리가—사람들의 손에 대한 지식을 포함해—이 세계에서 실제로 무슨 일이 일어나는가에 관한 우리의 모든 감각적 지식을 포기하지 않을 수 없다고 할지라도 여전히 참인 것으로 인식될 수 있다.

이런 주장이 어떤 의미를 지니는가?

아마도 그렇지 않은 듯하다. 만일 손이 아예 존재하지 않는다면 손에 관한 참과 거짓이나 손에 관한 지식에 대해 말하는 것 자체가 미친 짓이 될 것이다. 지금 여기서 우리가 논의하는 바는 진정한 지식이 아니라 오직 개념에 대한 또는 언어에 대한 지식이다. 우리는 지금 손에 대해서는 전혀 아무것도 모르며, 단지 손에 대해 말할 때 우리가 의미하는 바만을 알고 있다. 그런데 이런 의미에 대한 지식은 우리가 말하는 실제의 대상과 분리될 경우 기껏해야 무가치한 것에 지나지 않는다.

하지만 데카르트는 그렇게 생각하지 않는다. 그는 이런 종류의 개념적 지식을 '본유적'이라고 부르는데, 이는 우리가 이런 지식을 지니고 태어난다는 것이 아니라 이런 지식이 우리 안에서 태어나 만들어진다는 것을 의미한다[3.3.2]. 데카르트는 이런 개념적 지식이 우리가 경험을 통해 얻는 모든 것을 넘어선다고 생각한다. 그는 우리가 손의 개념이나 자신이 말한 더욱 기본적인—공간, 시간 그리고 수와 같은—개념들을 지니고 태어난 것이 아니라 우리의 경험으로부터 이런 개념들을 다른 어떤 피조물도 할 수 없는 방식으로 형성하거나 발견할 능력을 지니고 태어난다고 (이런 주장을 옹호하려는 시도는 후에 등장한다) 생각한다. 바로 이런 능력이 우리가 행하는 추론 및 대수학이나 기하학 같은 아프리오리한 학문의 기초로 작용한다.

이런 주장을 어떻게 생각하는가? 삼각형은 세 변을 지니며, 세 내각의 합이 180도라는 점은 설령 삼각형이 존재하지 않더라도 참이 아닌가—달리 표현하면 이런 상황에서는 만에 하나 무언가가 삼각형이라면 설령 존재하지 않더라도 그것은 위와 같은 속성을 지니리라고 확실히 말할 수 있지 않은가? 그렇다면 설령 우리가 주변 세계에 대한 지식을 지닌다는 주장을 포기하더라도 우리의 이성적인, 아프리오리한 지식은 유지될 수 있는 듯하다. 왜냐하면 설령 세계가 존재하지 않더라도 우리가 확실히 참이라고 인식할 수 있는 무언가가 여전히 존재하기 때문이다. 이와 동일한 방식으로 우리는 만일 우리에게 바나나 7개가 있는데 다시 바나나 7개를 더 얻는다면 모두 14개의 바나나를 갖게 된다는 점을 확실히 알 수 있지 않은가? 또한 만일 고래가 자전거보다 크고, 자전거가 오리보다 크다면 고래가 오리보다 크지 않은가? 우리가 깨어있든지 잠을 자든지, 바나나 고래, 자전거, 오리 등이 어디든 실제로 존재하든지 그렇지 않든 간에 이런 것과 전혀 무관하게 이런 점들을 확실히 인식하지 않는가?

만일 그렇다면 우리의 이성적 지식이 감각적 지식보다 훨씬 확실하다는 데카르트의 주장은 옳은 듯하다. 몇몇 독자들은 이를 통해 데카르트가 감각적 지식의 무용함을 의미했다고 해석했지만 이런 해석은 당연히 잘못된 것이다. 어쨌든 경험이 없이는 우리가 이런 종류의 개념적 지식에 도달하는 일이 애초부터 불가능한 듯이 보인다. 우리가 이전에 손을 한 번도 본 적이 없고 무엇을 손이라고 부르는지 들어본 적도 없다면 어떻게 무엇이 손인지를 알 수 있겠는가? 더욱 중요한 문제로, 만일 데카르트처럼 우리가 단지 아프리오리한 진리를 인식하는 데 그치지 않고 이 세계가 어떤 모습으로 존재하는지, 곧 세계의 본질과 그 안에서 우리의 위치에 관한 기본적인 사실들을 알려고 한다면 우리는 세계를 탐구해야 한다. 그리고 이는 관찰 자료를 수집하고, 도구를 고안해 우리에게 도움이 되는 실험을 수행해야 함을 의미한다. 하지만 이런 관찰과 실험은 그 자체만으로는 우리에게 아무것도 알려주지 않는다. 예를 들면 개는 일반적으로 사람보다 훨씬 더 예민한 감각을 지녔으며 이런 의미에서 우리보다 훨씬 더 뛰어난, 정교한 관찰을 할 수 있다. 하지만 개들은 과학적 인식에 이르지 못하는데 그 까닭은 관찰된 현상들의 원인을 파악하기 위해 다양한 관련 요소들을 경험에 적용할 능력이 없기 때문이다[3.1.11].

그렇다면 데카르트가 전하려는 이야기는 바로 이것이다. 지금까지 그는 우리가 여러모로 궁리한다면 경험은 항상 의심할 수 있는 대상이지만 아프리오리한 지식은 그보다 확실한 것임을 보이기 위해 노력했다. 그의 이런 주장은 참인가?

그렇다면 이제 다음과 같은 질문이 제기된다. 과연 아프리오리한 지식은 결코 의심할 수 없는 것인가?

연결고리

- 데카르트는 아프리오리한 지식에 대한 회의를 바로 다음 절에서 논의하며, 3.3.1에서 다시 다룬다.
- 그가 생각한 '본유적' 지식의 개념은 3.3.2에서 더욱 상세히 설명된다.
- 아프리오리한 지식과 과학 사이의 관계는 여러 곳에 등장하지만

3.4.5에서 가장 상세히 논의된다.

3.1.5 제1성찰, 5절. (21-2)

지성에 대한 회의: 본성에 기초한 논증

개관

하지만 여기서 한 가지 문제가 등장한다. 지금 내가 믿는 바 중의 하나는 나를 만든 전능한 신이 존재한다는 것이다. 이것이 참이라면 내가 지닌 개념들이 지칭하는 세계가 존재하지 않고 이들이 기술하는 바가 실재하지 않는다 할지라도 신이 나에게 이런 개념들을 부여했다고 생각할 수 있지 않은가?

어쨌든 우리는 사람들이 심지어 자신이 절대로 확신하는 것과 관련해서도 잘못을 저지른다는 점을 분명히 알게 되었다. 따라서 나는 심지어 아 프리오리한 지식, 예를 들면 수학과 관련해서도 잘못을 저지를 수 있지 않은가?

신은 내가 속는 것을 원하지 않았으리라고 말함으로써 이런 주장을 부정할 수는 없다. 신은 얼마든지 **때로** 내가 속는 것을 원할 수도 있다. 그렇다면 내가 **항상** 속기를 원할 수도 있지 않겠는가(21)? 또한 우리는 신의 존재를 부정함으로써 이런 주장을 피할 수도 없다. 만일 선한 신이 나를 만들지 **않았다면** 나 자신이 가장 확신하는 것에 대해서도 내가 잘못을 저지를 수 있다고 생각할 만한 **더욱 명확한 근거가** 성립할 뿐이다. 따라서 내가 믿는 바 중에 내가 어떤 근거를 통해 의심이 불가능하다고 생각할 수 있는 것은 **절대로 아무것도 없다는** 결론에 도달한다.

주석

이 절은 짧지만 매우 중요한 내용을 포함한다. 하지만 표현 방식 때문에 여기서 진행되는 바를 놓치기 쉽다. 여기서 등장하는 첫 번째 주장은 내가 이성적으로 확신하는 바는 세계 안에 있는 무엇과도 ('하늘, 연장성을 지닌 사물, 형태, 크기, 장소 등과') 아무 관계가 없다는 것이다―이는 우리가 꿈 논증을 통해 도달했던 결론에서 한걸음 더 나아간 것이기도 하다. 두 번째 주장은 이와 다른 것으로서 더욱 급진적이다. 곧 나의 개념들은 지시 대상이 없을 뿐만 아니라 사실상 거짓일 수도 있다는 것이다. 이런 개념들은 절대적으로 확실하게 보이고 어떤 의미에서 내가 이들을 회의할 수 없는 듯하지만 이런 주관적인 확실성의 느낌이 이런 개념들이 객관적으로 참이라고 주장할 증거가 되지는 못한다는 것이다.[13]

이것은 회의의 방법 중 마지막 단계에 해당한다. 이성은 꿈 논증을 견뎌낼 수 있으므로 이성이 감각보다 확실하다는 점을 보인 후 데카르트는 이런 새로운 전환점을 통해 이성조차도 의심의 대상이 될 수 있다고 말한다. 나는 내가 가장 확신하는 것들에 대해서도 항상 잘못을 범하도록, 그런 방식으로 구성되었을 수도 있지 않은가? 만일 그렇다면 아프리오리한 지식조차도 객관적으로 참이 아니라는 점이 드러난다. 나는 기초 수학과 같은 영역에서도 잘못을 범할 수 있지 않은가?

연결고리

• 데카르트는 이런 '과장된' 마지막 회의를 3.3.1에서 다시 논의하며, 3.4.1에서 마지막으로 언급한다.

---

13   다른 곳에서는 (『원리』, 1.5) 이 두 가지 전환점이 서로 분리되어 등장하는데 이를 통해 논증의 구조가 더욱 명확하게 드러난다.

3.1.6 제1성찰, 6절. (22-3)

결론: 교활한 악령
개관

내가 나의 방법을 충실히 따르려 한다면 나는 내가 지금까지 믿어왔던 **모든 것**에 대한 판단을 유보해야 한다. 물론 나는 사실상 내 믿음 중 대부분이 전적으로 합리적이며 참일 가능성이 매우 높다는 점을 잘 안다. 하지만 나의 탐구를 위해서 이들 모두를 순전히 거짓으로 여기려 한다(22).

이제 나는 신이 아니라 최고로 강력하고 교활한 악령이 항상 온 힘을 다해 나를 속이려 한다고 가정하려 한다. 나는 내 주변의 세계는 이 악령이 마법으로 만들어낸 꿈에 지나지 않으며, 내가 믿는 모든 것은 현실이 아니라 악령이 나를 속이기 위해 만든 장치라고 말하려 한다. 나는 결코 이런 망상에서 벗어나 진리를 발견할 수 없다. 하지만 나는 최소한 나의 판단을 유보하는 정도로 이 악령에 맞설 수 있으므로 악령은 더 이상의 것을 내게 부과할 수는 없다. 어쩌면 내게는 무엇이 참인지를 알 수 있는 어떤 방법도 없는지 모른다. 하지만 최소한 나는 거짓인 것을 믿는 상태에서는 벗어날 수 있다.

하지만 이런 수준에 머무르는 것은 매우 고통스러운 일이다(22-3).

주석
교활한 악령에게 속지 말라
이런 모든 과정을 거쳐 결국 우리는 어디에 남겨지는가? 사고하는 자의 논증들이 제대로 진행된다면 우리는 어떤 입장에 처하게 되는가? 데카르트가 도입한 교활한 악령(genium malignum/mauvais génie, 때로 전능한 악마로도 번역된다)은 철학 전체에서 가장 널리 알려진 것

중의 하나이다. 이제 교활한 악령이 우리를 속일지도 모르므로 우리는 아무것도 알 수 없다는 데카르트의 다소 모호한 생각과 더불어 제1성찰을 마무리 지으면 될 듯하다. 하지만 데카르트는 그렇게 하지 않는다. 다음 두 가지 점에 유의해야 한다.

1. 원전을 주의 깊게 살펴보자. 제1성찰의 논증에서 악령은 실제로 어떤 역할을 하는가? 사고하는 자의 계속 이어지는 추론은 악령에 근거해 어떤 방향으로 전환되는가?

    이에 대한 대답은 악령이 아무 역할도 전혀 하지 않는다는 것이다. 원전을 보자. 우리가 지닌 지식의 기초를 뒤흔드는 모든 작업은 꿈 논증을 통해서 이루어진다. 이 논증은 우리 감각의 확실성을 완전히 무너뜨린다. 또한 본성에 기초한 논증은 우리가 이성에 대해서도 확신할 수 없다고 말한다. 지금까지 우리가 도달한 지점을 요약해서 설명하고, 사고하는 자에게 발을 헛디뎌 낡은 사고 습관으로 되돌아가서는 안 된다고 경고하는 제1성찰의 마지막 부분에 이르러서야 악령이 겨우 등장한다.[14]

    그리고 교활한 악령이 자신을 속인다고 여기면서 사고하는 자가 주의를 기울이려는 관점은 과연 무엇인가? 방금 살펴보았듯이 ― 아무것도 확실하지 않으므로 비록 우리가 일상적인 수준에서 어떻게 질문을 던지고 또 어떻게 답해야 하는지를 충분히 잘 안다고 할지라도 철학적으로 생각해보면 우리가 어떤 지식을 지닌다는 주장을 정당화할 수 있는 완벽한 기준이 결코 존재하지 않으며, 따라서 우리가 신뢰하는 지식의 근거가 무엇인가에 대해 서로 대립하는 모든 주장들

---

14   악령은 『방법서설』이나 『원리』에는 등장하지 않는다는 점에 주목할 필요가 있다.

을 조화롭게 아우를 수 있는, 어떤 원칙에 입각한 방법 또한 존재하지 않는다는 점을 알게 된다. 도대체 우리는 어디에 귀 기울여야 하는가? 전통에, 상식에, 대학의 선생들에게, 새로운 과학자들에게, 교회에, 우리 자신의 마음에, 방랑의 삶을 사는 현명한 여성에게 아니면 고약한 냄새를 풍기면서 자신의 바지 안에서 대답을 발견했다고 떠드는 길거리의 늙은 기인에게? 이 질문에 대답할 방법은 없다. 우리는 그저 대답을 결정할 방법이 없다는 점을 받아들일 수밖에 없다.

2. 그렇다면 우리에게 남겨진 관점은 회의주의적 결론이라고 불리는 것 밖에는 없는 듯하다[3.1.7]. 물론 회의주의라는 용어는 서로 다른 다양한 관점을 지칭하는 데 사용되므로 주의를 기울일 필요가 있다. 어쨌든 우리는 진리에 도달할 방법을 알지 못하며, 오직 서로 대립하는 의견과 선입견들에 둘러싸여 있다. 우리에게 남은 것은 주관적인 믿음뿐이며, 객관적인 지식에 도달할 가능성은 전혀 없다. 특히 교활한 악령이 매 순간 우리를 속인다면 우리가 확고하고 지속적인 지식에 도달할 전망 또한 거의 없는 듯하다.

이런 결론은 정당한가?

연결고리

• 서로 다른 형태의 회의주의에 대한 설명은 3.1.7에 등장한다.
• 교활한 악령과 자주 연결되는 유형의 회의는 3.1.9에서 논의된다.

* * *

이제 제1성찰의 끝부분에서 사고하는 자는 자신이 걸어온 길을 다음과 같이 요약하는데 이후 데카르트는 이들 중 일부가 사실상 잘못임을 보이기 위해 노력한다.

1. 꿈 논증은 우리의 감각적 지식이 절대적으로 확실하지 않다는 점을 보여준다.
2. 꿈 논증은 물질세계가 실제로 존재한다는 점 또한 절대적으로 확실하지 않음을 보여준다.
3. 우리의 감각적 지식은 우리의 아프리오리한, 개념적 지식보다 덜 확실하다.
4. 하지만 본질에 기초한 논증은 아프리오리한 지식 또한 절대적으로 확실하지 않음을 보여준다.
5. 따라서 우리에게는 절대적으로 확실한 지식은 아무것도 없다.
6. 따라서 우리에게는 서로 대립하는 지식의 근거들 사이에서 어떤 결정을 내릴 방법이 없다. '지식'을 발견하는 서로 다른 많은 방법들이 있지만 이들 중 하나를 다른 것들보다 선호할 만한 근거가 없다. 따라서 진정한, 객관적 지식은 전혀 존재하지 않는다.

우리는 이런 결론을 받아들여야 하는가 아니면 지금까지 사고하는 자가 전개한 사고의 과정에서 어떤 결함을 찾아낼 수 있는가?

3.1.7 논의 1

회의주의: 회의주의는 무엇인가? 과연 참인가?
제1성찰에서 진행된 회의는 회의주의라는, 매우 중요하고 어려운 문제를 제기한다. 회의주의는 이후 데카르트와 『성찰』에 대한 연구에서 항

상 핵심적인 위치를 차지해왔다. 이제 우리는 회의주의가 무엇이며, 데 카르트의 원전과 어떻게 관련되는지를 명확히 밝힐 필요가 있다.

1. '회의주의' 이론 일반

회의주의는 서양철학에서 한마디로 나쁜 것이라는 낙인이 찍힌 이론이다. 이를 극복할 수 있는지, 어떻게 극복할 수 있는지를 다루는 데는 지금까지 엄청난 양의 잉크가 소비되었지만 놀랍게도 회의주의가 정확히 무엇인지, 어쩌면 매우 훌륭할지도 모를 이 이론을 왜 극복해야 하는지에 대해서는 제대로 된 논의가 거의 이루어지지 않았다.

회의주의의 핵심 주장은 매우 단순하다. '회의주의'는 사람들이 무엇이든 알 수 없다고 주장하는 모든 이론을 포괄한다. 가장 극단적인 형태의 회의주의는 인간이 사실상 아무것도 알 수 없다고 주장한다—우리는 알 수 있다고 생각하지만 사실은 전혀 그렇지 않다. 지식은 우리가 도달할 수 없는 곳에 있으며, 우리는 단지 믿음과 현상, 선입견과 인상 등의 다발을 지닐 뿐 진정한 지식에 이르지는 못한다. 이보다 덜 극단적인 형태의 회의주의는 우리가 어떤 것을 알 수는 있지만 이것이 우리가 일반적으로 생각하는 지식과—또는 생각하기를 원하는 지식과 같은 것은 아니라고 주장한다. 이는 우리가 지식에 이르기에는 능력이 부족하다는 점에서 도출되는 일반적인 주장인데, 자주 특정한 지식의 유형 또는 영역에 대한 우려로 이어진다. 따라서 도덕적 회의주의자는 우리가 옳고 그름을 또는 좋음과 나쁨을 결코 구별해서 인식할 수 없다고 주장한다. (그 이유로 어떤 회의주의자는 옳고 그름이 존재하지 않기 때문에 우리가 인식할 대상이 아예 없다는 점을 들기도 하고, 다른 회의주의자는 옳고 그름이 존재하지만 우리가 이를 구별할 수 없다는 점을 들기도 한다.) 다른 사람의 정신에 대해 의심하는 회의주의자는 우리가 다른 사람들의 정신 안에서 일어나는 일들을—아니면 다른 사람들의 정신 안에서 과연 무슨 일이라도 일어나는지를 결코 인식할 수 없다고 주장한다. 외부 세계에 대해 의심하는 회의주의자는 우리의 머리 안에서 일어나는 일은 인식할 수 있지만 외부 세계에 관해서는 아무것도 인식할 수 없다고 생각한다.

2. 데카르트 이전의 회의주의

일찍이 고대 그리스의 회의주의자들은 자신들을 다른 사람들의 견해를 반박함으로써 그들을 두려움에 떨게 만드는 대단한, 고약한 악동들이 아니라 사람들이 자신들의 견해를 받아들인다면 그들을 더 나은, 행복한 삶으로 인도하는, 충분한 근거를 갖춘 관점을 제시하는 진지한 사상가들로 여겼다. 이들의 기본적인 생각은 모든 종류의 슬픔이 어쨌든 간에 사람들의 확신 때문에 생긴다는 것이었다—우리가 믿는 바 때문에 우리는 싸우게 되고, 이기리라는 기대 때문에 지면 실망하게 되고, 이런 현실을 발견하기 때문에 우리는 슬퍼진다. 만일 우리가 모든 것에 대한 확신에서 벗어날 수 있다면, 모든 문제에 대한 판단을 유보할 수 있다면 우리는 삶의 모든 나쁜 일에서 벗어나 더 평온하고 행복한 삶을 살게 될 것이다. 따라서 고대의 회의주의자들은 우리의 믿음을 약화하기 위한 일련의 논증들을—우리가 얼마나 오류에 빠지기 쉬우며, 각각의 문제에 고려해야 할 요소가 얼마나 많으며, 무언가에 대해 확신하기가 얼마나 어려운지 등을 보임으로써—이끌어내었다. 이들의 의도는 무언가를 믿음에서 생기는 고통에서 우리를 해방하는 데 도움을 주려는 것이었다.

데카르트의 시대에 회의주의는 다시 유행하게 되었는데 이는 1569년 고대 그리스의 회의주의자인 섹스투스 엠피리쿠스(Sextus Empiricus)의 저술이 재발견되어 출판된 데 힘입은 바 크다. 그는 많은 것을 확실하게 받아들이는 세상일수록 점점 문제가 늘어난다고 여기면서 지식은 우리를 넘어선 것임을 보이는 논증들을 제시하고, 어떤 질문이든 간에 이에 대한 대답을 바라는 것조차도 잘못이라고 주장했는데 이는 많은 사람들에게 매력적으로 보였다. 낡은 지식을 뒤엎으려 했던 데카르트와 같은 철학자는 아무도 그 무엇도 알지 못한다는 점을 보여주는 추가 증거를 제시하기 위해 말할 뿐이라고 주장하는 회의주의자들을 경계하지 않을 수 없었다{『반박과 답변』7, 548-9}.

3. 세 종류의 회의주의

따라서 데카르트는 회의주의가 거짓임을 증명하려 한다. 우리는 진정하고 영속적인 지식을 확립할 수 있지만 오직 전통적 방법을 버리고 현재의 우리라면 과학이라고 부를 새로운 방법에 따름으로써만 그렇게 할 수 있다. 이를 보이면서 그는 자신의 핵심 논점을 드러내기 위해 회의주의적 논증을 사용한다. 제1성찰에서 그는 우리가 생각할 수 있는 가장 강력한 회의주의적 논증을 전개하는데 그 목적은 (제2성찰과 그 이후에서) 설령 이런 논증이 제기되더라도 우리가 진정한 객관적 지식을 지닐 수 있다는 사실을 부정할 수 없음을 보이려는 것이다.

어떤 사람들은 제1성찰의 논증이 너무나 강력해서 데카르트가 (데카르트를 따른다면 우리 또한) 세상사에서 한걸음 물러나 성찰을 시작한 첫날 저녁에 도달한 입장에서 결코 벗어나지 못한다고 주장하기도 한다. 하지만 그가 도달한 입장은 정확히 무엇인가? 이제 세 종류의 회의주의적 가설을 소개하려 하는데 이들을 분리해서 고찰할 필요가 있다.

A. 보편적 회의주의

보편적 회의주의는 어느 누구도 아무것도 알지 못한다는 단순한 주장이다. 하지만 이는 어느 누구도 보편적 회의주의가 참이라는 점을 알지 못한다는 주장을 당연히 포함하므로 일종의 역설에 빠진다. 곧 우리는 어느 누구도 아무것도 알지 못한다는 점을 안다고 논리적으로 일관성 있게 주장할 수 없다.

하지만 설령 어느 누구도 보편적 회의주의가 참이라는 점을 알 수 없다 할지라도 그래도 그것은 참일 수 있지 않은가? 사실상 이런 주장은 더 큰 문제를 일으킬 뿐이다. 어느 누구도 아무것도 알지 못한다는 주장이 참일 수 있을지 몰라도 방금 우리는 어느 누구라도 이를 깨닫는 것은 불가능하다는 점을 보이지 않았는가!

나는 누군가가 무언가를 참이라고 인식하는 일이 상상조차 할 수 없는 것이지만 그래도 그것이 참일지도 모른다는 주장은 한마디로 무의미하다고 생각한다(누군가가 무언가를 참이라고 말할 수 있는 입장에 놓이는 일을 상상조차 할 수 없는데도 그것이 참일 수 있는가? 이런 경우 '참'이라는 단어는 과연 무엇을 의미하는가?)[3.1.9]. 하지만 이 문제를 제쳐두고 다음과 같은 반박을 검토해보자. 만일 보편적 회의주의가 참이라면 어느 누구도 아무것도 알지 못한다. 그렇다면 이로부터 어느 누구도 보편적 회의주의가 참이라는 점을 알 수 없다는 사실뿐만 아니라 어느 누구도 보편적 회의주의가 참이라거나 거짓이라고 아니면 다른 무엇이라고 말하는 것이 무엇을 의미하는지조차도 알 수 없다는 사실 또한 도출된다. 따라서 만일 보편적 회의주의가 참이라면 어느 누구도 자신이 말했거나 들은 바가—또는 심지어 생각한 바조차도—무엇을 의미하는지를 결코 알 수 없다. (여기에는 보편적 회의주의가 참이거나 거짓이라고 생각하는 사람들도 당연히 포함된다.) 따라서 만일 보편적 회의주의가 참이라면 보편적 회의주의 자체도 결코 알 수 없는 것이 되고 만다. 그리고 우리가 알 수 없는 것은 결코 참이거나 거짓일 수 없다. 그렇지 않은가?

데카르트는 이런 종류의, 모든 것을 무의미하게 만들어버리는 보편적 회의를 단 한 번도 언급하지 않는다. 여기에 가장 가까운 것은 사고하는 자의 분신이 지금 손에 쥔 종이와 같은 것을 의심한다면 미친 짓이 되고 말 것이라고 말하는 대목이다(18-19). 데카르트는 이런 의심의 가능성을 더 이상의 회의를 위한 (예를 들면 '담즙에서 계속 생기는 증기 때문에 두뇌가 손상되었을 수도 있으므로' 나의 믿음 중 어떤 것이라도 거짓이 될 수 있다는 식의, 19) 근거로 사용하지 않는다. 그 대신 사고하는 자는 내가 꿈꾸는 중인지도 모르므로 이런 회의를 하는 것은 미친 짓이 아니라고 말한다. 이와 유사하게 제1성찰의 마지막 부분에서 모든 지식에 대한 신뢰를 상실하는 과정을 요약해 설명하기 위해 교활한 악령을 도입하면서도 데카르트는 악령이 내 머리를 뒤죽박죽으로 만들어 정상적인 사고를 못하게 함으로써 내가 논리적으로 일관성 있게 사고하지 못하도록 만든다고는 전혀 생각하지 않는다. 악령은 단지 내가 얼마나 주의 깊게 일관성을 유지하면서 사고하든 간에 여전히 나는 내가 가장 확신하는 것에 대해서도 잘못을 저지를 수 있음을 보이기 위해 어떤 방식으로 나를 방해하는 존재로 도입될 뿐이다. 우리가 과연 논리적으로 일관되게 사고할 수 있는지를 의심하는 것은 곧 사고 자체를 할 수 있는지를 의심하는 것이다. 나는 이런 의심이 보편적 회의주의가 참이라는 생각과 마찬가지로 무의미한 것에 지나지 않는다고 생각한다.[15]

---

15 이것이 우리가 스스로 제정신인지를 의심할 수 없다는 말은 아니다. (나는 자주 이런 의심을 한다.) 하지만 이런 의심은 우리의 정신적인 사고과정이 혹시 잘못되지는 않았는가라는, 일관성 있는 사고를 포함한다. 따라서 이런 의심은—이런 의심 자

B. 불확실성의 일반화

제1성찰을 읽어보면 사고하는 자는 우리를 '빠져나올 수 없는 어둠'으로 인도하는데 이 상태가 역설적이거나 무의미하지는 않은 듯이 보인다. 나는 그 이유가 이 어둠이 보편적 회의주의의 입장은 아니기 때문이라고 생각한다. 사고하는 자는 자신이 이전에 참이라고 주장했던 것 중 아무것도 회의를 견뎌낼 수 없고, 아무것도 자신이 내세운 확실한 지식의 기준을 충족하지 못하는 상황에 직면한다. 만일 그렇다면 그는 자신에게는 아무런 시금석이나 토대도 없으며, '무엇이 어떻게 되더라도 나는 최소한 이것만은 참임을 안다'고 고집하며 말할 수 있는 것이 아무것도 없다고 결론지어야 한다. 그리고 이는 『성찰』의 임무가 결코 완수할 수 없는 것임을 의미한다. 곧 우리에게는 누구를 신뢰해야 하며 무엇을 믿어야 하는지를 인식할 수 있는 방법이 전혀 없다. 우리는 그저 우리 자신 안에서 발견되는 믿음의 체계를 유지하기 위해 최선을 다해 노력해야 한다. 우리가 이런 체계를 발전시키기 위해 의존할 만한 어떤 객관적 기준도 없기 때문이다.

　이는 분명히 일종의 회의주의적 관점을 드러낸다. 만일 우리의 지식을 증명할 수 있는 어떤 방법이 없다면, 곧 우리의 사고방식이 옳은 것이라는 점을 보일 수 있는 어떤 방법이 없다면 우리는 어떤 진정한 지식도 지니지 않는다고 가정할 수밖에 없다. 그리고 이는 어느 누구도 아무것도 진정으로 알 수는 없다고 말하는 수준에 이르게 된다. 하지만 이는 방금 논의했던 보편적 회의주의와는 전혀 다른 관점이다. 무엇보다 이 관점은 내가 제시했던, 회의주의에 반대하는 논증으로부터 아무런 영향도 받지 않는다. 사람들이 비교적 안정적인 믿음의 체계 또는

체를 포함해—우리의 사고 중 어떤 것도 아무 의미가 없다는, 사고할 수 없는 사고의 개념과는 전혀 다른 것이다.

일련의 체계들을 지니지만 각각의 체계가 무엇이 참이고 무엇이 거짓
인지를 결정하는 나름대로의 기준을 형성하므로 어떤 체계가 올바른
것인지를 알려주는, 각각의 체계와 무관한 객관적인 검토 기준은 존재
하지 않는다는 주장에서는 어떤 분명한 논리적 모순이나 역설도 발견
되지 않는다. '상대주의'라고 불릴 수 있는 이런 관점을 데카르트는 회
의주의자의 절망과 완전히 동일시한다. 그의 생각은 옳은가?

C. '데카르트적' 회의주의 그리고 큰 통 속의 두뇌
하지만 위의 두 관점 중 어떤 것도 철학자들이 데카르트적 회의주의라
는 말을 통해서 통상 의미하는 바와 일치하지 않는다. 철학자들이 통상
의미하는 바는 아래의 3.1.9에서 다루려 한다. 현재 데카르트적 회의주
의는 주로 다음과 같은 가설을 통해 논의된다. 어느 날 밤 한 사람이 잠
자는 동안 살해당했는데 그의 두뇌만은 인공적인 장치(큰 통) 안에 살
아있는 채로 보관된다. 이 두뇌는 그가 아무 일 없이 일상적인 삶을 살
았을 때 지녔던 것과 정확히 동일한 종류의 신경 자극을 제공하는 기계
장치와 연결되어 있다. 여기서 제기되는 질문은 만일 이 장치가 문제없
이 잘 작동한다면 그 사람이 다음 날 깨어나 계속 정상적인 삶을 살아
가겠는가라는 것이다. 물론 이 이야기의 핵심은 만일 이 불행한 희생자
가 자신이 사실상 죽었으며 두뇌만 인공적인 장치 안에서 유지된다는
사실을 알 수 있는 방법이 없다면 우리에게도 이런 일이 우리에게 결코
일어나지 않았음을 확인할 수 있는 방법이 전혀 없다는 것이다.
　데카르트적인 회의를 반박할 수 있는 어떤 방법이라도 존재하는가?

연결고리
• '데카르트적' 회의주의는 3.1.9에서 논의된다.

3.1.8 논의 2

꿈 논증: 이 논증은 과연 무엇이라도 증명하는가?

앞서의 주석에서[3.1.3] 나는 꿈 논증으로부터 세 가지 결론을 이끌어
내었다.

1. 우리가 지니는 경험 중 우리가 꿈을 꾸면서 얻었다고 결코 생각할 수
   없는, 그런 경험은 없다.
2. 우리가 지니는 경험 안에 포함된 어떤 요소도 그 경험이 단지 꿈이
   아니라 실제의 경험임을 알려주지는 않는다.
3. 따라서 만일 지금까지 우리가 얻은 모든 경험이 꿈일 수도 있다면
   우리는 주변의 세계에 관해 아무것도 확실하게 알 수 없으며, 심지
   어 그런 세계가 실제로 존재한다는 사실조차도 알 수 없다.

위의 1과 2에서 3에 이르는 추론은 3.1.9에서 살펴볼 것이므로 여기
서는 결론 2를 더욱 상세히 검토하려 한다. 결론 2는 참인가?

이에 대해 우리는 얼마든지 반박을 제기할 수 있다.

결론 2는 우리의 경험 중 어떤 것이 꿈에서 얻은 경험이 아니라 현실
적인 경험임을 우리가 결코 인식할 수 없다고 주장한다. 그리고 이는
우리가 약간 졸리거나 피곤하거나 술 취했을 때 얻은 경험뿐만이 아니
라 우리의 모든 경험에 적용된다. 하지만 이 주장은 참인가? 이에 대한
반박을 시도해보자.

"내가 꿈을 꿀 때의 경험을 실제의 일처럼 느끼는 것은 분명히 참이다.
(최소한 대부분의 경우) 이 경험이 내가 이 경험을 꿈속에서 하고 있다는

생각을 동반하지 않는다는 의미에서 그렇다. 그렇다면 이런 의미에서 우리
는 꿈을 현실과 '착각한다'고 말할 수 있다. 하지만 이와 같은 일이 반대
방향으로는, 곧 현실을 꿈으로 착각하는 형태로는 결코 일어나지 않는다
는 점에 주목할 필요가 있다. 나는 실제의, 생생한, 분명히 깨어있을 때의,
술 취하거나 피곤하거나 졸리지 않을 때의 경험을 꿈이라고 생각하는 착
각을 결코 일으키지 않는다. 그 까닭은 현실적 경험과 꿈에서의 경험이 사
실상 전혀 다르기 때문이다. 깨어있을 때의 경험은 꿈에서의 '경험'에 비
해 훨씬 선명하고, 체계적이고, 일관성을 지닌다. 내가 깨어있는 상태에서
무언가를 경험할 때 나는 동시에 내가 어디에 있는지, 무엇을 하고 있으
며, 언제 잠에서 깼는지 등을 의식한다. 깨어있을 때 나의 경험은 적절한
유형을 지니며, 과거의 경험과 관련되고, 미래의 경험을 예견하게 해준다.
반면 꿈에서의 경험은 자주 매우 혼란스럽고 뒤죽박죽이다. 따라서 내가
이 두 종류의 경험을 결코 서로 분리해 생각할 수 없다는 말은 참이 아니
다. 따라서 데카르트의 논증은 실패하고 만다."

"고문을 당하면서 겪는 일은 데카르트의 생각을 지지하는 듯하다. 우리가
어떤 방 안에 감금되었다고 상상해보자. 방 안은 때로는 어둡고 때로는 밝
으며, 가끔 벽에는 어떤 영상이 비치기도 한다. 또한 어떤 때는 매우 조용
하고 어떤 때는 매우 시끄럽다. 우리는 어떤 소음을 듣는다고 생각하지만
확신할 수는 없다. 먹는 음식에는 마약 같은 것이 들어있다. 이런 상황에
서 우리는 머지않아 우리의 경험이 현실인지 아니면 꿈인지를 정말로 확신
할 수 없게 될 것이다."

"달리 말해 우리가 깨어있을 때는 경험에 관해 일관되게 이야기할 수 있다
는 점을 배제한다면 우리는 데카르트의 사고하는 자가 주장하는 상태에

놓이게 된다. 하지만 (다행스럽게도) 우리는 그런 상태에 있지 않다."

이런 지적은 꿈 논증이 제대로 작동하지 않는다는 점을 보여주는가?

나는 이 문제가 부분적으로 '경험'이라는 단어가 의미하는 바와 관련된다고 생각한다. 이런 반박을 달리 표현하는 방법 중 하나는 내가 깨어있을 때 하는 경험과 꿈에서 하는 경험을 다르게 만드는 바는 경험 자체가 아니라 경험들이 서로 연관되는 방식이라고 말하는 것이다. 내가 지금 의자에 앉아서 컴퓨터에 무언가를 입력하고 있다는 현재의 경험이 내가 기억하거나 기대하는 다른 경험들과 잘 들어맞는다는 점, 곧 (그리 엄밀하지 않게 말한다면) 내 삶과 일관성을 이루는 한 장면이라는 점은 분명한 사실이며 바로 이 점이 현재의 경험을 꿈과 구별해준다. 이 점을 달리 표현하면 깨어있을 때와 꿈꿀 때를 구별해주는 것은 경험의 내용이 아니라 맥락이라고 말할 수 있다. 내가 깨어있을 때만 지닐 수 있고 꿈꿀 때는 지닐 수 없는 의식이나 아니면 최소한 감각이 존재하지 않는다는 점은 분명히 참이다―하지만 이런 사실이 내가 두 맥락을 혼동할 위험이 있음을 의미하지는 않는다. 경험에는 단순한 감각 이상의 무언가가 존재한다―곧 감각을 적절하게 배열하는, 동시에 작용하는 의식이 존재한다.

이에 대해 어떻게 생각하는가? 많은 철학자들이 그랬듯이 나의 경험이 내가 깨어있을 때는 물론 잠을 자면서도 얻을 수 있는 감각이나 정신적인 상과 같은, 일련의 개별적인 순간들로 분해될 수 있고 또 그래야만 한다고 생각할 만한 어떤 근거라도 존재하는가? 아니면 경험은 훨씬 더 풍부하고 복잡하며, 역동적으로 상호 관련된 의식의 연결망이므로 경험을 매 순간으로 분리하는 것은 경험을 왜곡하는 것이라고 말해야 하는가?[16]

흥미롭게도 내가 방금 제기한 반박이 의미를 지닌다면 이는 데카르트가 말한 바가 실제로 옳다는 점을 드러낸다고 생각된다. 어쨌든 데카르트가 꿈 논증을 형성한 궁극 목적은 우리의 삶이 모두 꿈이라거나 우리가 주변의 세계를 인식할 수 없다는 점을 보이려는 것이 아니다. 그의 목적은 세계에 대한 우리의 인식이 우리가 흔히 가정하는 바나 동물의 경우와는 달리 주변에서 일어나는 일을 감각하거나 느끼는 능력에 의존하는 것이 아니라 다양한 경험들을 해석하고 이들 사이의 관계를 이해하는 작업에 달려있음을 보이려는 것이다. 그리고 이는 내가 내용과 맥락 사이의 구별이라고 불렀던 것과 매우 유사한 구별로 보인다. 더욱 데카르트적인 언어로 표현하면 이는 있는 그대로의 단순한 경험과 그런 경험에 대한 추론적 이해 사이의 구별이기도 하다.『성찰』의 전개 과정을 요약하자면 첫머리에서 꿈 논증을 통한 회의를 제기한 후 데카르트는 다음 네 장에 걸쳐 이런 회의에 대한 대답으로 경험에 대한 추론적 이해의 가능성을 설명하고 정당화한다. 그리고 마지막 부분인 제6성찰에서 방금 내가 주장했던 것과 같은 방식으로 마침내 꿈 논증을 거부하고 폐기한다.

연결고리

• 꿈 논증에 대한 데카르트의 대답은 3.6.4에 등장한다.
• 꿈 논증을 통한 회의와 '데카르트적' 회의주의 사이의 구별에 관해서는 3.1.9를 참고하기 바란다.

---

16 영미권의 '분석' 철학과 유럽 '대륙' 철학의 분기는 대부분 바로 이 질문에 대한 대답에 기인한다.

3.1.9 논의 3

'데카르트적 회의주의': 꿈, 악령, 큰 통 그리고 영화 『매트릭스』

제1성찰에서 등장한 회의는 철학의 영역에 거대한 문제를 던졌으며, 이에 대해 수많은 언급과 저술이 뒤따랐다. 내가 실재로 여기는 모든 것이 사실은 일종의 체계적인 착각과 환상이 아니라고 말할 수 있는가?

이 질문을 제기하는 방법 또한 다양하다. 내가 나의 삶이라고 생각하는 모든 것이 그저 하나의 꿈일 뿐이며 언젠가는 이 꿈에서 깨어나지 않겠는가―아니면 최악의 경우로 이 꿈에서 결코 깨어나지 못하는 것은 아닌가? 아니면 교활한 악령이 순간마다 나를 속여 환상의 올가미를 내 주변에 던져 놓았는데 나는 결코 이를 벗어나지 못하는 것은 아닌가? 어쩌면 나의 두뇌는 분홍색의 끈적거리는 물질로 가득 찬 큰 통 안에 살아있는 채로 들어있고, 나의 모든 경험은 어떤 미친 교수의 컴퓨터와 연결된 전선을 통해 나에게 전달되는 것이 아닌가? 아니면 영화 『매트릭스』(The Matrix)에서처럼 우리가 실재라고 부르는 것은 권력을 차지한 누군가가 조종하는, 컴퓨터로 만들어낸 환상일 뿐인 것은 아닌가?

우선 이런 여러 질문이 주장하는 바를 명확히 밝혀보자. 이들이 주장하는 바는 내가 아무것도 모른다거나 아무것도 참이 아니라거나 어떤 실재도 존재하지 않는다는 것이 아니다. 오히려 이들은 내가 나의 주변에서 일어나는 일이 아니라 오직 내 안에서 일어나는 일만을 인식할 수 있음을 주장한다.

- 나는 나 자신의 경험과 내가 지니는 감각 그리고 이들이 어떻게 서로 관련되는지를 안다. 물론 나는 내가 지금 의자에 앉아서 컴퓨터에

무언가를 입력하고 있다는 사실은 알지 못한다. 왜냐하면 내가 이미 죽었을지도 모르고 아니면 어떤 비밀 정부기관의 요원이 내게 무언가를 입력하는 유형의 경험을 공급하고 있을지도 모르기 때문이다. 하지만 나는 그것이 내가 현재 지니는 경험이라는 점과 이 경험이 예를 들면 거미에게 잡아먹히는 유형의 경험이나 볶은 콩으로 가득 찬 욕조 안에 누워있는 유형의 경험이 아니라는 점은 분명히 안다.

- 나는 이전의 그런 경험에 대한 내 기억을 안다(곧 나는 내가 겪었던 일로서—이는 실제로 일어났던 것일 수도 그렇지 않을 수도 있는데—내가 지금 기억하는 바를 안다).
- 나는 내가 사용하는 단어들의 의미와 내가 지닌 개념들이 포함하는 바를 안다. 따라서 나는 논리와 수학을 안다. (이런 지식이 누구든 다른 사람들이 생각하는 바와 어떤 관련이 있는지 그렇지 않은지는 또 다른 문제이다.)

하지만 나는 나의 정신 외부에 있는 것은 아무것도 알지 못한다. 나는 내가 지닌 경험의 원인이 무엇인지 알지 못한다. 예를 들어 나는 집의 발코니에 개구리 한 마리가 있는 것을 본다. 이는 내가 (일반적으로 생각하듯이) 개구리와 함께 발코니에 있기 때문인가? 아니면 내가 그런 꿈을 꾸고 있기 때문인가, 아니면 미친 과학자나 교활한 악령이 또는 다른 무언가가 그렇게 조종하기 때문인가?

나는 데카르트가 고려한 회의가 이런 종류의 것이 전혀 아니라고 생각한다. 하지만 이는 『성찰』을 통해 제기된 매우 흥미롭고 중요한 질문임에 틀림없다. 이에 대해 어떤 대답이라도 할 수 있는가?[17]

---

17 이런 종류의 회의와 데카르트의 회의 사이의 관계는 그리 밀접하지 않다. 이런 회의는 데카르트가 제1성찰의 끝부분에서 교활한 악령을 도입해 요약하는 입장이 아니

다음과 같이 시도해보자. 아치볼드(Archibald, 이하 A)는 제1성찰
을 읽고 삶의 모든 것이 단지 꿈일지도 모른다고 걱정한다. 이에 바바
렐라(Barbarella, 이하 B)는 그의 두려움을 잠재우려 한다.

> B: 아치볼드, 염려하지 마. 꿈은 정의상 깨어있는 상태와 구별되는 거야.
> 만일 나의 모든 경험이 같은 종류의 것이라면 모든 경험이 꿈이라고
> 말하는 것 자체가 무의미해져. 생각해봐. 지금까지 통용되었던 모든
> 화폐가 위조된 것이라는 말을 할 수 있겠어? 이 말이 무슨 의미가 있
> 어? 위조 화폐는 어떤 방식에서든—출처나 형태 등이—진짜 화폐와
> 는 구별되는 것이야. 만일 현재의 모든 화폐가 동일한 종류라면 위조
> 화폐는 있을 수 없고, 모든 것이 그저 … 현재의 화폐일 뿐이야. 이와
> 마찬가지로 만일 모든 경험이 동일한 종류라면 이들은 모두 결코 꿈이
> 아니라 그저 경험일 뿐이야![18]

> A: 아니야, 그렇게 말하지 마. 내가 염려하는 바는 진정한 경험과 꿈 사이
> 에 차이가 없다는 점이 아니라 우리가 그 차이를 결코 알 수 없다는 점이
> 야. 이 두 상태가 서로 다르다는 점은 분명해. 하지만 내가 어떻게 이
> 둘을 분리해서 말할 수 있겠어? 내가 어떻게 진짜 동전과 위조된 동전
> 을 구별할 수 있겠어?

다. 왜냐하면 이런 회의는 우리의 아프리오리한 지식을 미리 부여된 것으로 여기지 않
기 때문이다[3.1.6]. 또한 이런 회의는 데카르트가 제6성찰에서 물리적 세계의 현존을
증명하기 이전에 취하는 입장과도 다르다. 왜냐하면 이 단계를 통해 그는 경험과학에
기초한 지식의 안정된 체계를 재확립하기 때문이다[3.5.1]. 그리 엄밀하지 않게 말하
면 이런 회의는 그가 꿈 논증을 제시한 직후 아직 본성에 기초한 논증을 통해 아프리
오리한 지식을 뒤흔들기 이전의 입장과 일치하는 듯하다[3.1.3 ; 3.1.5].
18   이런 비유는 Ryle, 7장(94면)에서 인용한 것이다.

B : 하지만 마찬가지 논증을 적용할 수 있어. 만일 우리가 두 상태 사이의 차이를 말할 수 없다면 네 주장이 옳아. 이 경험은 진정한 것이고 다른 경험은 꿈이라는 점을 알 수 있는 방법 같은 것은 없어. 그렇지만 이는 다시 모든 경험이 이런 면에서 비슷하다는 점을 의미하고, 이는 결국 모든 경험이 꿈이라는 말이 무의미함을 드러내지. 너는 두 상태 모두에 동시에 속할 수는 없어. 곧 잠자는 상태와 깨어있는 상태 사이에 차이가 없다면 내가 둘 중 어떤 상태에 있는지 염려할 수 없어. 또한 두 상태 사이에 차이가 있다면 충분히 면밀하게 검토하면 두 상태를 구별해 말할 수 있어.

A : 음, 문제를 다른 방식으로 표현해보자. 나는 깨어있을 때의 경험과 꿈 사이에 차이가 없다면, 또는 매트릭스 안에 있을 때와 거기서 빠져나왔을 때 사이에 차이가 없다면 우리가 아무것에도 신경 쓸 필요가 없다는 점에 기꺼이 동의해. 하지만 분명히 진정한 차이가 있다면, 내가 '진정한' 것이라고 여겼던 경험 중 일부가 아니면 모두가 꿈에 속하는 것이라면 어떻게 될까? 내가 염려하는 바는 언젠가 내가 꿈에서 깨어나 몇 년 동안 꿈꾸고 있었다는 사실을 깨달을지도 모른다는 점이야. 언젠가 내가 매트릭스 밖으로 빠져나와 긴 외투를 입고 건강상태가 별로 좋지 않은 사람들이 득실거리는, 어두컴컴하고 황량한 세계에 속한 나 자신을 발견할지도 몰라.

B : 좋아. 나도 이제 우리가 진정한 회의에 도달했다는 점에 동의해. 지금 너와 나의 입장 사이에는 분명한 대비가 이루어지기 때문이지. 네가 만들어내어 염려하는 어떤 상황을 얼마든지 상상할 수 있어. 너는 지금 자신이 큰 질병에 걸렸거나 자신의 집이 무너질지도 모른다고 걱정

하는 사람과 비슷한 상황에 놓여있어. 물론 이들은 진정한 걱정거리일 수 있어. 그런 상황에서 너는 무엇을 할 것 같아? 글쎄, 네 생각이 옳다는 점을 알려면 너는 할 수 있는 모든 검사를 받아야겠지. 그리고 모든 검사 결과가 좋지 않으면 너는 아마 계속 걱정하다가 미쳐버릴지도 몰라, 그렇지 않아? 물론 그런 일은 얼마든지 일어날 수 있어—그것은 상상할 수 있는 사건의 상태이고, 너는 그런 일이 절대로 일어나지 않게 만들 수는 없어. 하지만 네게는 그런 일이 실제로 진행 중이었다고 생각할 만한 합리적 근거는 아무것도 없어.

이와 같은 논증을 똑같이 적용할 수 있어. 만일 네가 속임을 당했을지도 모른다고 생각한다면 확인해보면 되지. 그런데 네가 생각할 수 있는 모든 확인 방법이 그렇지 않다고 말한다면 네게는 그렇게 믿을 합리적 근거가 없게 돼. 네가 속임을 당했을지도 모른다는 생각은 참인 것으로 밝혀질 수는 있지만 그 생각이 실제로 참이라고 믿는 것은 미친 짓에 지나지 않아. 이는 마치 아무런 증거 없이 네 집이 곧 벼락을 맞으리라고 믿거나 으깬 토마토가 암을 치료한다고 생각하는 것과 마찬가지야.

A: 아니야, 그렇지 않아. 너는 논점을 벗어나고 있어. 너는 지금 이 문제를 내가 최근 몇 년 동안 계속 속임을 당했다는 사실을 발견할 만한 충분한 근거가 있는가에 대한, 단지 실천적인 문제로 바꾸고 있어. 나는 내게 그런 근거가 없다는 점을 인정해. 하지만 내가 정말로 걱정하는 바는 네가 발견할 수 없는, 그런 종류의 문제야. 만일 내가 영원히 꿈을 꾸고 있고, 교활한 악령이 항상 나와 세계 사이에 개입한다면 어떻게 될까—이런 종류의 문제에 대해서는 문제의 본성상 어떤 증거도 있을 수가 없어.

B: 오 아치볼드, 계속해봐. 너는 다시 모든 화폐가 위조된 것일지도 모르는데 아무도 이를 알아채지 못한다는 주장으로 되돌아갔어.

　　문제를 이런 방식으로 생각해봐. 내가 전능하고 교활한 악령인데 너를 속이려든다고 가정해보자. 나는 전 세계를 파괴하고 컴퓨터 시뮬레이션으로 대체했어. 하지만 나는 언젠가 네가 그 사실을 발견할까봐 걱정스러워 — 프로그램이 잘못될지도 모르고 내가 전선에 걸려 넘어져 플러그를 뽑아버릴 수도 있어. 그래서 나는 불현듯 세계를 파괴하는 동시에 그것을 완벽한 복제품으로 대체하기로 했어. 그리고 이것은 결코 잘못될 수가 없어. (어쨌든 나는 전능하니까.) 그렇게 하면 너는 무엇을 하든 간에 그 차이를 결코 알 수 없을 거야. 그러면 나는 느긋하게 앉아서 너를 완전히 속였다고 고소해할 수 있을까?

　　절대 그렇지 않아. 만일 내가 그렇게 했다면 나는 더 이상 너를 속일 수 없을 거야. 왜냐하면 실재를 완벽하게 복제한 것은 결코 환상이나 복제품이 아니기 때문이지.[19]

　이에 대해 어떻게 생각하는가? 강한 '실재론적' 경향을 지닌 사람이라면 바바렐라가 논점을 벗어났다고 생각할지 모른다. 실재론적 관점에 따르면 무언가가 참인지 아닌지, 실재하는지 그렇지 아닌지는 객관적 사실의 문제로서 이는 누군가가 발견하는 바나 발견할 수 있는 바와는 전혀 무관하다. 따라서 사물들이 우리에게 나타나는 바와 다르게 존재할 가능성이 항상 성립한다. 하지만 사물들이 실제로 존재하는 방식과 우리에게 나타나는 방식 사이의 차이에 의미를 부여하려면 누구든 실제로 채택할 수 있는 어떤 관점과도 구별되는, 사물에 대한 객관적

19　이 이야기는 Bouwsma, 1949에서 인용한 것이다.

관점이라는 개념에도 의미를 부여할 수 있어야만 한다. 바바렐라는 '반실재론적' 입장에서 '객관적' 관점에 대해 이런 방식으로 언급하는 것이 어떤 의미를 지닐 수 있는지를 묻고 있다. 이에 대한 데카르트의 대답은 객관적 관점이 신의 순수한 지성에서 바라보는 관점인데, 인간의 비물질적인 정신도 이런 관점을 공유할 수 있다는 것이다. 만일 이런 대답이 마음에 들지 않는다면 바바렐라의 질문에 어떻게 대답할 것인가?

연결고리

- 이런 유형의 주제는 3.4.4에서 다시 등장한다.

3.1.10 논의 4

절대적 확실성: 이에 도달할 수 있는가? 이는 과연 필요한가?

1. 절대적 확실성 대 상대적 확실성

사고하는 자는 상상할 수 있는 모든 회의를 넘어서서 확실한 무언가를, 곧 절대적으로 확실한 무언가를 찾으려 한다[3.1.2]. 그는 성공할 수 있는가?

우선 안전성의 개념을 예로 들어 비교해보자. 나는 밤에 잠자리에 들면서 안전하기를 바란다. 따라서 나는 길 한복판이나 사자가 사는 동굴 앞에 드러눕지 않으며, 활화산 옆에 있는 집을 사지 않고 침실에 독성 화학물질을 두지 않는다. 그래서 나는 대체로 편안히 잠자리에 든다. 물론 이렇게 한다고 해서 완벽하게 안전하지는 않다. 가스 폭발이나 핵 전쟁이 일어날지도 모른다. 길 건너에 사는 이상하게 생긴 사람이 전갈을 키우는데 한 마리가 탈출해 우리 집으로 건너와 내 이불 안에 살지도 모른다. 더욱 나쁜 상황을 예로 들면 영국에서 해마다 적지 않은 사람들이 요구르트와 관련된 사고로 사망한다고 보고되는데 우리 냉장고에도 당연히 요구르트가 들어있다. 나는 여러 위험에 처해 있음이 분명하다.

결론은 무엇인가? 내가 전혀 안전하지 않다는 점이 사실로 밝혀졌는가? 나는 항상 걱정해야 하는가?

그렇지 않다. 위에서 든 예들은 서로 다른 여러 수준의 안전성이 있다는 점을 보일 뿐이다. 누군가 우리에게 안전한가라고 물어보면 우리는 우리가 직면할지도 모를, 엄밀하게 정의되지는 않지만 적절한 수준의 위험성과 우리가 목표 삼는 안전성의 수준을 고려해 대답을 한다. 내가 안전하게 잠자리에 든다고 말하면서 의미하는 바는 다른 대부분의 사람들과 같은 수준으로 안전하며, 비교적 안전하지 못한 다른 사람들에 비해 안전하다는 점이다. 나는 가능한 한 최고 수준으로 안전하지는 않다(핵대피소는 너무 비싸 설치할 수 없겠지만 이불에 전갈이 있는지 살펴볼 수는 있는 정도이다). 나는 분명히 절대적으로 안전하지는 않다―이불을 덮고 누웠을 때 상상할 수 있는 모든 위험에서 벗어났다고 확신하지는 못한다. 그렇다면 나는 계속 걱정해야 하는가?

나를 절대적으로 안전하게 만든다는 것, 나를 상상할 수 있는 모든 위험에서 벗어나게 하는 것은 과연 무엇을 의미하는가?

내가 보기에 이런 생각은 무의미한 듯하다. 만일 내가 충분히 부유하고 몹시 불안에 떤다면 일정 기간 동안 나를 일정 수준의 방사능 낙진에서 보호할 수 있는 장비를 설치할 수 있을 것이다. 하지만 나를 핵무기의 직접 공격으로부터 지켜낼 수는 없다. 나는 거대 행성의 충돌이나 외계인들의 침공으로부터 지구를 구할 수 없으며, 언젠가 우주가 폭발하는 것도 막을 수 없다. 내가 이런 일들을 할 수 없는 까닭은 이런 일을 하는 데 너무 많은 돈이 들거나 내가 이런 일에 필요한 과학적 지식이나 기술적 해결책을 알지 못하기 때문이 아니다. 그 까닭은 내가 유한한 존재인 한 다른 어떤 대상이 등장해 나에게 해를 입히는 일을 항상 상상할 수 있기 때문이다. 따라서 절대적 안전성은, 곧 상상할 수 있는 모든 위험을 넘어서는 안전성은 도달하기 어려운 것일 뿐만 아니라 논리적으로 일관성을 지닌 목표도 아니다.

달리 표현하면 안전성의 개념 자체가 본질상 상대적인 것이다. 무언가가 안전하다는 말은 항상 그리고 반드시 그것이 (그리 엄밀하지 않게 말해) 어떤 특정한 위험이나 일련의 위험들의 범위에서 벗어나 있다는 말이지 상상할 수 있는 모든 위험을 넘어서 있다는 말이 결코 아니다.

이제 확실성의 개념 또한 안전성의 개념과 같은 방식으로 작용하는가라는 질문을 던져보자. 『성찰』에서 사고하는 자가 추구하는 절대적 확실성 또한 내가 설명한 절대적 안전성의 개념과 마찬가지로 결코 도달할 수 없는 것에 속하는가? 확실성 또한 항상 그리고 반드시 상대적인 개념인가?

2 . 상대적 확실성과 회의주의

제1성찰의 끝부분에서 사고하는 자는 그 어떤 절대적 확실성도 성립할 수 없다는, 곧 자신의 믿음 중 상상할 수 있는 모든 회의를 넘어서서 참인 것은 단 하나도 없다는 가능성에 직면한다. 후에 그는 이 문제에 대한 자신의 생각을 바꾸게 되지만 만에 하나 그의 현재 생각이 옳다면 무슨 일이 일어날 것인가는 한 번쯤 제기해볼 만한 질문이다. 만일 모든 확실성이 단지 상대적 확실성에 지나지 않는다면 이는 지식 일반에 어떤 영향을 미칠 것인가?

사고하는 자는 아무것도 절대적으로 확실하지 않다면 모든 것은 회의에 빠지게 된다는 결론에 이른다—그에게는 서로 대립하는 주장들 중에 어떤 쪽을 믿고 받아들여야 할지를 결정할 방법이 없다. 회의주의는 확고하고 지속적인 지식을 확립할 가능성이 전혀 없다고 주장하므로 우리는 실망하면서 손을 들고 포기할 수밖에 없다[3.1.6].

과연 그런가?

내가 보기에 어떤 추가 논증이 없이는 이런 결론을 이끌어낼 수 없는 듯하다. 어쨌든 절대적 안전성과 같은 것은 존재하지 않는다는 내 주장이 옳다 할지라도 우리가 상대적으로 안전하다는 말조차 할 수 없으며 따라서 안전성을 근거로 삼을 경우 단어 철자를 맞추는 스크래블(Scrabble) 게임이 권총에 총알 하나를 넣고 쏘는 러시안 룰렛(Russian Roulette)보다 안전하다고 말할 근거가 없다는 식의 결론은 결코 도출되지 않는다. 따라서 과연 왜 우리가 무엇과 관련해서도 결코 절대적 확실성에 도달할 수 없다면 저것보다 이것이 믿을 만하다고 여길 어떤 근거도 지닐 수 없다는 결론을 내려야 하는가? 예를 들면 왜 지금 내 손가락 아래 놓인 것이 퀸 빅토리아 빌딩이 아니라 키보드라고 생각할 만한 더 나은 근거가 내게 없다고 결론지어야 하는가?

만일 절대적 확실성이 성립하지 않는다면 어떤 지식도 존재할 수 없다고 말할 수 있는 근거는 무엇인가? 이에 대해 다음과 같은 몇몇 대답들이 있다. 이들 중 어떤 것이라도 제대로 된 대답일 수 있는가?

1. 정의(定義)에 의해서. "사실상 모든 지식은—또는 모든 진정한 지식은—절대적으로 확실하다. 절대적으로 확실하지 않은 어떤 것도 결코 지식일 수 없다. 따라서 만일 절대적 확실성이 성립하지 않는다면 지식 또한 존재할 수 없음이 분명하다."[20]

2. 정당화의 소급. "무언가에 대한 우리의 믿음은 우리가 믿음의 근거를 제시할 수 있을 경우에만 정당화된다. 하지만 이 근거 자체도 정당화되어야 하므로 우리는 믿음에 대한 또 다른 근거를 필요로 한다. 그런데 이런 과정이 무한히 이어질 수는 없으므로 결국 우리는 더 이상의 근거를 필요로 하지 않는 무언가를 발견해야 한다 ― 그리고 이것은 오직 절대적으로 확실한 것일 수밖에 없다."[21]

3. 순수성 논증. "우리가 물이라고 부르는 것의 대부분은 ― 강이나 수도꼭지 안에 들어있는 물질은 ― 엄밀하게 말해서 물이 아니라 물과 다른 물질들이 혼합된 것이다. (예를 들면 강물에는 진흙과 오물, 다양한 화학 물질, 물고기의 배설물, 심지어 슈퍼마켓의 손수레까지도 들어있으며, 빗물도 대부분 약한 탄산 물질 등을 포함한다.) 진정한 물, 곧 순수한 물은 오직 실험실의 시료로만 존재하며 웅덩이에서는 찾아볼 수 없다. 하지만 만일 어떤 순수한 물도 없다면 순수하지 않은 물 또한 존재할 수 없다는 점은 분명히 참이다 ― 왜냐하면 순수하지 않은 물은 결국 순수한 물이 다른 물질들과 혼합된 것이기 때문이다. 이와 마찬가지로 상

---

20 몇몇 학자들은 이것이 바로 데카르트 자신의 관점이라고 여겨왔다 ― 곧 우리가 진정으로 인식할 수 있는 유일한 것은 절대적 확실성과 이로부터 명확하게 도출할 수 있는 것이다. 그러나 이런 생각은 과학적 지식을 ― 곧 데카르트가 자신의 저술들을 통해 정당화하려 하지만 절대적으로 확실하다고 생각하지 않는 유형의 지식을(『원리』, 4.204-6) 불가능한 것으로, 추구할 만한 가치가 없는 것으로 만든다. 또한 이런 생각은 우리가 특수한 우연적인 사실들에 대한 지식을 지닐 수 없음을 의미하는데 데카르트는 우리가 이런 지식을 지닐 수 있다고 주장한다[3.4.5; 3.6.4].

21 이 논증은 자주 『성찰』에 기초한 것으로 여겨지는데 실제로 『성찰』에 등장하지는 않는다. 사고하는 자의 배경에 놓여있는 근본적 탐구 이유는 심리적인 것('의심과 불확실성을 제거하기 위해 우리는 더 이상 회의할 수 없는 무언가를 발견할 필요가 있다는 것')이지 논리적인 것('더 이상의 정당화를 필요로 하지 않는 어떤 믿음이 존재하지 않는다면 그 어떤 믿음도 정당화될 수 없다는 것')이 아니다.

대적 확실성은 절대적 확실성에 정신의 다른 상태들, 예를 들면 회의나 무지 등이 혼합된 것이다. 따라서 만일 순수한, 절대적 확실성이 존재하지 않는다면 순수하지 않은, 상대적 확실성 또한 존재할 수 없다."

4. 완벽한 형태 논증. "확실성의 개념은 정확성의 개념과 같은 방식으로 작동한다. 만일 우리가 완벽한 정확성이 무엇인지를 이해하지 못한다면 무언가가 상당히 정확하다는 말이 의미가 없을 것이다. 따라서 우리는 상대적 확실성의 개념에 의미를 부여하기 위해 절대적 확실성을 필요로 한다."

데카르트는 이런 논증들 중 어떤 것도 명확히 제시하지는 않지만 내가 절대적 확실성이라고 부르는 바가 필요할 뿐만 아니라 가능하다는 믿음은 『성찰』 전체의 구조를 지탱하는 역할을 한다. 나는 데카르트가 최소한 위의 논증 중 마지막 두 가지는 지지했으리라고 생각한다. 위의 논증 중 어떤 것이라도 제대로 성립하는가? 우리는 절대적 확실성이 절대적 안전성과는 달리 실제로 의미를 지닌다고 생각할 만한 또 다른 근거를 제시할 수 있는가? 그렇게 할 수 없고 단지 상대적 확실성만 성립한다면 데카르트는 단지 상대적 지식만 존재한다고 말해야 할 듯하다―그런데 상대적 지식은 아예 지식일 수조차 없다[3.1.2].

연결고리
- 확실성을 발견하기 위한 사고하는 자의 주장은 3.4.1에 등장한다.
- 다양한 형태의 회의주의에 대한 논의는 여러 곳에 등장하는데 3.1.7에서 시작된다.

3.1.11 논의 5

이성, 감각 그리고 과학

『성찰』에서 데카르트의 주요 목표 중 하나는 독자들이 감각의 수준에서 벗어나 이성을 사용하는 데 주의를 기울이도록 인도하려는 것이다. 앞으로 보게 되듯이 이런 시도는 정신에 관한 그의 이론(그는 우리가 진리를 발견하기 위해 육체가 아니라 정신을 사용하기를 원한다[3.6.1])은 물론 그의 기계론(모든 물리적 과정은 수학을 통해 적절히 이해될 수 있는데 수학은 감각적이 아니라 이성적이다[3.2.4]) 및 그의 종교적 관점(세계를 우리의 감각을 통해서가 아니라 이성을 통해서 이해함으로써 우리는 신이 세계를 이해하는 방식에 더욱 가까이 다가간다[3.3.9])과도 잘 들어맞는다.

이제 자연과학이 이성이 아니라 감각에 기초한다고 가정해보자. (과학은 분명히 관찰에 기초하는데 관찰은 감각적이다. 그렇지 않은가?) 따라서 이성이 감각보다 중요하다는 데카르트의 주장을 접하면서 우리는 그가 과학의 중요성을 부정하려 한다고 생각하기 쉽다. 하지만 사실상 데카르트와 우리들 사이의 차이는 우리가 과학을 중요하게 생각하는 반면 데카르트는 그렇게 생각하지 않았다는 점이 아니라 (실제로 데카르트보다 자연과학에 더 큰 중요성을 부여한 철학자는 없다고 해도 과언이 아니다) 그가 저술 활동을 했던 시대의 맥락이 현재와는 달랐다는 점이며, 따라서 그는 자신의 논점을 강조하기 위해 현재 우리와는 다른 방식으로 말하지 않을 수 없었음을 알아야 한다.

과학적 지식에 대한 데카르트 자신의 견해에 관해서는 후에 다시 언급할 예정이므로[3.4.5] 여기서는 그가 저술을 했던 시대의 배경을 간단히 설명함으로써 왜 그가 그런 방식으로 저술했는지, 그 이유를 밝히려 한다.

　데카르트가 살았던 당시 인간과 우주, 존재하는 모든 것에 대한 전문가로 인정받은 인물들은 대학이나 '교회 부속학교'의 교수들이었다. 이들 대부분이 따랐던 전통은 궁극적으로 아리스토텔레스에게 뿌리를 둔 것이었다. 이들의 연구는 넓은 의미에서 자연에 대한 관찰을 체계적으로 분류하여 관찰한 바가 어떤 유형에 속하는지를 파악하고, 자연의 진행 과정 중 한 부분에 해당하는 무언가가 그 과정에서 어떤 위치를 차지하고 어떤 역할을 담당하는지를 밝히는—흔히 '현상에 의미를 부여하는 탐구'로 알려진—사실기술적인 과학을 목표로 삼았다.

　하지만 우리가 자연에 적용되는 체계를 알지 못한다면 내가 방금 제시한 설명은 그리 큰 의미를 지니지 못하는 것이 당연하다. 이런 체계를 파악하는 최선의 방법으로 오늘날에도 자연사라고 불리는 연구를 생각할 수 있다. 곧 식물과 동물들을 관찰 가능한 특징에 기초해 서로 다른 종과 속으로 분류하는 방법이다. 물리학을 이런 방식으로 탐구한다고 상상해보자. 우리는 우선 자연에 존재하는 여러 물질들을 관찰한 후 이들이 어디서 발견되고 어떻게 사용되는지, 어떻게 보이며 느껴지는지, 어떤 맛이 나며 어떻게 작용하는지 등에 기초해 어떤 것들은 서로 관련되고 어떤 것들은 그렇지 않은지를 결정할 것이다. 이런 작업에서 어떤 의미를 발견하면 우리는 이와 같은 방법을 변화를 설명하는 데도 적용하려 들 것이다. 곧 자연에서 일어나는 서로 다른 종류의 변화를 관찰한 후 이런 변화를 속도, 빈도, 전형적인 결과 등의 특성에 기초해 서로 다른 유형으로 분류함으로써 어떤 지식의 체계를 상상하려 할 것이다. 이런 방식의 탐구에 몰두한다면 우리는 기껏해야 관찰 가능한 자연 전반에서 발견되는 변화들을 기록하고, 이들을 여러 유형과 다시 하위 유형으로 세분한 후 이들의 공통점과 차이점을 밝힘으로써 상호 관련성을 드러내는 일련의 목록에 이르는 정도에 그칠 것이다. 그리고 이런 목록이 과거의 전통 학문으로부터, 곧 이전 학자들이 만들어낸 목록으로부터 큰 영향을 받는다면 우리는 이전 '스콜라철학'의 학자들의 작업과 유사한 무언가를 얻는 수준에 그치고 말 것이다.

현재의 우리들 대부분과 마찬가지로 데카르트도 이런 유형이나 집단에 대한 목록이나 정의는 모두 아무 쓸모가 없다고 생각했다. 그가 이렇게 생각한 대표적인 이유는 이런 목록이나 정의가 단지 사물들이 존재하는 방식을 기술하는 것만을 목표 삼을 뿐 그들이 왜 그렇게 그런 방식으로 존재하는지를 설명하는 데는 아무런 관심도 보이지 않는다고 여겨졌기 때문이다. 그를 비롯한 당시의 혁명적인 사상가들은 올바른 방법으로 나아가기만 한다면 현상들의 **배후**를 꿰뚫어보고 현상들을 설명해주는 숨겨진 과정을 발견하는 일이—흔히 사물들의 미시적이고 초미시적인 부분의 작용을 고찰하는 것으로 여겨지는 일이—가능하다고 생각했다.

달리 말하면 17세기에 이르러 새로운 과학의 확장은 최소한 부분적으로라도 형이상학적 변화를 불러일으켰다. 이 변화는 실재에 관한 전혀 다른 수준의 지식을, 곧 사물들의 관찰 가능한 특성을 넘어서서 그 배후에 놓인 바를 가정하고 추구하는 것이었다. 이는 또한 그리 엄밀하지 않게 말한다면 모든 대상을 하나의 언어로, 곧 수학적 용어로 더욱 잘 기술할 수 있다는 생각을 드러내는 것이기도 했다[3.2.4].[22]

이런 요약이 최소한의 의미라도 지닌다면 나는 왜 데카르트를 비롯한 당시의 혁명적인 사상가들이 이제 그저 세계를 바라보는 일을 멈추고 사물들이 왜 그런 방식으로 운동하고 작용하는지를 곰곰이 생각해

---

22 "…이 거대한 책은—이 책은 우주를 의미하는데 — … 수학의 언어로 쓰여 있다"(Galileo, 183-4).

보라고 사람들에게 말하는 것을 자신들의 주요 임무로 삼았는지를 독자들도 이해하리라고 생각한다. 그리고 이는 또한 사람들에게 감각을 통해 얻어지는, 확실한 듯한 증거를—예를 들면 감각적 증거는 지구가 확고히 고정되어 있고, 태양이 지구의 둘레를 돈다는 점이 확실하다고 말하는데(어쨌든 이것이 우리가 정확히 실제로 보고 느끼는 바인데)—무시하고 그 대신 왜 사물들이 그렇게 보이고 느껴지는가를 밝히기 위해 이성을 사용하라고 말하는 것이기도 하다.

내가 여기서 도입한 기술(記述)과 설명 사이의 구별은 『성찰』 전체를 관통하는 것이며, 데카르트의 사상에서 서로 반대되는 다른 여러 영역과도 밀접하게 관련된다. 이제 원전에 등장하는 여러 영역들을 서로 대조하여 밝히면 다음과 같다.

기술	대	설명
상식	대	과학
감각	대	지성
육체의 눈	대	정신의 눈
상상력	대	이성
보이는 세계	대	보이지 않는 세계
육체	대	정신
인간	대	신
주관적	대	객관적

나는 앞서[2장] 육체와 정신, 인간과 신 사이의 구별을 도입하지 않으면서도 과연 주관적과 객관적 사이의 구별을 유지할 수 있는가를 『성찰』의 가장 중요한 문제 중 하나로 지적했다.

연결고리

- 과학적 지식에 관한 데카르트의 설명은 3.4.5에 등장한다.
- 자연에 대한 데카르트 자신의 기계론적 모델은 3.2.4에서 설명된다.
- 내가 아리스토텔레스적인 과학에서 근대의 데카르트적인 과학에로 의 형이상학적 변화라고 불렀던 바는 1장에서 설명되었으며, 3.6.5 에서 다시 논의된다.

2부

자아

3.2.1 제2성찰, 1절. (24-5)

'나는 생각한다 그러므로 존재한다'

개관

나는 지금 매우 혼란스럽다. 하지만 나는 최소한 하나의 확실한 것이라도 발견하기 위해, 최악의 경우에는 아무것도 확실하지 않음을 발견하기 위해서라도 거짓**일 수 있는** 가능성이 조금이라도 있는 것은 모두 거짓으로 여기고 거부하겠다는 나의 처음 계획을 계속 유지하려 한다(23-4). 따라서 나는 내가 주변에서 보는 모든 것이 일종의 환영이라고 가정하려 한다. 나의 모든 기억도 거짓이고, 내게는 어떤 감각도 없으며, 내가 세계를 파악하는 데 사용하는 모든 범주들도 공상적인 것이라고 생각하려 한다. 그러면 내가 확립할 수 있는 바는 오직 **아무것도** 확실하지 않다는 점뿐인 듯하다(24).

> '글쎄, 그렇다면 내가 확신할 수 있는 바는 위에서 나열한 모든 것들을 넘어서 있는 무언가 — 어쩌면 이런 생각들을 내게 심어준 신이 아닌가 싶다.'

아니다 — 나는 얼마든지 내 스스로 이런 생각들을 만들어낼 수 있다.

　'그렇다면 **나는** 존재한다, 그렇지 않은가?'

그렇지 않다 — 나는 방금 내게 어떤 감각 능력도, 신체도 없다고 가정하지 않았는가?

　'좋다. 하지만 잠시 생각해보자. 이로부터 어떤 결론이 도출되는가?'

글쎄, 나는 분명히 내 신체나 감각 능력과 밀접히 연결되므로 이런 것들이 없이 나는 존재할 수 없다. 그런데 나는 이미 아무것도 — 세계도, 정신도, 신체도 — 정말 아무것도 존재하지 않는다고 생각하기로 했다. 그렇다면 분명히 나 또한 존재하지 않는다.

　'하지만 그렇지 않다. 만일 내가 그렇게 생각하기로 했다면 나는 분명히 존재했
　어야만 한다.'

그런데 교활한 악령이 끊임없이 나를 속인다면 어떻게 되는가?

　'그런 경우에도 나는 반드시 존재해야만 한다. 내가 존재하지 않는다면 속을 수
　조차 없지 않은가! 교활한 악령이 나를 얼마나 심하게 속이는지는 전혀 문제가
　되지 않는다. 악령은 내가 나를 무언가라고 생각하는 한 결코 나를 아무것도 아
　닌 것으로 만들 수는 없다.'

따라서 '나는 있다, 나는 존재한다'라는 명제는 내가 이렇게 주장하고 생

각할 때마다 항상 참이어야 한다는 결론에 이르지 않을 수 없다.

주석

코기토, 에르고 숨(Cogito, ergo sum): 나는 생각한다, 그러므로 존재한다. 이 말은—어쩌면 철학의 모든 문헌을 통틀어 가장 유명한 말일 텐데—놀랍게도 『성찰』에는 등장하지 않는다.[1] 하지만 독자들도 알 수 있듯이 이런 생각 자체는 명확하게 등장한다. 이 말 아래 놓인 기본 생각은 매우 단순하며, 서로 다른 저술에 등장하는 서로 다른 여러 정식들 모두에서 동일하다. 설령 내가 잘못 판단하더라도 나는 존재한다. 설령 내가 잘못 인도되더라도 나는 존재한다. 설령 내가 의심스럽더라도 나는 존재한다. 곧 설령 내가 아무리 잘못 생각하더라도 오직 생각한다는 그 사실 자체가 나는 존재해야 함을 의미한다는 것이다. 그리고 이를 통해 사고하는 자는 지금까지 겪었던 모든 회의와 혼란을 넘어서서 일종의 구원을, 곧 자신이 확실히 의지할 수 있는 무언가를 처음으로 발견한 셈이 된다. 내가 아무리 잘못을 저지르더라도 나는 존재한다. 내가 아무리 혼란스럽더라도 나는 존재한다. 어쨌든 내가 무언가를 의식한다는 사실 자체가 나는 존재한다는 점을 의미하지 않을 수 없다. 이를 통해 마침내 나는 내가 확신할 수 있는 무언가를, 곧 모든 회의를 통과해서 유지되며 지식이 나를 넘어서서 존재하는 것이 아님을 보여 주는 무언가를 발견했다.

이런 주장을 설득력 있게 받아들일 수 있는가? 우리가 아무리 집요하게 모든 것을 회의할지라도 우리 자신이 확실히 존재한다는 점에서는 결코 벗어날 수 없다는 데카르트의 주장은 과연 옳은가?

---

1   이 말은 『원리』, 1.7과 『방법서설』, 4 (VI. 32)에 등장한다.

다른 많은 사람들처럼 그의 주장이 분명히 설득력을 지닌다고 생각한다면 그 이유는 무엇인가? 그의 주장이 옳다는 어떤 증거라도 있는가? 그의 주장을 지지하는 어떤 논증이 존재하는가? 혹시 그의 주장을 신뢰하지 않는 누군가를 만난다면 그에게 이 주장의 설득력을 어떻게 설명할 것인가?

우리가 어떻게든 위와 같은 질문에 답할 수 있다면 데카르트는 틀렸다. 『성찰』을 비롯한 다른 저술들에서 코기토(Cogito)의[2] 역할에 비추어 보면 코기토는 순전히 자립적이다―곧 오직 그 자체만으로도 우리가 받아들이지 않을 수 없는 것이며, 이 말이 참임을 확인하기 위해 우리가 다른 어떤 것도 필요로 하지 않는다는 의미에서 이를 지지하는 어떤 것도 성립하지 않는다. 다시 말해 이 지점에 이르면 사고하는 자는 자신의 결론을 지지하기 위해 어떤 것에도 의지할 수 없게 된다. 그는 오직 자신이 회의할 수 없는 무언가를, 곧 지식의 궁전을 다시 지을 수 있도록 해주는 주춧돌로 작용할 만한 무언가를 발견하려 할 뿐이다. 따라서 코기토가 그 자체만으로 이런 역할을 하지 못한다면 그것은 아무 역할도 못하는 셈이 되고 만다. 그런데 과연 코기토가 실제로 이런 역할을 하는가? 만일 그렇다면 어떻게 이런 역할을 하는가? 이런 질문에 대한 대답은 우리가 예상하는 것보다 훨씬 복잡하다.

1. '나는 존재한다'는 필연적 진리인가?

필연적 진리란 결코 거짓일 수 없는 무언가이다. 그것은 다른 모든 것과 상관없이 항상 참이어야만 한다. 다른 것들이 어떻게 존재하고 무슨

---

2 [옮긴이 주] 이후 코기토는 '나는 생각한다, 그러므로 존재한다'는 말 전체를 의미하는 것으로 사용한다. 코기토가 원뜻대로 이 말의 전반부만을 의미할 경우에는 '나는 생각한다'로 번역했다.

일이 일어나든 간에 이와 무관하게 참이어야 한다. 달리 말하면 모든 가능 세계에서 참인 무언가이다. 철학자들은 무엇을 필연적 진리로 여길 것인가, 서로 다른 종류의 필연적 진리가 존재하는가, 필연적 진리는 왜 참인가 등의 문제를 놓고 논쟁을 벌여 왔다. 이제 별로 그런 논쟁의 대상이 되지 않는 (다소 평범한) 예를 들어보자. 자기 자신보다 더 큰 자기 자신은 없다. 물고기는 물고기이다. 사각형은 네 변을 지닌다. 첫 번째 예를 고려해보자. 우리는 이것이 참인지 아닌지를 확인하기 위해 밖으로 나가 사물들의 크기를 실제로 잴 필요가 없다―우리는 어떤 검사에도 앞서 이것이 참임을 안다(우리는 이를 '아프리오리하게' 안다). 왜냐하면 이는 참이어야만 하기 때문이다. 우리의 자로 재보았는데 이와는 다른 결과가 나온다면 자를 내버려야 한다.

이제 '나는 존재한다'가 필연적 진리라면 코기토가 왜 그렇게 큰 설득력을 지니는지를 분명히 알 수 있다. 코기토는 내가 존재한다는 점이 사실이어야만 함을, 결코 거짓일 수 없음을 의미하기 때문이다. 그리고 필연적 진리는 세계에서 사물들이 어떤 방식으로 존재하든 간에 이와는 상관없이 참이라는 점을 전제할 때 코기토가 어떤 증거도 필요로 하지 않는 무언가, 곧 그 자체만으로 성립하는 무언가라는 점 또한 방금 우리가 상세히 제시했던 요구 조건과 잘 들어맞는 듯이 보인다.

제2성찰의 원전을 보면 바로 이런 주장이 데카르트가 마음속에 품었던 바와 정확히 일치하는 듯하다. 코팅햄과 스투트호프, 머독의 영어 번역에 따르면 "나는 있다, 나는 존재한다는 것은 내가 이것을 말하거나 마음속에 품을 때마다 필연적으로 참이다"(25, 저자의 강조 표시). 그리고 사고하는 자는 "이제 필연적으로 존재하는 이 '내'가 무엇인지"를 궁금해한다(25, 저자의 강조 표시).[3]

이에 대해 어떻게 생각하는가? 과연 '나는 존재한다'는 필연적 진리인가?

아니다, 그렇지 않다. 이것이 필연적 진리라는 말은 곧 이것이 어떤 상황에서도 항상 참이며, 결코 거짓일 수 없음을 의미한다. 하지만 나는 내가 태초부터 존재했다고는 생각하지 않기 때문에 내가 태어나기 이전에는 '나는 존재한다'가 거짓이었다고 생각한다―곧 나는 태어나기 이전에는 존재하지 않았다. 또한 나는 영원불멸하지 않기 때문에 지금은 나에 관해 참인 언급인 '나는 존재한다'는 말이 유감스럽게도 얼마 지나지 않아 다시 거짓이 되리라고 생각한다. 필연적 진리는 어떤 때는 참이고 다른 때는 그렇지 않을 수 없으며, 세계의 일들이 어떻게 진행되는가에 의존하지 않는다. 그렇다면 '나는 존재한다'는 필연적 진리일 수 없다.

그리고 사실 데카르트는 '나는 존재한다'가 필연적 진리라고 주장하지 않는다. 그의 주장은 내가 '나는 존재한다'고 생각할 때마다 필연적 진리를 생각한다는 것이 아니라 필연적으로, 내가 '나는 존재한다'고 생각할 때마다 나는 하나의 진리를 생각한다는 것이다. 둘 사이의 차이는 무엇인가? 그의 주장은 내가 생각한다는 전제가 주어지면 나는 존재해야만 한다는 것, 존재하지 않을 수 없다는 것이 아니다. 곧 나의 존재에 필연성이 부여되지는 않는다. (데카르트를 읽는 일은 우리에게 좋을지 몰라도 이것이 우리를 영원불멸하도록 만들어주지는 않는다.) 필연성은 사고로부터 존재에로의 추론에 부여된다. (곧 '결론의 필연성'이 아니라 '추론 과정의 필연성'을 의미한다.)

달리 표현하면 내가 말하려는 바는 '나는 존재한다'는 필연적 진리

---

3 내가 강조 표시한 두 부분의 원전은 다음과 같다. 앞부분은 라틴어/프랑스어로 "necessario esse verum"/"est nécessairement vraie"이며, 뒷부분은 "necessario sum"/"moi qui suis certain que je suis"이다(25 : IXa.18-19).

가 아닌 반면 '만일 내가 생각한다면 그럴 경우 나는 존재한다'는 조건
문은 필연적 진리라는 점이다―이 조건문은 어떤 상황에서도 결코 거
짓일 수 없는 것이다.

2. 코기토는 단지 조건적으로만 확실한가?

하지만 잠시 멈추어보자. 여기서 무언가 잘못된 듯하다. 이제 우리는
자립적이며, 우리가 아프리오리하게 인식할 수 있는, 다른 어떤 것에
대한 지식에도 의존하지 않는 무언가로서의 필연적 진리를 발견했다.
하지만 이것은 우리가 처음 생각했던 것에 비해 수준이 크게 떨어지는
듯하다. 우리가 처음에 확립했다고 여긴 바는 우리 자신의 존재였다.
곧 나는 존재한다, 나는 현존한다, 설령 다른 모든 것이 그렇지 않다 할
지라도 나는 이 세계 안에 존재한다는 점이었다. 하지만 이제 우리가
얻게 된 필연적 진리는 단지 조건적인 진술에 지나지 않는다. 곧 내가
회의를 넘어서서 확립한 바는 만일 내가 생각한다면 존재한다는, 사고
와 존재는 분리될 수 없다는 점에 지나지 않는다. 하지만 우리가 얻은
바가 단지 이것뿐이라면 우리는 사실상 내가 실제로 분명히 존재한다
는 점을 확립하지 못한 셈이 된다. 어쨌든 우리는 제1성찰에서 등장했
던 본성에 기초한 회의에 따라[3.1.5] 가장 단순한 아프리오리한 지식
도 어떻게든 회의의 대상을 삼지 않았던가?

코기토를 이런 방식으로 해석하는 것이 잘못임을 밝히기 위해 우리
자신에게 다음과 같은 질문을 던져보자. 코기토는 이와 유사한 듯이 보
이는 다른 '발견들', 예를 들면 나는 윙크한다 그러므로 존재한다, 나
는 고약한 냄새를 풍긴다 그러므로 존재한다, 나는 술 마신다 그러므로
존재한다 등과 어떻게 대비되는가? 이런 행위를 하는 모든 사람도 코
기토와 정확히 동일한 방식으로 의심의 여지없이 존재하지 않는가? 예

를 들면 어쨌든 간에 존재하지 않는 것은 술을 마실 수 없다. 따라서 우리는 나는 생각한다 그러므로 존재한다는 것과 정확히 동일한 방식으로 나는 술 마신다 그러므로 존재한다고 확실히 말할 수 있다. 이는 데카르트가 나는 술 마신다 그러므로 존재한다는 말도 손쉽게 할 수 있음을 의미하는가? (그가 동네의 포도주 양조장으로부터 협찬을 받았다면 이렇게 말했을지도 모르겠다.)

아니다, 그렇지 않다. 나는 술 마신다 그러므로 존재한다는 말은 이렇게 작용하지 않는다. 왜 그런가? 나는 생각한다 그러므로 존재한다와 나는 술 마신다 그러므로 존재한다 사이의 차이는 무엇인가?

간단히 말하면 우리는 우리가 술 마시는지 (또는 윙크를 하거나 냄새를 풍기는지) 그렇지 않은지는 회의할 수 있지만 우리가 생각하는지 그렇지 않은지는 회의할 수 없다. 교활한 악령이 매 순간 우리를 속인다면 물도 없고, 우리에게 입술도 없는데 단지 우리가 최근 오랫동안 계속해서 술을 마셔왔다고 단지 생각할 수는 있다. 하지만 우리는 우리가 생각하고 있다고 단지 생각할 수만은 없다. 만일 우리가 생각하고 있다고 생각한다면 우리는 존재한다.

따라서 코기토는 보기보다 훨씬 복잡한 것이라는 점이 드러난다. 우리는 코기토를 두 가지 요소의, 곧 나는 내가 생각하고 있다는 사실을 회의할 수 없다는 것과 만일 내가 생각하고 있다면 나는 존재해야만 한다는 것의 결합으로 해석해 온 듯하다.

3. 코기토는 일종의 추론인가?

하지만 여전히 한 가지 문제가 남아있다. 우리는 방금 코기토가 두 요소의 결합이기 때문에, 결국 일종의 논증이기 때문에 그런 방식으로 작용한다고 말했다. 이 논증은 다음과 같은 형태를 취한다.

1. 나는 생각하고 있다
2. 생각하는 모든 것은 존재한다. 따라서
3. 나는 존재한다.

이것이 실제로 진행되는 바인가? 이것이 대부분의 사람들이 코기토를 그렇게 신뢰하는 이유인가?

문제점은 전제 2에 놓여있다. 데카르트의 사고하는 자는 현재 무척 큰 혼란에 빠져 자신이 무엇을 생각하는지도 인식할 수 없는데 어떻게 사고와 존재 사이의 관계를 규정하는 이 일반 원리를 당연시할 수 있는가? 본성에 기초한 논증은 어떻게 된 것인가? 코기토는 모든 지식의 전환점인 동시에 출발점으로, 우리가 다른 모든 것에 실패하더라도 확신할 수 있는 유일한 것으로 여겨져 왔다. 그런데 이제는 우리가 존재하지 않는 것은 생각할 수 없다는 점을 어떻게든 미리 확립한 경우에만 코기토를 제대로 활용할 수 있는 듯이 보인다. (여기서 나는 존재하지 않는 것은 생각할 수 없다는 명제가 참이 아니라는 점을 주장하려는 것이 아니라 현 단계에서 사고하는 자가 이것이 참임을 가정할 수 없다는 점을 말하려 한다.)

이런 반론이 실제로 데카르트에게 제기되었는데 이에 대한 그의 대답이 무척 흥미롭다. 코기토가 타당한 논증이 아니라는 주장과 그것이 더 이상의 어떤 지식에 의존한다는 주장 사이에 하나를 선택해야 하는 상황에 직면해 데카르트는 전자를 선택하는 방향으로 나아간다. 그는 코기토가 아예 논증이 아니라고 말한다(『반박과 답변』 2, 140).

그는 코기토가 두 가지 사고의 결합이 아니라 오직 하나의 '단순한, 마음의 직관'이라고—누구든 이해하자마자 곧바로 참임에 틀림없음을 파악할 수 있는 것이라고—주장한다. 하지만 다른 곳에서는(『원리』,

1.10) 우리가 존재하지 않는 것은 생각할 수 없다는 점을 미리 알지 못한다면 우리는 코기토를 이해할 수 없으며 그것이 참임을 알지 못하리라는—우리가 사고와 존재가 무엇인지를 모른다면 존재하지 않는 것은 생각할 수 없다는 점을 이해할 수 없는 것과 마찬가지로—점에 동의한다. 하지만 이런 주장이 코기토가 실제로 일종의 논증임을, 곧 우리가 사고와 존재 사이의 관계에 관한 우리의 사전 지식에서 출발해 우리가 존재한다는 결론을 이끌어내는 과정임을 의미하지는 않는다. 오히려 정반대로 그는 내가 존재하지 않고서는 생각할 수 없다는 점을 알기 때문에 생각하는 모든 것은 존재한다는 일반 명제를 인식하게 될 뿐이라고 주장한다{『반박과 답변』5App., IXa.205-6 ; 『반박과 답변』6, 422}.

이런 주장이 그럴듯해 보이는가, 아니면 코기토가 그 자체만으로는 충분하지 않아서 회의를 멈추게 하는 역할을 제대로 하지 못한다고 생각되는가?

여기서 문제가 되는 것은 어느 정도 논리와 심리의 차이라고 할 수 있다. 논리적 관점에서 데카르트는 코기토가 두 개의 전제로부터 결론이 도출되는 논증을 가장 잘 드러낸다고 기꺼이 말한다. 하지만 그의 현재 관심사가 논리인가? 지금 그의 관심사는 회의하는 사람이 처한 곤경이며, 실제로 사람들이 무엇을 믿어야 하는지를 확신하지 못한다는 점이다. 따라서 논리학자들이 뭐라고 말하든 간에 그는 코기토를 우리 모두와 관련된 심리적 사실의 문제로 여기며, 우리가 코기토를 받아들이기가 쉽지 않을지 몰라도 우리는 우리 자신의 존재를 회의할 수 없다고 주장한다. 왜냐하면 우리는 회의하는 행위 자체가 우리 자신의 존재를 증명하기에 충분하다는 점을 알 수 있기 때문이다. 데카르트의 이런 주장은 옳은가?

연결고리

- 코기토에 대한 유명한 반박은 3.2.7에서 검토된다.
- 코기토가 정확히 무엇을 증명하는가에 대해서는 다음 절을 참고하라.
- 코기토를 기초로 삼아 그 위에 무엇을 세울 수 있는가라는 질문에 관해서는 3.3.1을 참고하라.

3.2.2 제2성찰, 2절. (25-9)

자아

개관

하지만 나는 정확히 무엇을 증명했는가? 내가 그것의 존재를 증명한 '나'는 과연 무엇인가? 이것이 나의 기초 역할을 하려면 '나'가 무엇인지를 매우 명확하게 밝혀야 한다(25).

우선 나는 한 인간이다. 하지만 나는 생물학이나 인간 종 등과 관련해서 들은 이론적인 특성을 탐구하는 방향으로 나아가지는 않으려 한다. 나는 **우선 내가 존재로서 의식하는 나 자신**이 무엇인지를 살펴보려 한다.

가장 먼저 나는 나 자신을 내 신체로 생각한다. 하지만 나는 또한 내 신체를 구성하는 부분들 이상의 무언가가 내게 있음을 의식한다. 나는 살아 있는 존재이며, 흔히 말하듯이 나는 '영혼'을 지닌다—이는 내가 먹고, 운동하고, 지각하고, 생각함을 의미한다. 나는 이 영혼이 무엇인지는 아직 명확히 알지 못하지만 신체 또는 물체가 무엇인지는 쉽게 이해한다—그것은 일종의 물질로서 형태와 크기가 서로 다른 대상이며, 공간을 차지하며, 모든 종류의 서로 다른 방식으로 운동을 할 수 있다. 물체는 운동할 수 있지만 그 자체만으로, 자기 스스로 운동할 수는 없다—물체는 스스로 운동하지는 못하는, 삼차원의 공간을 차지하는 **물질**이다(25-6).

하지만 교활한 악령이 나를 속일지도 모를 모든 것들을 제거하면 나의 신체에서 무엇이 남을 것인가? 아무것도 남지 않는다. 나는 내가 지닌 모든 물리적 속성을 의심할 수 있다. 그렇다면 나의 '영혼'은 어떤가? 먹고, 운동하고, 감각적 지각을 하는 것 등은 나의 신체와 마찬가지로 얼마든지 회의할 수 있다. 내가 결코 속임을 당할 수 없는 유일한 것은 바로 **사고**이다. 내가 방금 그것의 존재를 증명했던 '나'는 그것이 무엇이든 간에 내가 의식하는, 사고하는 자아 — 나의 정신, 영혼, 지성 또는 이성이다(26-7).

내가 나 자신의 존재를 다른 무엇으로 묘사할 수 있겠는가? 나는 나의 신체가 아니며, 나의 신체를 작동하도록 만드는, 신체 안에 속하는 어떤 물리적 요소도 아니다. 왜냐하면 나는 이미 모든 물체를 회의해버렸기 때문이다. 그런데도 나는 여전히 존재한다.

'하지만 내가 나의 신체를 구성하고 작동하도록 만드는 모든 것을 알지 못한다 할지라도 나의 신체 안에 나인 무언가가 있을 수 있지 않겠는가?'

나는 이 문제는 잠시 제쳐두려 한다. 내가 지금 확신하는 바는 나 자신에 관한 **지식**이 내 신체에 관한 또는 물리적인 **그 무엇**에 관한 지식에도 의존할 수 없다는 점이다. 따라서 **나**의 개념은 내가 물체에 대해 지니는 개념과 완전히 분리된 별개의 것이다. 나 자신을 파악하려면 또한 내가 상상으로 만들어낸 상이나 상상력에도 주의를 기울여서는 안 된다(27-8).

그렇다면 나는 무엇인가? **사고하는** 무언가이다. 이는 내가 회의하고, 이해하고, 긍정하고, 부정하고, 무언가를 원하거나 원하지 않기도 하는, 상상과 지각의 능력을 지닌 무언가임을 의미한다(28). 이런 모든 것을 행하는 존재는 동일한 나임이 명백한 듯하다. 상상과 지각조차도 다음과 같은 의미에서 일종의 사고라고 할 수 있다. 나는 램프를 본다. 지금 램프는 그곳에 있지 않을지도 모른다. 하지만 나는 여전히 램프를 본다는 감각을 지니고 있다―그리고 이 또한 일종의 '사고'이다(28-9).

주석

코기토는 정확히 무엇을 증명하는가? 지금까지 사고하는 자의 사고 과정을 충실히 따랐다면 우리는 우리가 존재한다는 확실한 결론에 도달한다. 하지만 이를 통해 우리가 존재한다고 인식하는 것은 정확히 무엇인가? 예를 들어 내가 코기토라는 사고 과정을 거친다면 나는 데카르트에 관한 책을 쓰는, 다소 따분하고, 신경질을 잘 내며, 꽤 나이 먹은, 그리고 이전에 기차에 치여 거의 죽을 뻔했던 한 개인이 확실히 존재함을 알게 되는가? 아니다, 전혀 그렇지 않다. 코기토는 내가 살쪘는지 말랐는지, 키가 큰지 작은지, 젊었는지 늙었는지 등을 전혀 증명하지 못한다. (내가 실제로는 젊고, 재미있고, 잘생긴 사람인데 그렇지 않다고 생각하게 만드는 것은 어쩌면 잔인하고 교활한 악령이 특별히 나를 속이는 경우인지도 모른다.) 코기토는 내가 어떤 특정한 내력을 지니는지를―아니 어떤 내력이라도 지니는지를―보증해주지 못한다. (나는 어쩌면 나의 모든 기억과 더불어 단지 몇 달 전에 만들어졌는지도 모른다.) 간단히 말하면 코기토는 오직 내가 존재한다고 말할 뿐 내가 무엇인지에 관해서는 내게 전혀 아무것도 알려주지 않는다. 내가 아는 바는 오직 이런저런 사고를 하는 것이―곧 이런 질문들을 자신에게 던지고, 이런 문제를 해결하려 하며, 이런 감각들을 지니는 것이―존재한다는 사실뿐이다. 사고하는 것이 있다는 점을 제외하면 나는 이것이 실제로 어떤 것인지를 증명할 방법이 내게는 전혀 없다[3.2.7].

후에 데카르트는 우리가 우리 자신에 대해 이보다 많은 것을 알 수

있다는 주장을 설득력 있게 제시하려 한다[3.2.8]. 하지만 현 단계에서
그는 이 사고하는 존재가 어떤 것인가라는 질문은 답하지 않은 채로 남
겨둔다. 이제 다음과 같은 세 가지를 지적할 필요가 있다.

1. 여기서 '영혼'이라는 용어는 그리 엄밀하지 않게 일상적 의미로, 곧
   살아있는 사람과 죽은 사람을 구별하게 해주는 차이점 정도를 의미
   하는 것으로 사용된다. 데카르트가 실제로 영혼을 어떤 종류의 것으
   로 여기는지에 대해서는 후에 살펴볼 것이다[3.2.6].

2. 또한 '사고'라는 용어가 의미하는 바에도 주목할 필요가 있다. 그는
   이 용어를 예를 들면 철학적 사색을 하는 순전히 지적인 활동은 물
   론 어떤 차를 마실지를 결정하는 현실적 활동까지도 포함하는 의식
   의 상태 전반을 포괄한다. 또한 사고에는 우리의 신체 상태에 대한
   의식도 포함된다—우리의 신경과 두뇌 자체가 행하는 실제 활동이
   나 우리 주변의 세계를 감각하고 이에 반응하면서 우리 안에서 진행
   되는 무수히 많은 절차는 포함되지 않지만 이런 반응에 대한 우리의
   의식은 포함된다. 곧 손으로 젤리를 만질 때 느끼는 느낌이나 손톱으
   로 칠판을 긁을 때 우리가 듣는 소리에 대한 의식은 포함된다.

3. 데카르트는 우리의 사고하는 자아가 우리의 신체와 동일시될 수 없
   다고 말한다. 우리의 신체는 존재하지 않을지도 모르지만 사고하는
   자아는 확실히 존재하기 때문이다. 현 단계에서 그는 비록 나의 자
   아가 내 신체에 해당하는 물질적인 것과 동일할 수는 없지만 (어쨌
   든 죽은 사람의 경우를 보면 이를 잘 알 수 있다) 그리 명확하지 않
   은 어떤 물리적인 부분이나 과정을 포함할 수도 있다는 가능성을 열
   어둔다. 하지만 그는 자신이 물질세계가 존재한다는 점을 알지 못하
   면서도 자신이 존재한다는 점을 안다는 사실이 정신의 관념은 어떤

물리적인 것의 관념도 포함하지 않음을—이는 후에 그가 확립하려는 결론이기도 한데[3.2.8]—드러낸다고 분명히 말한다.

3.2.3 제2성찰, 3절. (29-34)

밀랍 한 조각
개관

'내가 가장 잘 안다고 주장하는 이것, 곧 이 자아는 내가 그것에 대해 확실한 상을 형성할 수 없는 다소 이상하고 낯선 것으로 보인다. 분명히 나는 자아보다 주변의 대상들을 훨씬 더 잘 알 수 있다!' (29-30)

글쎄, 한번 살펴보자. 지금 내 앞에 놓인 밀랍 한 조각처럼 내가 가장 잘 안다고 느끼는 것을 예로 들어보자. 나는 그것을 보고, 냄새 맡고, 맛보고, 느낄 수 있으며, 손가락으로 두드려 그것이 내는 소리를 들을 수도 있다. 무엇을 이보다 더 잘 알 수 있겠는가? 하지만 그것을 불 위에 올려놓으면 그것이 지녔던 **모든** 감각적 속성들은 변하고 만다. 물론 그것은 여전히 한 조각의 밀랍이다—단지 녹았을 뿐이다. 그렇다면 내가 사물에 대해 안다는 것은 무엇을 의미하는가? 사물 자체가 그 어떤 감각적 속성일 수는 없다. 이런 속성들이 사라져도 **사물 자체**는 여전히 존재하기 때문이다(30).

따라서 감각적 속성들 중 어떤 것도 밀랍 자체에 속한 것은 아니었다. 밀랍은 오직 **물체**였으며, 여러 감각적 속성들을 지녔다가 지금 녹은 후에는 지니지 않는다. 이는 무엇을 의미하는가? 물체는 과연 무엇인가? 물체는 삼차원의 공간을 차지하며, 각 부분들이 서로 관련되어 운동하며, 서로 다른 때에 서로 다른 속성을 지닐 수도 있는 무언가이다. 하지만 이런 유연성과 가변성이 그 자체로 내가 그들을 통해 물체를 묘사할 수 있다고 여기는 무언가는 아니다. 왜냐하면 동일한 물체가 내가 묘사할 수 있는 것보다 훨씬 더 많은 다른 형태를 취할 수도 있으며, 또한 서로 다른 다양한 크기를 지닐 수도 있기 때문이다. 따라서 밀랍이 그 자체로 진정으로 무엇인가에 대한 나의 지식은 항상 감각이나 인상에 기초한 것이 아니라 순전히 지성에 기초한 무언가이다. 물체에 대한 지성적인 파악은 처음에는 내가 서로 다른 때 얻은 서로 다른 인상을 혼란스럽게 뒤섞은 것처럼 보인다. 하지만 이제 나는 감각적 자료들을 **지성을 통해 해석함으로써** 내가 물체를 어떻게 인식하는지를 더욱 명확하게 알게 된다(30-1).

우리는 눈을 통해 대상을 보는 것처럼 말하지만 사실상 우리는 눈이 제공하는 인상들에 기초해 여기에 우리의 지성을 더함으로써 대상을 파악한다ー이는 우리가 실제로 단지 사람들의 모자나 외투만 보면서도 사람들이 길을 지나가는 것을 본다고 말하는 것과 같다(31-2).

내가 처음 밀랍을 보고 그것을 나의 감각들을 통해 인식했을 때 나는 그것을 지금보다 덜 명확하게 인식했음이 분명하다. 그때 나는 밀랍에 대해 동물 수준의 의식을 지니고 있었지만 지금은 오직 인간의 정신만이 할 수 있는 수준으로 밀랍을 파악한다(32).

이제 내가 나 자신에 대해 내 주변의 대상보다 훨씬 잘 인식할 수 있다는 사실이 드러난다. 경험은 나에게 내 주변의 사물들과 관련해서는 단지 그들이 존재한다는 **증거**만을 제공하지만 나 자신과 관련해서는 내가 그들을 지각하며 존재한다는 데 대한 **증명**을 제공하기 때문이다. 그리고 내가 대상에 대해 더욱 많은 증거들을 지녔을 때 그것을 더욱 잘 인식한다면 나는 나 자신에 대해서는 훨씬 더 잘 인식해야 한다. 내가 지닌 **모든** 경험은 나 자신에 관한 지식을 제공하기 때문이다(33).

　이제 나는 내가 대상을 감각들을 통해 지각하는 것이 아니라 오직 정신을 통해 지각함을 안다. 그리고 정신은 다른 어떤 대상보다 나에게 더욱 잘 인식된다. 그렇다면 앞으로 더 나아가기 전에 여기서 잠시 멈추어 이런 발견을 익숙하게 받아들여야겠다(34).

주석

앞서 살펴보았듯이 『성찰』의 사고하는 자는 의도적으로 자신의 마음을 완전히 비움으로써 탐구를 시작한다. 회의의 방법을 통해 그는 이전에 지녔던 모든 생각을 깨끗이 제거하고 지식의 궁전을 기초부터 다시 지으려는 계획에 착수했다[3.1.2]. 이런 방식으로 데카르트는 자신의 관점이 특별한 훈련이나 배경이 되는 가정을 필요로 하지 않으며, 여러 질문들을 순수하고 객관적으로 여기는 합리적 사람이라면 누구나 받아들여야 하는 것임을 증명하려 한다. 하지만 여기서 또 다른 질문이 제기된다. 철학을 이렇게 순수하고 개방적인 방식으로 탐구하는 것이 진정 가능한가? 우리는 어떤 철학적 개입이나 이론적인 선입견이 없이도 진정 그가 제기한 질문들에 답할 수 있는가 아니면 단지 데카르트가 우리의 눈을 잠시 속인 것에 지나지 않는가? 그는 자신의 철학적 본심을 숨기고 우리가 은연중에 그의 많은 선입견을 공유하도록 만들어 우리 스스로 개방적인 태도로 접근한다고 느끼게 하는 것은 아닌가?[4]

　여기서 이런 질문을 던지는 까닭은 비록 이 절에서 사고하는 자의 계획이 앞으로 크게 나아가지는 않지만 이 질문이 두 영역에서 ―물체의

4　더욱 근본적인 수준에서 객관적인 견해를 유지하려고 노력한다는 것은 우리가 어떤 전제도 지니지 않음을 의미하는가 아니면 공적으로 인정되는 적절한 전제들을 채택함을 의미하는가라고 물을 수 있다. 우리는 흔히 심판이나 판사, 의사, 역사가 등에게는 객관성이 중요하다고 말하는데 이 경우 우리는 과연 무엇을 의미하는가?

형이상학과 정신에 관한 이론에서 — 중요한 역할을 하기 때문이다. 이 질문은 데카르트가 우리를 거기로 인도하려 하는, 철학적으로 더욱 큰 그림을 드러낸다.

1. 물체의 형이상학

데카르트가 어떻게 물리적 대상은 궁극적으로 연장성을 지닌, 물질적인 것일 뿐이라고 말하게 되는지에 주목해보자(26). 데카르트에 따르면 밀랍이 자신이 모든 속성을 갖게 되는 까닭은 그것이 밀랍이라는 본질을 지니기 때문이 아니라 오직 현미경 또는 초현미경 수준에서 물체를 구성하는 요소들이 어떤 방식으로 배열되어 다른 방식이 아닌 어떤 특정한 방식으로 작용하도록 만들기 때문이다. 그리고 데카르트는 이런 과정이 기본적으로 기계론적이라고 생각한다. 예를 들면 밀랍의 표면에 있는 미세한 물질이 어떤 방식으로 배열되어 있기 때문에 그것은 광선을 어떤 특정한 속도와 각도로 반사한다. 그리고 반사된 빛의 입자들이 어떤 방식으로 진동하여 우리의 눈에 영향을 미치기 때문에 우리는 노란 것을 보는 경험을 하게 된다[3.2.4; 3.2.5].

물론 현재 우리는 이 과정을 훨씬 더 복잡하게 설명할 수 있다. 하지만 현대적 설명도 기본 구조는 여전히 매우 데카르트적이다. 그렇지 않은가? 사람들 대부분은 대상의 관찰 가능한 속성들이 모두 그 대상이 원자의 수준에서 배열된 방식의 결과이며, 그런 유형의 원자적 구조가 우리의 신경계에 작용한 결과임을 당연시한다. 데카르트는『성찰』에서 이런 견해를 지지하는 실제 논증을 제시하지는 않는다. 오히려『성찰』은 이런 그림을 그리기 위해 자신이 채용한 사고방식이 — 이를 과학적 사고라고 불러도 좋을 듯한데 — 객관적 지식에 도달할 수 있는 유일한 방법이며, 이는 정통 기독교와도 완벽하게 조화를 이룰 수 있다는 점을 보이려는 의도에서 서술되었다.

또한 이런 유형의 설명에 기초해 물체가 지니게 되는 기계론적 속성들은—크기, 형태, 위치, 그리고 물체를 구성하는 부분들의 운동 등은—정확한 수학적인 값으로 표시될 수 있는 속성이라는 점에 주목할 필요가 있다. 데카르트는 세계에 대한 우리의 감각적 지식은 세계 안에서 적절히 살아가는 데 유용한 반면 물체에 대한 정확한 기술은 오직 수학을 통해서만 가능하다고 생각한다. 수학을 통해 우리는 대상에 대한, 서로 충돌하는 감각적 기술을 수로 표현된 값으로 재구성된 등식으로 대체할 수 있게 된다. 수학적 기술은 과학자들이 도달하려고 노력하는 바이기도 하고 또한 시간이나 감각과 무관한 신의 창조에 우리가 가장 가까이 다가간 것이기도 하다[3.3.9; 3.6.1].

2. 정신과 인식

밀랍 한 조각에서 얻게 되는 두 번째의, 더욱 놀라운 주장은 데카르트의 지각 이론과 관련되는데 이는 더 나아가 정신에 관한 그의 이론을 드러낸다.

데카르트에 따르면 우리는 대상을 실제로는 어떤 방식으로도 전혀 보거나 느끼거나 냄새 맡거나 감각할 수 없다. 물론 우리는 그렇게 한다는 듯이 말한다—나는 침대 기둥 위에 있는 괴물을 보고, 그의 숨결을 목에서 느낀다고 말한다. 하지만 실제로는 이런 종류의 일을 전혀 하지 않는다. 왜냐하면 실제로 지각은 두 단계로 이루어지는 과정이기 때문이다. 나는 우선 괴물이 내게 제공하는 시각과 촉각이라는 감각을 느끼고, 그 다음에 이런 감각에 기초해 침대 기둥 위에 괴물이, 아니면 다른 무언가라도 있다는 사실을 형성한다. 엄밀하게 말하면 내가 실제로 보는 것은 오직 빛의 감각이며, 내가 실제로 느끼는 것은 촉각의 감각이다. 물론 이런 감각이 없다면 내가 괴물에 대한 어떤 지식도 지닐 수 없다는 점은 분명히 참이다. 하지만 이런 감각들 자체만으로는 나에게 지식을 제공하기에 충분하지 않다(감각들은 거기에 괴물이 있다는 지식을 내게 제공하기 위해 '필요'하기는 하지만 '충분'하지는 않다). 왜냐하면 내게는 이런 감각들을 해석하기 위한, 곧 감각들을 인지하고, 과거와 현재의 다른 감각들과 비교하고, 그것들이 의미하는 바를 이해하기 위한 능력 또한 필요하기 때문이다{『반박과 답변』 6, 436-8}.

데카르트의 주장은 참인가? 이런 '간접적인 실재론'의 관점이 우리가 지각하는 바에 대한 정확한 설명인가?

데카르트는 이런 주장을 우리가 받아들이도록 설득하기 위해 어떤 시도를 하는가?

이 절에서 그가 이런 주장을 펴는 데는 두 가지 이유가 있는 듯하다.

첫째, 밀랍의 경우 우리가 감각을 통해 얻는 모든 것은 변화할 수 있지만 밀랍 자체는 여전히 같은 것으로 남아있다. 따라서 밀랍 자체는 우리가 감각을 통해 지각할 수 있는 무언가가 아니다.

실제로 그런가?

물론 우리가 지각하는 다른 것들이 밀랍처럼 변화 가능하지는 않다. 밀랍처럼 어떤 대상의 감각적 속성들이 짧은 시간 안에 모두 변화하는 경우는 매우 드물다. (사고하는 자가 물리적 대상의 예를 찾다가 우연히 밀랍을 발견하고 얼마나 적절한 예라고 여겼을까!) 하지만 밀랍의 경우를 일반화할 수 있다. 일반적으로 우리가 어떤 대상을 보거나 느끼는 (그리고 감각하는 다른) 방식은 변화할 수 있지만 그 대상은 여전히 같은 것으로 남아있지 않은가? 사실 어떤 대상이 여전히 같은 것으로 남는다는 사실은 바로 그것이 대상임을 의미하는 요소 중 하나인 듯하다. (녹색 천 조각은 색이 변할 수 없는 듯하지만 여전히 녹색 천 조각이다. 반면 네모 모양으로 잘라낸 잔디 한 조각은 색이 변할 수 있는 듯하지만 여전히 잔디 한 조각이다.)

둘째, 데카르트는 밀랍의 진정한 본질은 감각을 통해서는 인식될 수 없다고 말한다. 어쨌든 밀랍은 우리가 생각할 수 없을 정도로, 어쩌면 무한히 많은 형태를 취할 수 있다. (밀랍을 냄비에 녹여 방 안에 던진다고 생각해보라. 굳은 후 밀랍은 어떤 형태를 보이겠는가? 이런 실험을 거듭한다면 밀랍은 얼마나 많은 다른 형태를 취하겠는가?) 우리는 밀랍이 이런 모든 가능성들을 지닌다는 점을 이해할 수는 있지만 이들을 모두 묘사할 수는 없다.

다시 한번 밀랍은 핵심 논점을 드러내는 좋은 예를 제공한다. 하지만 다른 모든 대상들의 경우도 이와 같지 않은가? 만일 타지마할(Taj Mahal)을 완전히 갈아서 가루로 만들어 바람 부는 날 비행기에서 날린다면 그것은 얼마나 많은 다른 형태를 취하겠는가? 하지만 이 경우 우리는 타지마할이 여전히 존재한다고 말할 수 없을 듯하다—이런 실험을 한다면 우리는 타지마할을 파괴해버리기 때문이다. 하지만 여기서 핵심 논점이 등장한다. 진정으로 존재하는 바는 타지마할을 구성하는 재료인데 이 순간 그들이 결합해 특정한, 널리 알려진 형태와 색채 등을 지니게 된다고 볼 수 있다[3.2.9].

데카르트에게 이런 지각 이론은 인간 및 인간의 정신에 관한 훨씬 더 큰 그림의 일부에 해당한다. 그는 감각을 지니고 이에 반응하는 일은 감각 능력을 지닌 적절한 신체를 지닌 동물이라면 무엇이든, 심지어 정교하게 잘 만들어진 로봇도 얼마든지 할 수 있는 물리적이고 기계론적인 과정이라고 생각한다. 반면 이런 감각을 의식한 후 이를 인지하고 해석해 세계에 대한 정신적인 상을 구성하고 그 안에서 우리의 자아를 과거와 미래를 지니는 존재로 자리매김하는 일은—이런 일들 모두는 어떤 종류의 기계론적 과정에 의해서도 설명될 수 없다고 그는 생각한다. 이런 일들을 할 수 있는 능력에 비추어보면 우리 인간에게는 신체를 구성하는 물체 이상의 무언가가 존재함을 알 수 있다. 곧 우리는 신체에 더해 정신 또는 자아를 지니는데 이것이 바로 우리의 감각적 상태를 조사하고 해석해 우리의 장기적인 목표와 의도 등을 형성한다.

인간 생명에 관한 데카르트의 '이원론적' 설명은 후에 상세히 살펴볼 것이다[3.2.6]. 여기서는 다음과 같은 질문을 검토하려 한다. 우리가 방금 살펴본, 지각에 관한 '간접적인 실재론' 관점의 설명 또는 두 단계로 이루어진 설명은 우리가 이를 뒷받침하는 정신 이론을 포기할 경우에도 과연 의미를 지닐 수 있는가?

* * *

제2성찰에서 사고하는 자의 탐구는 그리 멀리까지 나아가지는 못했지만 몇몇 중요한 기초를 마련했다. 그는 자신이 다음과 같은 점들을 보였다고 생각한다.

1. 사고하는 자는 자신의 존재를 의심할 수는 없다. 따라서 그는 자신이 절대적으로 확실한 무언가를 발견했으며, 최소한 이와 관련해서는 제1성찰에서 등장했던 회의주의적인 의심에서 벗어났다고 생각한다.
2. 그를 둘러싼 세계에 대한 그의 지식은 단지 감각 경험을 통해서 그에게 주어지는 것이 아니라, 그가 실제로 자신의 감각기관을 통해 얻은 감각을 기초로 삼아 여기에 그의 정신이 능동적으로 작용한 결과임에 틀림없다.

이렇게 확신하는가?

연결고리

- 자연에 대한 데카르트의 기계론적 설명은 3.2.4에서 전개된다.
- 인간 생명에 대한 데카르트의 '이원론적' 설명은 3.2.6과 3.6.1에서 전개된다.

3.2.4 논의 6

기계론: 데카르트의 커다란 체계 그리고 『성찰』의 역할

데카르트의 저술 중 가장 유명한 것은 아마도 『성찰』일 것이다. 그리고 그의 사상 중 가장 유명한 것은 『성찰』을 비롯한 다른 저술들, 곧 『방법서설』과 『원리』 등에서 그가 전개한 인식론과 형이상학임에 틀림없다. 하지만 이런 사실은 데카르트 자신에게는 상당히 놀라운 동시에 실망스러운 일이었을 듯하다. 그는 자신이 『성찰』에서는 그리 중요하게 다루어지지 않은 주제, 곧 자신의 자연학을 통해 널리 알려지기를 원했고 또 그렇게 되리라고 기대했다. 그가 자신을 (최소한 근대로 접어든 후) 세계의 진정한 구조를 탐구하고, 세계를 작동하게 만드는 기계론적 원리들을 밝힌 최초의 인물로 여겼음은 매우 분명하다.[5]

데카르트 자신의 열망과 『성찰』 사이의 관계는 간접적이다. 『성찰』은 갈릴레오가 종교재판에서 유죄 판결을 받았다는 소식을 듣고 데카

---

5   그가 초기에 얻은 명성은 그의 이런 열망과 더욱 일치하는 것이었다. 그가 '근대 철학의 아버지'라는 평판을 얻었을 당시 이 말은 근대 과학의 아버지와 유사한 의미를 지니는 것이었다.

르트가 자신이 구상했던 대작 『세계』의 저술을 포기하고⁶ 새로운, 더욱
주의 깊은 접근 방식을 채택해서 쓴 결과물이다[1장]. 자신의 의도를
전달하기 위해 데카르트는 무엇을 해야만 하는가? 그는 현상들의 수집
과 분류에 기초한 낡은, 아리스토텔레스적인 방법은 우리에게 아무것
도 알려주지 않으므로 이런 방법을 현상들에 대한 이성적인 분석으로
대체해야 한다는 점을 보이려 하며 이런 분석이 현상들의 배후에 놓인,
수학적으로 기술된 실재를 드러낸다고 생각한다[3.1.11]. 하지만 동시
에 그는 세계를 인식하는 이런 새로운 방법이 기독교 신앙 및 가톨릭교
회의 관점과 완벽하게 조화를 이룰 수 있음을—그리고 사실상 이런 관
점을 더욱 강화함을—확실히 밝힐 필요가 있다. 따라서 그는 다음과
같은 점을 드러내는 저술을 쓰려고 마음먹는다.

1. 우리가 진정으로 확신할 수 있는 유일한 것은 세계가 우리에게 보이
   거나 느껴지는 방식이 아니라 우리의 이성적 판단이다[3.1.4].
2. 설령 다르게 보일지 몰라도 우리를 둘러싼 세계에 대한 우리의 모든
   지식은 실제로는 우리가 받아들인 감각적 자료에 대한 이성적 해석
   을 통해 형성된다[3.2.3].
3. 새로운 자연학을 받아들임으로써 우리는 교회의 가르침을 포기하고
   인간에 관한 유물론적 설명을 채택하는 것이 전혀 아니며 오히려 영
   혼의 비물질성을, 따라서 영혼의 불멸성을 증명하게 된다[3.2.6].
4. 새로운 과학은 우리를 무신론으로 인도하는 것이 결코 아니라 오히
   려 신의 존재를 증명하고 오직 기독교도만이 자연에 대한 객관적 이

---

6 『세계』의 원고 중 일부는 남겨졌고 출판되었다. 여기에는 데카르트의 체계가 명확
하고 이해하기 쉬운 형태로 등장한다. 『세계』(*The World*)와 『인간론』(*Treatise on
Man*) 참조.

해에 이를 수 있다는 점을 논증한다[3.4.1].

따라서 그는 『성찰』을 전통적이고 종교적인 형식으로 썼으며, 소르본(Sorbonne)의 신학자들에게 바치는 헌사를 덧붙였다―하지만 이 헌사의 의도는 사실 (그들의 감시망에 주의를 기울이면서) 신학자들의 수장에게 지적이고 편견 없는 독자들이 이 책을 읽는 것을 허용하라고 호소하려는 것이었으며 데카르트가 신학자들을 그런 독자로 여긴 것은 아니었다[3.1.1].

어쨌든 데카르트는 세계가 진정으로 어떤 모습이라고 생각하는가? 그가 『세계』에서 공개하려고 했고, 『성찰』에서 근거를 마련하는 것으로 마무리 지어진 큰 그림은 과연 무엇인가?

그 대답은 바로 기계론이다. 데카르트는 세계의 모든 자연 현상은―천체의 운행, 지구의 형성, 벼룩의 날개, 아기의 탄생 등 모든 것은―바로 현상이라는 공통점을 지닌다고 생각했다. 물론 이들은 모두 실재하는 사물이며 사건이지만 이들이 세계의 기본 실재는 아니며 오직 기본 실재들이 자신을 드러내는 다양한 방식일 뿐이다. 그렇다면 이런 현상들을 만들어내는, 배후에 놓인 기본 실재는 무엇인가? 그 대답은 오직 물체의 연속이라는 것이다. 물체의 각 부분은 세 가지의 단순한 기계론적 법칙에 따라 서로에게 작용한다. 오직 지적인 존재의 행위만을 제외하면 세계에서 일어나는 모든 것은 물체의 연속이 다른 장소에서 서로 접촉하고, 밀고, 압박하고, 진동하고, 충돌한 방식의 결과이다.

뒤이어 데카르트는 다소 이상해 보일지 모를 주장을 편다. 그는 모든 물질세계가 하나의 대상이며, 틈새가 없고 단절되지 않은 물질들의 연속인데 이런 물질들이 전체 공간과 그 안에 포함된 모든 것을 채운다고―사실상 구성한다고 말한다. 그렇다면 세계 안에 있는 모든 개별적인 사물들은 어떻게 되는가? 이에 대한 대답은 사실 사물들은 결코 개별적인 것이 아니며 단지 서로 다른 장소를 차지한, 연장성을 지닌 덩어리일 뿐인데 서로 다른 운동의 방식에 따라 개별화된다는 것이다. 이런 주장을 검토해보자. 왜 우리는 내 양동이와 내 삽이 서로 다른 것이라고 말하는가? 오직 양동이를 구성하는 부분들이 (쇠톱으로 자르지 않는 이상) 우리가 어느 한 부분을 움직이면 반드시 다른 부분도 따라 움직이게 되는 방식으로 배열되어 있기 때문이다. 반면 우리는 얼마든지 양동이는 집에 가져오고 삽은 해변에 놓아둘 수 있다. 그렇다면 둘 사이의 또는 둘 주변의 공간은 어떻게 되는가? 사실 텅 빈 공간은 결코 존재하지 않는다. 공간 또한 물질로 가득 차있는데 이 물질을 구성하는 부분들은 매우 쉽게 서로를 스쳐가듯이 운동한다 — 우리는 이를 바로 '공기'라고 부른다. 공기는 분명히 무가 아닌 무언가이며, 자신이 둘러싸고 있는 대상과 본질이 다른 무언가가 아니다. 공기도 연장성을 지닌 동일한 물체일 뿐인데 단지 배열 방식이 다를 뿐이다.[7]

물체가 지닌 속성들은 결국 크기, 형태, 위치, 운동 등의 기계론적 속성으로 환원될 수 있다[3.2.5]. 이런 속성들은 각각 수로 표현될 수 있으므로[8] 이론상 세계 전체는 비감각적인, 수학적 용어로 기술될 수 있다.

물질적 실체의 작용을 지배하는 **법칙들**은 매우 단순하다.

---

[7] 자신의 견해를 쉽게 설명하기 위해 데카르트는 때로 흙, 공기, 불 등의 '원소'를 언급한다. 하지만 이들은 물체가 다른 형태를 취한 것일 뿐이다 — 비교적 크고 느리게 운동하는, 우리가 물질적 대상이라고 부르는 것을 대표하는 입자가 흙이며, 이보다 작고 더욱 활동적인 입자들이 공기의 대부분을 구성하며, 매우 작고 빠른 속도로 운동하는 입자들이 불꽃과 신경 자극을 형성한다(『세계』, 5; XI.24-5).
[8] 특히 위치를 수로 표현하는 방식을 오늘날에도 '데카르트 좌표'(Cartesian coordinate)라고 부른다.

1. 물체의 어떤 부분도 다른 부분에 의해 밀리지 않으면 운동하지 않고, 다른 부분에 의해 방해받지 않으면 운동을 멈추지 않는다. (이는 '관성'의 법칙이라고 불린다.)
2. 물체의 모든 부분은 다른 부분에 의해 영향을 받지 않는 한 직선으로 운동한다. (직선 운동)
3. 물체의 두 부분이 서로 충돌할 경우 그들이 지닌 운동의 총량은 충돌 전이나 후에나 동일하지만 충돌 후에는 충돌 전과는 다르게 배분된다. (운동량의 '보존') {『원리』, 2.37-40}

물질의 연속을 이 세 법칙과 결합해 데카르트는 자연의 모든 사건을 큰 틀에서 설명할 수 있다고 주장한다. 내가 그 자신이 오직 인식론에 기여한 학자로만 기억된다면 데카르트가 실망했으리라고 말한 까닭이 바로 이것이다.

원자와 진공: 우리의 세계관에 대한 두 가지 문제 제기

데카르트의 기계론은 틀림없이 현대의 물리 이론을 예견한 것이다. 하지만 현재 우리들 대부분이 당연시하는 두 가지 특성을 데카르트는 명확히 거부하는데 하나는 원자의 존재이며, 다른 하나는 진공이다.

오늘날 대부분의 사람들은 원자론의 관점을 전제하고 세계를 본다. 곧 우리는 자연의 모든 현상을 끝까지 분석하여 이들을 자연을 구성하는 여러 부분의 본질 및 작용과 관련해서 설명한다. 그리고 만일 우리가 대상을 분할하는 과정을 충분히 계속한다면 결국 자연 전체를 구성하는, 가장 근본적이고 더 이상 분할 불가능한 입자에 ('자연을 구성하는 근본적인 구성단위'에) ─이를 원자로, 원자보다 더욱 작은 입자로 아니면 다른 무언가로 부르든 간에 ─도달할 수 있으리라고 생각한다.

하지만 데카르트는 이런 분할 불가능한 입자는 존재할 수 없다고 주장한다.

이와 마찬가지로 현재 대부분의 사람들은 진공이 존재한다고 믿는 듯하다. 토리첼리(Torricelli)의 실험에서 실험관 윗부분의 공간이든 아니면 성간(interstellar) 진공이든 간에 아무것도 없는—그저 텅 빈 공간이며 문자 그대로 아무것도 없는—영역이 존재한다고 믿는다. 하지만 데카르트는 진공의 개념이 불합리하다고 주장한다.

데카르트가 자신이 옳으며 우리가 틀렸다고 주장하는 근거는 다음 두 가지이다. 이에 대해 어떻게 생각하는가?

1. 근본 입자가 아무리 작다 할지라도 그것은 어떤 크기나 다른 특성을 반드시 지녀야 한다. 하지만 이는 우리가 그 입자의 내부 조직에 대해 질문을 던질 수 있음을 의미한다. 예를 들면 입자의 우측면과 좌측면을 무엇이 연결하는가? 그것은 단단한가 그렇지 않은가? 등의 질문을 던질 수 있다. 이런 질문들이 의미를 지닌다면 입자는 결코 근본적인 것이 아니라는 점이 분명히 드러난다. 왜냐하면 입자의 본질과 작용이 내부 조직에 의해서—곧 그것의 부분들에 의해서 결정되기 때문이다. 따라서 물체의 근본 요소는 이런 입자들이 아니라 입자들의 부분임이 드러난다. 달리 말하면 근본 입자 자체도 더 분할 가능하다—실제로는 불가능할지 몰라도 (입자들이 너무 작아서 자를 수 없을지 몰라도) 최소한 이론상으로는 가능하다. 이런 입자에게 적용되는 바는 당연히 그것의 부분들에게도 똑같이 적용된다. 데카르트가 말하듯이 공간은 무한히 분할될 수 있으므로 우리는 사물을 계속해서 더욱 작은 부분들로 환원해서 설명하는 일을 멈추는 지점에 도달할 수 없다. 따라서 원자론의 존재론은 옹호될 수 없다

(『원리』, 2.20).

2. 두 가지 사물이 있는데―예를 들면 상자의 한쪽 면과 반대쪽 면과
   같은―그 둘 사이에 문자 그대로 아무것도 없다면 이는 그 둘이 서로
   맞닿아있음을 의미하지 않는가? 어쩌면 우리는 이에 동의하지 않고
   내부가 진공인 상자가 (또는 진공상태인 성간 공간이) 있을 수 있다
   고 생각할지 모른다. 그렇다면 우리의 상자는 무를 포함할 것이다.
   이 무는 과연 얼마나 클 것인가? 이는 매우 이상한 질문으로 보일
   것이다. 무를 어떻게 측정할 수 있는가? 하지만 이런 질문은 반드시
   의미를 지녀야 할 듯하다. 내부가 진공인 상자가 내게도 하나 있고
   상대방에게도 하나 있는데 내 상자가 상대방의 상자보다 크다면 나
   의 무가 상대방의 무보다 커야 하기 때문이다. 그렇다면 나는 나의
   무를 상대방의 상자 안에 넣을 수 없을 것이다. 크기가 서로 맞지 않
   기 때문이다. (설령 그 안에 아무것도 없다 할지라도 그렇다.) 과연
   이런 이야기가 일관성 있게 성립할 수 있는가(『원리』, 2.18)?

   어쩌면 우리는 공간을 절대적인 것으로―예를 들면 공간을 큰 컨
   테이너로 여기고 존재하는 모든 대상이 그 안에 위치한다고―생각
   함으로써 위의 이야기를 일관성 있는 것으로 꾸밀 수 있을지도 모른
   다. 이렇게 여기면 컨테이너의 어떤 부분은 대상들로 채워져 있고
   어떤 부분은 그렇지 않다고―그리고 이런 부분은 진공 상태라
   고―말할 수 있을 듯하다. 하지만 내가 보기에 이렇게 주장하려면
   동시에 매우 큰 부담도 떠안아야 할 듯하다.

   마지막으로 한 가지 더 지적하면 현대의 물리학자들이 원자 또는 허
   공(진공)의 존재를 믿는지 그렇지 않은지는 전혀 분명하지 않다. 만일
   우리가 주장하는 근본 입자가 사실은 전혀 입자가 아니라 (진공을 포

함한) 우주 전체를 가로질러 퍼져 있는, 공간을 차지하지 않는 파동-입자 이중성(wave-particle duality)이라면 우리는 데카르트가 그린 그림에 보기보다 훨씬 더 가까이 다가가게 된다.

연결고리

- 데카르트의 기획 전반에서 『성찰』이 차지하는 위치에 관해서는 1장을 참조하라.
- 데카르트의 기계론 형이상학 및 이것과 객관성의 문제 사이의 관계에 대한 논의는 3.6.5에서 전개된다.

3.2.5 논의 7

'제1성질'과 '제2성질': 주관성 그리고 절대적 관점

왜 양모 점퍼를 입으면 간지럽게 느껴지는가? 양모 점퍼를 입으면 우리는 항상 약간 가려움을 느낀다. 그 이유가 무엇이라고 생각하는가? 어쨌든 양모가 다른 소재에게는 없는 간지러움이라는 특별한 성질을 지니기 때문인가? 만일 그렇다면 나는 누군가가 그 성질을 제거하는 방법을 발명해 간지러움을 느끼지 않으면서 따뜻하고 편안한 양모 점퍼를 입을 수 있게 해주기를 바란다.

하지만 당연히 이런 일은 일어나지 않는다. 어떤 것은 지니고 다른 것은 지니지 않는, 분리될 수 있는 성분과는 달리 간지러움은 양모와 분리될 수 있는 성질이 아니다. 양모가 간지럽다는 말은 곧 양모의 섬유질이 특별한 종류의 섬세함과 빳빳함을 지니고 있다는 말이며, 이 때문에 사람의 민감한 피부에 닿으면 간지러움이라는 감각을 일으킴을 의미한다. 우리는 물을 끓임으로써 물에서 공기를 빼낼 수는 있지만 양모에서 간지러움을 제거하고 양모만 남게 할 수는 없다. 간지러움은 양모와 분리될 수 있는 속성이 아니므로 양모에서 간지러움을 제거하려면 양모의 다른 속성들까지도 변화시켜야 할 것이다. 곧 양모의 섬유질 전체를 어떤 방식으로 단단하게 만들거나 양모에 어떤 매끄러운 재료를 덧입혀야 한다. 사실 양모를 그대로 두고서도 이와 정확히 동일한 결과를 얻는 방법이 있는데 그것은 모든 사람들에게 피부를 단단하게 만드는 어떤 약물을 주사해 사람의 피부를 하마의 가죽처럼 만드는 것이다. 이렇게 한다면 어떤 양모 점퍼를 입어도 더 이상 간지럽지 않을 것이다―이는 더 나아가 간지러움이 결코 양모가 지닌 속성이 아니라 양모가 **사람들에게** 어떻게 느껴지는가에 관한 사실이라는 점을 보여준다.

이런 예가 다소 어리석게 보일지 모르겠다. (이 예는 데카르트가 『세계』, XI.5-6에서 사용한 것을 약간 변형했을 뿐이다.) 하지만 핵심 논점은 매우 중요하다. 곧 사물은 여러 독립적인 속성을 소유하지만 간지러움은 그런 독립적인 속성이 아니라고 말할 수 있다. 간지러움은 사물이 지닌 다른 속성들이 인간에게 어떤 영향을 미치는가에 관한 사실일 뿐이다. 우리는 간지러움이 양모의 속성인 것처럼 말하지만 실제로 그것은 양모와 우리 사이의 상호작용에 관한―곧 우리는 양모에 의해 간지러움을 느끼게 된다는―사실이다. 이와 같은 방식으로 생각하면 위험함 또한 호랑이나 날카로운 칼 또는 빠르게 달리는 교통수단 등이 공유하는 속성이 아니다. 그것은 이런 모든 것들이 **사람들을** 해칠 수 있다는 사실을 다소 과장된 방식으로 표현한 것에 지나지 않는다.

이런 논의를 납득할 수 있는가? 일반적으로 우리는 사물의 고유한 속성이라고―논의 대상이 되는 사물이 진정으로 지니는 속성으로서 그것이 어떤 장소에 위치하며 그것을 누가 다루는가와 무관하게 그 사물의 속성이라고―불리는 바와 이런 고유한 성질을 지니는 대상들이 우리에게 보이거나 느껴지는 방식에 관한 사실들은 서로 구별될 수 있다고 생각한다. 흔히 전자는 제1성질로, 후자는 제2성질로 불린다(이런 용어의 사용은 거의 17세기까지 거슬러 올라간다).

이런 용어에 포함된 기본 개념을 파악했다면 다음의 질문을 던져보자. 제2성질(우리가 대상을 경험하는 방식에 관한 사실)은 어디서 끝나며, 제1성질(대상 자체에 관한 사실)은 어디서 시작되는가?

앞서 예를 들었던 간지러움과 위험함에 더해 무언가가 단맛이 난다든지 사과 같은 냄새가 난다는 등의 언급을 제2성질의 목록에 올릴 수 있음은 매우 분명한 듯하다. 이런 표현은 대상 자체가 어떻게 존재하는가보다는 대상에 의해 우리가 어떤 영향을 받는가를 기술한다. (나는 여기서 양모가 간지럽지 않다고 말하려는 것이 아님과 마찬가지로 설탕이 달다는 말이 참이 아니라고 말하려는 것이 아니다. 오직 이런 표현이 참이라는 근거가 무엇인지를 명확히 밝히려고 할 뿐이다.) 색을 나타내는 단어들은 제2성질의 대표적인 예이다. 무언가가 암갈색이라는 말은 그것의 표면이 지닌 고유한 성질들이 일반적인 태양광선이라는 조건 아래서 정상적인 시각을 지닌 사람에게 암갈색으로 보인다는 말이다.

그렇다면 무엇을 제1성질의 예로 들 수 있는가?

앞서 나는 양모의 간지러움이 양모 섬유질이 섬세함과 빳빳함을 지닌다는 사실에 의존한다고 말했다. 그렇다면 섬세함과 빳빳함이 제1성질인가?

전혀 그렇지 않다. 섬세함은 명백히 상대적인 속성이다. 현재의 의미에서 무언가가 섬세하다는 말은 그것이 흔히 사람들이 그것과 비교하는 같은 종류의 다른 것들에 비해 상대적으로 섬세하다는 말이다. 만일 우리

가 양모 안에서 사는, 현미경으로나 보이는 매우 작은 존재라면 우리는
양모의 섬유질을 큰 나무줄기만큼이나 굵고 단단한 것으로 여길 것이
며 누군가가 그것을 가늘고 섬세하다고 묘사한다면 (우리의 매우 작고
거의 들리지 않는 소리로) 웃음을 터뜨리고 말 것이다. 뻣뻣함도 이와
마찬가지이다. (현재의 경우) 뻣뻣함은 상대적으로 구부리기 어려운
속성을 의미한다. 하지만 양모의 뻣뻣함은 책 표지의 뻣뻣함과 비교하
면 아무것도 아니며, 만일 우리가 이런 것들을 '뻣뻣하다고' 묘사하는
말을 하마가 듣는다면 (커다란 입을 벌리고 큰 소리로) 웃을 것이다.
어떤 사물의 섬세함이나 뻣뻣함이 우리가 그것에 대해 생각하면서 우
연히 갖게 되는 성질에 지나지 않는다면 이들은 명백히 제2성질에 속
한다. 그렇다면 제1성질은 어디에 있는가?

　우리가 찾으려 하는 제1성질은 그 사물 자체 이외에는 다른 어떤 것
과도 무관한 속성이다. 간지러움, 위험함, 맛, 색, 섬세함과 뻣뻣함 등
은 모두 제1성질이 되기 위한 판정 기준을 통과하지 못한다. 이들은 모
두 대상 자체와만 관련되는 것이 아니라 다양한 방식으로 사람들과 상
호작용을 한 결과이기 때문이다. 이런 작용을 전혀 하지 않는 속성에는
어떤 것이 있는가?

　데카르트는 제1성질의 목록에 항상 크기, 형태, 위치 그리고 운동을
포함시킨다(『원리』, 4.187). 양모가 (또는 다른 어떤 물질적 대상이)
지닌 고유한 것은 무엇인가, 그것은 그 자체로 무엇인가, 무엇이 그것을
현재와 같이 존재하는 것으로 만드는가 등의 질문을 통해 그 대상을 구
성하는 물질이 배치된 방식을 물을 수 있다. 따라서 양모의 섬세함으로
인식되는 바는 양모가 0.03밀리미터의 굵기라는 특성을 지닌다는 점
을 의미하며, 양모의 뻣뻣함은 그것의 여러 부분이 서로 연결되어 있
어서 몇 그램 이상의 압력이 가해져야만 구부러진다는 식으로 설명될

수 있다.

이런 논의가 의미를 지니는가? 데카르트가 몇몇 특정한 속성들을 제1성질로 여기는 까닭은 자신의 기계론 때문이다[3.2.4]. 우리가 세계를 기계론적으로, 곧 물체의 서로 다른 부분들이 서로 접촉하고, 밀고, 압박하고, 진동하고, 충돌하는 다양한 방식의 결과로 설명하려 한다면 대상의 본질로 여겨야 하는 바는 형태, 크기, 운동, 그리고 각 부분의 위치이다. (그리고 만일 세계를 수학적으로 설명하려 한다면 이런 기계론적 속성들을 수로 표현되는 값을 통해 나타낼 수 있다.)

현재 우리는 물론 훨씬 더 복잡한 물리학을 알고 있으므로 우리가 제시하는 제1성질의 목록은 다소 다를지도 모르겠다. 예를 들면 우리는 전하량을 물질적 대상의 관찰 가능한 속성들을 설명하기 위해 반드시 필요한, 분리할 수 없는 특성으로 여길 수 있으며 그렇다면 전하량은 제1성질이라고 말할 수 있다. 어쨌든 우리가 파악해야 할 핵심 논점은 다음과 같다.

1. 오늘날 대부분의 사람들은 제1성질과 제2성질 사이에 본질적이고 중요한 구별이 존재한다는 데카르트의 생각에 동의할 것이다.

   • 우리는 어쩌면 제1성질과 제2성질의 세부 목록에 대해서는 데카르트의 생각에 동의하지 않을지도 모른다. 하지만 그런 목록이 만들어질 수 있다는 점에 대해서는 동의할 것이다.

   • 이런 사실은 대부분의 사람들이 이 구별에 대해 한 번도 들어본 적이 없다 할지라도 여전히 참이다. 우리들 대부분에게 이 구별은 분명히 말하거나 인정하지 않더라도 통용되는 철학적 가정의 일부이다. 우리는 이런 가정을 통해 우리를 둘러싼 세계를 이해하는 다양한 방식을 체계화한다[3.2.9].

2. 이 구별을 받아들이는 것은 곧 우리가 일상적인 표현에서 대상에 속한 것으로 여기는 많은 속성들이 사실은 존재하는 바대로의 대상 자체의 특성이 아니라 대상과 우리가 관계를 맺는 방식의 특성이라는 점을 받아들이는 것을 의미한다.

 • 사물이 우리에게 나타나는 방식은 그것이 그 자체로 존재하는 방식 그리고 우리가 그것을 다루는 방식으로부터 도출되거나 설명된다.

3. 따라서 오직 대상의 제1성질의 목록을 제시함으로써 그 대상을 완벽하게 기술하는 일이 이론상 가능할 것이다.

 • 이런 완벽한 기술이 우리에게 제공하는 바는 사물 자체에 대한 순수하게 객관적이며 개인과 무관한 설명, 곧 완벽한 과학이 인식하는 바로서의 대상일 것이다.

4. 지금 우리는 이 구별을 당연시하지만 데카르트가 살았던 당시에 이는 어떤 근거를 통해 옹호할 필요가 있는, 상당히 급진적인 새로운 발명이었다.

 • 당시의 철학적 정통설은 이런 구별을 인정하지 않았다. 예를 들면 어떤 사물의 색은 그것의 크기와 정확히 동일한 방식으로 간주되는 속성이었다[3.1.11].

이런 설명이 모두 옳다면 데카르트가 선택한 관점을 이해하려는 사람이라면 누구나 다음과 같은 두 가지 질문을 던지리라고 생각된다.

1. 그 어떤 제1성질이라도 진정으로 존재하는가?

 (a) 예를 들어 길이가 3미터라는 속성을 생각해보자. 이는 1미터인 자보다 세 배 길다는 속성과 분리될 수 있는 속성인가? 아니면

어떤 대상의 길이를 잰 사람들이 그렇게 주장하는 것에 가까운 속성인가? 두 경우 모두에서 이 속성은 제2성질에 가까운 것으로 보인다. 이런 경우들을 제외하면 길이에는 무엇이 남는가?

(b) 아인슈타인(Einstein)에 따르면 어떤 사물의 크기는 결코 제1성질이 아니다. 그것은 대상과 관찰자의 상대적인 속도에 따른 함수에 지나지 않는다. 만일 크기와 형태가 제1성질이 아니라면 제1성질은 과연 무엇인가?

(c) 일반적으로 우리가 지닌 세계의 개념에서 우리와 관련이 있는 모든 속성들을 제거하는 일이 가능한가? 이렇게 하고 나면 세계에 대한 어떤 의미 있는 설명이라도 남을 것인가? 과연 우리에게는 객관적인 관점이 남을 것인가 아니면 전혀 아무 관점도 남지 않을 것인가[3.6.5]?

2. 데카르트에 따르면 제1성질과 제2성질 사이의 구별은 충분한 의미를 지니는데 그 까닭은 이 구별이 인간 경험에 대한 '이원론적' 설명의 일부이기 때문이다[3.2.6]. 제1성질은 대상이 지닌―신이 인식하는 바대로의, 인간의 순수한 지성이 인식하는 바대로의 대상이 지닌―진정한 속성이다. 반면 제2성질은 대상이 신체를 지닌 인간의 정신에게 느껴지는 방식이다. 과학의 (그리고 종교와 도덕의 [3.3.9]) 임무는 제2성질이 잘못 인도한 인상에서 벗어나 세계를 가능한 한 순전히 지성을 통해 인식하도록 이끄는 것이다. 이런 방법을 통해서 우리는 진정으로 존재하는 바대로의 세계를 인식할 뿐만 아니라 신이 세계를 창조할 때 드러냈던 비감각적인 신의 지성을 우리 자신의 사소한 방법으로나마 파악할 수 있게 된다. 그런데 이 구별에서 형이상학적이고 심리적인 모든 기초를 제거한다면 왜 우리는 이런 구별을 주장하려 하는가?

연결고리

- 데카르트의 기계론은 3.2.4에서 설명된다.
- 그의 '이원론'은 주로 3.2.6에서 설명된다.
- 제1성질과 제2성질을 구성하는 부분에 관한, 더욱 폭넓은 형이상학적 질문은 3.6.5에서 제기된다.

3.2.6 논의 8

데카르트의 '이원론': 일원론, 다원론 그리고 이원적인 생명

데카르트 철학의 가장 유명한 관점 중 하나는 바로 그의 이원론—곧 정신과 육체가 본질상 서로 구별된다는 그의 믿음이다. 심리철학의 교과서들은 거의 모두 '데카르트의 이원론'과 더불어 논의를 시작한다 (하지만 그가 진정으로 생각했던 바가 무엇인지를 이해하려는 시도는 하지 않는 경우가 흔하다). 하지만 한 가지 중요한 의미에서 데카르트는 전혀 이원론자가 아니다.

존재론의 영역에서 일원론자는[3.2.9] 오직 한 가지 실체만이 존재한다고 생각하는 사람이다—그는 우리에게 드러나는 현상과는 반대로 존재하는 모든 것은 실제로는 유일한 한 가지 것의 부분 또는 양상이라고 주장한다. 정확히 이런 의미에서 스피노자(Spinoza)는 일원론자이다. 그렇다면 이원론자는 두 가지 실체가 존재한다고 생각하는 사람이어야 한다. 하지만 데카르트는 이렇게 생각하지 않는다. 위와는 약간 다른 의미에서 일원론자는 유일한 한 종류의 실체만이 존재한다고 믿는 사람이라고 말할 수 있다. 그런데 이런 생각은 스스로 다원론자임을 공언했던 라이프니츠(Leibniz)까지도 일원론자로 부를 수밖에 없도록 만드는 뜻밖의 결과를 낳는다. (라이프니츠는 우리의 신체를 구성하는 모든 세포와 이런 세포를 구성하는 무한히 작은 하위 세포들 모두가 명백히 신이 창조한 개별적인 실체라고 믿었다.) 이런 의미에서 데카르트가 이원론자라는 말은 곧 그가 수많은 정신과 수많은 육체가 존재하는데 이들이 모두 서로 다른 두 종류의 실체라고 주장했음을 암시한다. 하지만 그는 이렇게 생각하지 않았다.

그렇다면 그는 실제로 어떻게 생각했는가? 그리고 왜 모든 사람이 그를 이원론자라고 부르는가?

데카르트의 존재론은 기묘한 종류의 합성물이다. 물질세계에 관한 한 그는 (비록 그가 사용하는 용어가 그리 엄밀하지는 않지만) 명백한 일원론자이다. 그는 신이 오직 하나의 물질적 대상만을 창조했는데 이것이 물질세계를 구성하는 오직 하나의, 연장성을 지닌 덩어리라고 생각한다. 이 덩어리 안에 있는 모든 '개체들'은 오직 이 하나의 실체가 드러나는 양태들일 뿐이다—전반적으로 보면 개체들은 통상 상대적인 운동에 기초해 개체화되며, 서로 충돌해 자신의 근거가 되는 운동을 다른 개체에게 나누어줄 경우 소멸된다[3.2.4]. 반면 정신의 영역에서는 상황이 전혀 다르다. 개별적인 정신은 유일한 정신적인 연속체가 드러내는 양상이나 부분이 단연코 아니다. 각각의 정신은 서로 분리된 사고하는 실체로서, 다른 모든 정신과 '명백히 구별된다'[3.6.2]. 각각의 정신은 분명히 신이 직접 창조한 것으로서, 신이 파괴하려고 선택하지 않는다면 결코 소멸되지 않는다. 달리 말하면 정신의 세계와 관련해 데카르트는 철저한 다원론자이다.

물질의 영역에서 사실 모든 것은 하나의 덩어리의 일부이다. 그리고 몇몇 사람들로 하여금 마치 신의 존재와 같이 불멸하는 영혼의 존재를 믿도록 이끄는 요소는 오직 단순한 자연주의 이론과 결합된, 종교 권위자들에게 영합하려는 성향에 지나지 않는다[3.3.9].

　데카르트가 물질과 관련해서는 일원론자이며, 정신과 관련해서는 다원론자라면 그가 항상 이원론자로 알려지는 까닭은 무엇인가? 그 까닭은 (그가 서로 다른 두 종류의 존재를 허용한다는 사실 주변을 맴돌면서 몹시 갈팡질팡하는 모습을 보인다는 점을 무시한다면) 바로 그가 인간에 대해 그리고 인간 생명에 대해 근본적으로 이원론적인 설명을 제시하기 때문이다.

1. 데카르트의 생리학

우선 예비적 논의를 잠시 전개해보자. 산 사람과 죽은 사람의 차이는 무엇인가? 때로 둘 사이의 차이를 말하는 것은 매우 어려운 일이다. 최소한 죽은 후 잠시 동안은 죽은 사람도 산 사람과 똑같이 보인다. 설령 죽은 사람을 잘게 자른다 해도 산 사람에게는 있는데 죽은 사람에게는 없는, 그 어떤 것도 발견할 수 없다. 경험적인 관점에서 관찰해보면 유일한 차이는 죽은 사람이 하지 않는 일을 산 사람은 한다는 것뿐이다―곧 산 사람은 숨을 쉬고, 먹고, 주변을 돌아다니고, 말하고, 코를 파고, 텔레비전을 본다. 우리 모두 동의하듯이 산 사람은 죽은 사람에 비해 훨씬 생기가 있다고 말할 수 있다.

　'생기가 있다'(animated)는 말은 물론 라틴어 단어 '아니마'(anima)와 관련되는데 이 단어는 그리 엄밀하지 않게 말한다면 '영혼'(soul)과 동의어이다. 아리스토텔레스가 식물과 돌의 차이를 말하면서 식물은 식물적 '영혼'을 지닌다고 지적했을 때 그가 의미한 바는 식물은 돌이 할 수 없는 다양한 일들을, 곧 영양분을 흡수하고, 성장하고, 계절에 따라 변하고, 번식하는 등의 일을 한다는 관찰에 기초한 단순한 주장 이상은 아니었던 듯하다. 또한 그가 동물(animal, 여기에도 '아니마'라는

단어가 포함된다)은 동물적 영혼을 소유한다는 점에서 식물과 구별된
다고 말했을 때 의미한 바는 동물은 여러 가지 일을, 대표적으로 주변
을 돌아다니는 일을 할 수 있음에 비해 식물은 그렇게 할 수 없음을 지
적한 것에 지나지 않는다. 다시 한번 그가 인간은 제삼의, 이성적 영혼
을 지닌다고 말했을 때 의미한 바 또한 인간은 동물이 할 수 없는, 말하
고, 추론하고, 자신이 무엇을 해야만 하는가에 대해 사고하는 일을 할
수 있다는 단순한 사실기술적인 주장을 편 것에 지나지 않는다.

하지만 데카르트의 시대에 이르러 아리스토텔레스의 사실기술적이
고 생물학적인 설명은 한동안 잊혔다가 재발견되면서 타락하고, 변형
되고, 기독교화되어 당시 거의 죽어가던 지적, 정치적 체계를 억지로
지지하는 데 사용되었다. 따라서 당시 그것은 아리스토텔레스가 원래
고안했던 체계와는 전혀 다른 것이었다. 특히 (이제 나는 내가 언급하
려는 논점에 접근하려 하는데) 사람들은 '영혼'이라는 용어에 아리스
토텔레스가 결코 고려하지 않았던 설명적인 역할을 부여하려 들었다.
곧 그들은 산 사람이 사고하고 책을 읽을 수 있는 까닭은 바로 이성적
영혼을 지니기 때문이며, 죽은 사람이 텔레비전을 시청할 수 없는 이
유는 그의 영혼이 육체를 떠났기 때문이라는 식으로 말하기 시작했
다─하지만 이는 아리스토텔레스의 원래 의미에 비추어보면 사람들이
생각할 수 있기 때문에 생각할 수 있고, 사람들이 살아있기 때문에 살
아있다는 동어반복에 지나지 않는다. 달리 표현하면 영혼은 인간 행동
의 특징적인 유형이 아니라 사람들이 특징적인 방식으로 행동하는 원
인을 제공하는, 분리된 무언가로 생각되기 시작했다. (영혼이 '구체화'
또는 '실체화'되었다고 말할 수 있다.)

데카르트 자신은 이런 견해를 제2성찰에서 요약해 제시하는데 이 대
목에서 사고하는 자는 자신이 항상 영혼을 '바람이나 불꽃, 공기와 비

3장 본문 읽기   131

슷한 미세한(exiguum/rare et subtile) 무언가로서, 이보다 견고한 내
신체의 여러 부분에 퍼져있는 것으로' 여기는데, 자신이 먹고, 움직이
고, 지각하고, 사고하는 이유를 이 영혼이 설명해준다고 말한다(26).
하지만 데카르트의 이원론을 제대로 파악하기 위해 가장 먼저 알아야
할 점은 비록 데카르트가 우리들 각각이 사고하는 영혼을 개별적으로
지닌다고 말하지만 이런 수준 낮은 아리스토텔레스적인 이론은 완전히
틀렸다고 생각한다는 사실이다.

그렇다면 데카르트는 산 사람과 죽은 사람의 차이는 무엇이라고 생
각하는가? 그는 이 차이가 작동하는 냉장고와 작동하지 않는 냉장고의
차이와 정확하게 같다고 생각한다. 그는 인간의 신체를 기계론적인 로
봇으로 여긴다. 신체의 생명은 살아 움직이는 듯한 바람이나 불꽃과 같
은 신비적인 산물이 아니라 이 크고 복잡한 유기체를 구성하는 부분들
이 일상적인 영향을 미치면서 서로에게 작용한 결과에 지나지 않는다.
예를 들면 유기체가 성장하는 까닭은 그가 섭취한 음식물이 위와 장에
서 작은 입자들로 분해되고 흡수된 후 주로 혈액 순환을 통해 신체의
각 부분들로 분산되고, 이들이 팔다리와 여러 기관에 점차 축적되어 여
러 기관을 이전보다 크게 만들기 때문이다. 신체의 연료가 떨어지면 유
기체는 음식물을 찾는다. 유기체는 주변 환경에 민감하게 반응하므로
이렇게 할 수 있다. 이를 가장 잘 드러내는 경우로 눈의 수정체가 밝은
빛에 초점을 맞추어 주변 세계에 대한 상을 형성하고, 이런 상이 우리
에게 길을 알려주는 것을 들 수 있다. 유기체는 근육의 확장과 수축을
통해 운동하는데, 확장과 수축은 입자들이 신경을 따라 놀랄 정도의 빠
른 속도로 흐름으로써 발생한다. 유기체가 위험에 처하면, 예를 들어
손이 가장 활발하게 운동하는 불의 입자에 가까이 접근하면 피부의 감
각점이 입자의 흐름을 느끼게 되는데 이를 통해 우리는 재빨리 손을 거

두어들이고, 고개를 돌려 문제의 원인을 발견하고, 필요하다면 다리 근육을 긴장하게 만들어 위험에서 도망치는 등의 행동을 한다.

이런 모든 주장이 살아있는 사람의 신체에 대해 적용된다면 비록 복잡성의 수준이 다를지는 몰라도 이는 또한 살아있는 동물에게도 적용된다. 사실 인간은 매우 복잡하고 정교한 기계장치인데, 비교적 쉽게 망가지기도 한다. 인간이 큰 외상을 입으면 기계장치의 운행 체계가 망가져 더 이상 작동하지 않게 되는데 이를 우리는 죽임을 당했다고 표현한다. 특히 시간이 많이 흘러 기계장치의 여러 부분이 낡으면 제대로 작동하지 못하게 되고 결국 전체 체계가 붕괴되어 작동을 멈추는 지점에 이르게 되는데 우리는 이를 누군가가 자연사했다고 말한다.[9]

위의 주장이 모두 참이라면 과연 영혼은 어디에 존재하는가? 데카르트는 인간이 할 수 있는 일들 중 일부는 위와 같은 방식으로 설명할 수 없으며, 이런 사실은 우리가 그저 기계론적인 로봇 이상의 무언가임을 보여준다고 말함으로써 이 질문에 대해 간단히 대답한다[3.2.8].

지금까지 데카르트가 생각한 신체에 대해서는 어느 정도 살펴보았다. 그렇다면 데카르트가 생각한 정신은 과연 무엇인가? 이에 대한 대답은 다음과 같다.

2. 데카르트의 영혼 또는 정신에 관해 알아야 할 열 가지 사실

1. 정신은 그 어디에도 존재하지 않는다. 정신이 우리 신체 중 머리나 눈의 안쪽 또는 다른 어디에라도 존재한다고 생각해서는 안 된다. 정신은 우리의 옷장 안에 존재하지 않는 것과 마찬가지로 우리의 신

---

9   데카르트의 생리학을 요약해서 파악하려면 Cottingham, Stoothoff and Murdoch, I.314-24에 수록된 *Description of the Human Body*의 발췌 번역이 큰 도움이 된다.

체 안에도 존재하지 않는다. 정신은 비물질적인 것이며 공간의 연속체와는 전혀 무관하므로 어떤 공간적 좌표도 지니지 않는다. 데카르트에 따르면 두 종류의 것이 존재하는데 그 중 하나는 물체이다. 그리고 다른 하나는 비물질적이고 비공간적이지만 물체와 마찬가지로 실재하는, 정신 또는 영혼이라고 불리는 것이다[3.2.8].

2. 정신은 비물질적이므로 문자 그대로의 의미에서 우리의 신체에 속하지 않지만 신체의 상태를 예민하게 파악한다. 위에서 들었던 예처럼 우리가 손을 불 가까이에 대면 신체의 반응에 더해 다른 어떤 일이 일어나는데 그것은 바로 우리의 정신이 신체의 고통을 의식하는 것이다.

이런 설명을 의미 있게 만드는 최선의 방법은 다음과 같은 것으로 생각된다. 우리가 기억을 0.5초 이상 할 수 없다고 상상해보자. 하지만 우리는 여전히 살아있다. 우리는 (매우 짧은 동안이지만) 여전히 쾌락과 고통 등을 느낀다―여전히 일출을 보고, 꽃향기를 맡는 등의 모든 일을 한다. 하지만 우리는 일출이 무엇인지 알 수 없을 것이다. 왜냐하면 우리는 현재의 감각이 우리가 이전에 지녔거나 지닐 수 있었던 다른 감각이나 우리가 현재 인식하거나 과거에 인식했던 다른 것들과 어떻게 관련되는지를 의식하지 못하는 상태에서는 현재의 감각을 일출로 인식할 수 없기 때문이다. 더욱 심각한 문제는 0.5초의 기억만 가지고는 우리가 자신의 감각을 의식할 수조차 없으리라는 점이다―우리는 감각을 인식할 수 없을 것이다. 왜냐하면 우리 자신 안의 어떤 변화도 의식할 수 없기 때문이다. 우리는 순간적인 고통이나 다른 무언가를 느낄 수 있을지는 몰라도 우리가 이전에 지녔던 다른 어떤 상태를 동시에 의식할 수는 없을 것이다. 따라서 우리는 고통이 무엇인지를 파악할 수 없을 것이다. 왜냐하면 고통과는 다른 어떤 것에 대한 개념도 동시에 지닐 수 없기 때문이다. 그리고 더욱 명확하게 드러나는 사실은 우리가 고통을 느끼는 존재가 우리 자신이라는 것의 개념도 지닐 수 없으리라는 점이다. 왜냐하면 우리에게 어떤 일이 일어났다는 사실을 의식하기 위해서는 시간상에서 계속 유지되며 서로 다른 경험을 겪는 존재로서의 우리 자신의 개념이 필요하기 때문이다.

이런 주장이 의미를 지니는가? 데카르트에 따르면 우리의 신체는 구조가 복잡하고 정교하므로 경험을 하고 감각을 지닌다고 말할 수 있다. 하지만 내가 신체의 이런 상태를 인식하는 까닭은 오직 물질세계의 부분인 내 신체와 그 상태를 관찰하는 독립적이고 비물질적인 실재 사이에 어떤 관계가 성립하기 때문이다. 그리고 바로 이 실재가 나의 정신 또는 영혼이다[3.6.1].

3. 나의 신체 상태를 인식하는 것에 더해 나의 정신은 또한 그런 상태를 해석한다. 이 점은 앞서 밀랍 한 조각의 예에서 살펴보았던 바이다 [3.2.3]. 내 신체는 주변을 감각하는데, 내 정신은 신체의 상태를 관찰함으로써 추론을 진행하고 내 주변 세계를 파악할 수 있다. 따라서 내 신체는 단지 불의 뜨거움을 느낄 뿐이지만 내 정신은 그 느낌을 의식하고 그것의 원인이 불이라고 판단한다.

4. 이를 통해 내 정신은 불의 개념을 형성하고, 불이 무엇인지를 이해한다. 이런 이해는 기억과 상들의 다발보다 나을 것이 없는, 그리 엄밀하지 않은 인상의 수준에 그칠 수도 있고 아니면 (내가 데카르트의 저술을 충분히 읽어 인간 생리학과 불의 자연학에 관해 잘 안다면) 정교하고 지적인 것일 수도 있다.

5. 내 정신은 개념을 지니므로 언어를 배울 수 있다. 내 정신은 어떤 소리 및 글자의 형태와 그것에 부여된 개념 사이의 일반적인 관계를

파악하고, 다른 사람들과 소통할 수 있다. 인간의 언어는 단지 기계론적으로 설명되는 동물 '언어'와는 전혀 다른 것이다—동물 언어의 예로는 찌르레기 한 마리가 아침에 크게 울어 주변의 다른 찌르레기들을 깨워 날게 하는 경우, 수사슴이 큰 뿔을 거칠게 흔들어 다른 사슴들을 주변에서 물러나게 하는 경우, 양 한 마리가 겁먹은 울음소리를 내면 다른 양들이 새끼를 돌보러 다가가는 경우 등을 들 수 있다{『방법서설』, 6, VI.56-9}.

6. 내 정신은 내 신체 상태를 의식하는 것에 더해 다른 것들도 의식한다. 정신은 미래를 생각하기도 하고, 기억의 범위를 넘어서서 과거를 생각하기도 한다. 또한 수학, 정부, 국제관계, 12톤 규모, 국교 폐지 조례 반대론 등과 같은 추상적인 것도 생각할 수 있다. 그리고 도덕과 신에 관해서도 생각할 수 있다.

7. 데카르트의 표현에 따르면 감각에 대한 의식에서 추상적 사고에 대한 의식에 이르는 서로 다른 형태의 의식은 모두 지각에 속하는 것이다. 정신이 행하는 사고는 두 가지 형태로 드러나는데 지각은 그 중 하나일 뿐이다. 그렇다면 다른 하나는 무엇인가? 바로 의지작용이다. 내 신체는 음식을 구하고, 위험에서 도망치고, 적을 공격하는 등의 일을 할 수 있다. 반면 내 정신은 선택을 할 수 있다. 신체의 행동은 그것에 작용하는 힘의 결과이므로 항상 가장 강력한 힘이 승리를 거두는 반면 정신은 때로 신체의 열망을 넘어서서 다른 어떤 근거에 따라 행위한다—체중을 줄이기 위해 음식을 먹지 않기도 하며, 결혼 전에 남자친구와 동침하지 않겠다고 할머니와 약속했기 때문에 그렇게 하지 않기도 한다{『원리』, 1.32-42}.

8. 그렇다면 어떻게 정신은 이런 다양한 일들을 하는가? 정신은 어떻게 신체 상태를 의식하며, 어떻게 신체의 행동에 영향을 미치는가? 이

는 이른바 정신과 신체 사이의 상호작용의 문제로 알려진 것인데 데
카르트 철학 체계의 여러 요소 중 가장 많이 논의된 주제이기도 하
다. 그리고 많은 학자들은 이 문제가 데카르트의 전체 체계를 받아
들이기 어려운 것으로 만든다고 생각한다.

　　우리가 지금까지와는 다른 어떤 기계론적인 또는 물리적인 과정을
찾으려 한다면 이런 의미에서 위의 질문에 대한 대답은 존재하지 않
는다.[10] 우리가 살아있는 한 우리의 물질적 신체와 비물질적 정신 사
이의 관계는 의식과 영향이라는 두 가지 방식으로 이루어진다. 이
과정은 어떤 단계나 매개체가 없이 직접, 곧바로 이루어진다. 우리
가 어떤 운동하는 대상이 다른 대상을 운동하게 만드는 방식에 대해
서 더 이상의 설명을 제시할 수 없듯이 (물론 우리는 얼마나 빠르거
나 느리게 또는 어떤 방향으로 운동하게 만드는지는 설명할 수 있지
만 왜 이런 일이 일어나는지에 대해서는 더 이상 말할 수 없다―이
는 단지 단단한 두 대상이 서로 충돌할 때 일어나는 일일 뿐이다)
어떻게 정신과 신체가 상호작용을 하는지에 대해서는 더 이상 설명
할 수 없다. 상호작용은 그저 둘이 행하는 일일 뿐이다{『원리』,
4.197}.

9. 영혼이 떠나기 때문에 신체가 죽는 것이 아니라 이와는 정반대로 신
　　체가 죽기 때문에 영혼이 '떠난다'. 앞서 살펴보았듯이 죽음이란 물
　　리적 원인 때문에 일어나는 물리적 과정이다. 신체가 작용을 멈추면

10　데카르트는 실제 해부를 함으로써 정신과 신체 사이의 상호작용이 이루어지는 곳
이 두뇌의 중앙에 위치한 송과선이라고 생각하게 되었다. 그는 신경 자극을 모아 정신
이 이를 의식하게 하고, 정신이 어떤 결정을 내린 후 이를 다시 신체에 전달하는 작용
을 하는 송과선의 역할을 비교적 상세히 설명했다. 하지만 그가 이런 순전히 물리적인
작용에 대한 설명을 어떻게 정신적인 것과 물질적인 것 사이에 상호작용이 가능한가
라는 질문에 대한 대답으로 제시하려 한 것은 전혀 아니었다.

신체와 영혼 사이의 관계가 끊어진다. 신체는 더 이상 감각하지 않으므로 정신은 이를 의식할 수 없다. 그리고 신체는 더 이상 정신의 결정에 반응할 수 없게 된다(『정념론』, 1.6).

10. 따라서 신체의 죽음은 정신에 아무런 영향도 미치지 않으며 단지 정신의 경험에 변화를 일으킬 뿐이다. 정신은 지금까지 신체와의 관계를 통해 제공되었던, 물질세계를 바라보는 창을 잃을 뿐이다. 정신은 신체와의 관계 때문에 받아들일 수밖에 없었던 잘못된 현상이나 비이성적인 억측에서 벗어나게 된다. 하지만 이런 변화가 정신 자체를 변화시키지는 않는다. 그리고 영혼 자체는 죽을 수 없다. 죽음은 물리적인 과정이며 물질적인 유기체의 붕괴와 중단이기 때문이다. 정신은 물질적인 것이 아니므로 붕괴되거나 부서질 수 있는 부분이 없다. 따라서 정신은 불멸한다(『성찰』의 요약, 13-14).

　　그렇다면 데카르트의 이원론은 존재론적인 이원론이 아니라 인간 생명을 이원적으로 나누어 설명한 것이 된다. 살아있는 사람은 하나가 아니라 두 가지의, 곧 물질적인 것과 비물질적인 것, 낮은 것과 높은 것, 세속적인 것과 신성한 것의 결합이다. 이는 종교와 도덕과 같은 영역에서 우리가 여전히 받아들이는 인간상일 뿐만 아니라 내 생각에는 심리학, 인식론, 형이상학 그리고 정치학에서조차 이런 인간상이 통용되어 개인 및 개인주의의 개념과 밀접하게 연결되는 듯하다. 현재 우리의 목적과 관련해 더욱 중요한 점은 이런 인간상이 내가 객관성의 문제라고 불렀던 바를[2장] 해결하려는 데카르트의 시도 전반의 기초를 형성한다는 것이다. 데카르트의 이원론은 참인가? 만일 참이 아니라면 우리는 이 이론이 없이도 객관성의 문제를 해결할 수 있는가?

연결고리

- 존재론의 개념은 3.2.9에서 설명된다.
- 정신과 신체의 분리를 옹호하는 데카르트의 논증은 3.2.8에서 검토된다.
- 정신과 신체가 어떻게 관련되는지에 대한 더욱 상세한 논의는 3.6.1에서 등장한다.

3.2.7 논의 9

자아는 존재하는가?(1): 코기토, 리히텐베르크 그리고 존재론의 가능성

나는 3.2.2의 주석에서 설령 코기토가 제대로 작동한다 할지라도 거의 증명하는 바가 없다고—나의 존재, 곧 내가 나 자신이라고 인식하는, 신체와 개성 그리고 나름대로의 내력과 관심 등을 지니는 사람의 존재가 아니라 단지 현재 이런 생각을 하고 있는 사고하는 사람의—그가 무엇이든 간에—존재를 증명할 뿐이라고 말했다[3.2.2]. 하지만 코기토는 과연 이런 사람의 존재라도 제대로 증명하는가?

제2성찰의 첫머리를 보면 '사고'가 계속 진행된다는 점은 분명히 드러난다. 회의가 계속되는데 이는 질문을 던지고 답하는 과정이다. 만일 이런 모든 것의 배후에 교활한 악령이 존재한다면 사고도 오해일 수 있음이 확실하다. 하지만 심지어 오해가 존재하기 위해서라도 사고는 반드시 존재해야만 한다. 하지만 계속 진행 중인 사고가 존재한다는 사실이 과연 사고하는 사람이 존재해야만 한다는 점을 의미하는가?

이 질문은 항상 철학자인 동시에 물리학자였던 리히텐베르크(Georg Lichtenberg)[11]와 관련해 등장한다. 그는 사고를 번개에 비유했다. 우리가 번개 치는 것을 계속 보더라도 번개를 일으키는 자가 존재해야 한다고 가정하지 않는다. 그런데 왜 사고가 존재한다고 해서 사고하는 사람이 존재해야 한다고 결론지어야 하는가?

이에 대해 어떻게 생각하는가? 두 경우가 서로 동일한가?

몇몇 사람들은 리히텐베르크의 주장에 반대해 설령 번개로부터 번개를 일으키는 자로 넘어갈 수 없다는 그의 주장이 옳다 할지라도 번개의 근거가 되는 무언가가 존재한다는 점으로는 넘어갈 수 있다고 생각한다. 번개는 어쩌면 토르(Thor) 신이 휘두른 망치에서 생겨난 불꽃일지도 모르며, 외계인의 우주선이 남긴 흔적일 수도 있고, 구름에 의해 생성되는 전기를 띤 입자 때문에 발생할 수도 있다. 번개가 무엇이든 간에 그 배후에는 번개를 일으키는 무언가가 존재한다—곧 번개를 일으키는 무언가가 존재하지 않는다면 번개 또한 존재할 수 없을 것이다. 그렇지 않은가?

이제 무엇이 문제인지를 명확히 밝혀보자. 지금 문제가 되는 것은 번개의 원인이—곧 번개를 일으키는 무언가가 또는 번개를 일어나도록 만드는 어떤 앞선 사건이—존재해야 하는가 그렇지 않은가가 아니다. 문제는 오히려 번개 그 자체가 무엇인가—번개가 어떤 종류의 것인가—이다. 어떤 사건이, 곧 불꽃이 발생한다는 점은 명확하다. 그렇다면 그 사건의 주변을 둘러싼, 그 안에서 사건이 발생하는 무언가가 반드시 존재해야만 하지 않는가? 그저 사건만 존재할 수는 없다. 사건은 무언가에 대해서 일어나야 한다. 사건은 무언가의 (또는 무언가들의) 단계, 과정 또는 일련의 여러 일들 중 하나임에 틀림없다. 그렇지 않은가? 이는 번개에 관한 사실이 아니라 사건에 관한 사실이다. 사건은 그저 일

11 I.436. 리히텐베르크(1742-1799)는 철학계에서 오직 한 가지 사실로 명성을 얻은 인물로, 대부분의 사람들에게 이와 같은 지적을 한 인물로만 알려져 있다.

어날 수 없다. 사건이 영향을 미치는 무언가가 반드시 존재해야만 한다.

이와 같은 유형의 생각이 여러 속성에 적용된다. 노란색이 존재한다면 노란색을 띤 무언가가 반드시 존재해야 한다. 유용성이 존재한다면 유용한 무언가 또는 무언가들 또한 반드시 존재해야 한다는 등의 예를 들 수 있다.

이런 유형의 생각이 의미를 지닌다면 번개의 경우는 사실상 코기토와 매우 유사하다. 코기토에서도 문제가 되는 것은 나의 사고의 원인이 되는—내가 행하는 일련의 사고를 시작하게 하는 또는 나를 이런 방식으로 사고하게 만드는—무언가가 반드시 존재해야 한다는 점이 아니다. (사고의 원인이 존재한다는 점은 참일지도 모르지만 이는 코기토가 추구하는 바가 아니다.) 핵심 논점은 오히려 만일 사고가 계속 진행된다면 자신 안에서 그런 사고를 진행하는 무언가가 반드시 존재해야 한다는 점이다. 마치 스스로 주변을 둥둥 떠다니는 듯한 사고 행위는 있을 수 없다. 만일 사고 행위가 존재한다면 그런 사고 행위를 수행하는 무언가가 반드시 존재해야 한다. 사건이 스스로 영향을 미치는 무언가를 필요로 하고, 속성이 자신을 지니는 무언가를 필요로 하듯이 행위는 행위자를 필요로 한다.

그렇다면 지금까지의 논의는 데카르트에게 유리하게 전개된 듯하다. 우리는 자신의 안에서 사고를 진행하는 무언가, 곧 사고를 행하는 무언가가 존재하지 않는다면 사고 또한 진행될 수 없다고 주장함으로써 리히텐베르크의 반박을 물리친 듯이 보인다. 하지만 이는 또 다른 문제를 일으키는데 나는 이것이 사실상 리히텐베르크가 제시하려 했던 진정한 논점이라고 생각한다. 이 문제는 간단히 다음과 같은 질문으로 표현된다. 왜 우리는 사건이나 행위, 속성 등이 그 자체만으로는 존재할 수 없다고 생각하는가? 우리의 생각을 지지하는 어떤 논증이 성립하는가 아니면 이런 생각은 단지 깊이 뿌리박힌 일종의 선입견에 지나지 않는가?

이 질문은 매우 심오하고 중요한 것이다. 왜 우리는 분홍색을 띤 무언가가 없다면 분홍색 자체가 존재할 수 없다고 믿는가? 왜 사고하는 무언가가 없다면 사고 자체가 존재할 수 없다고 믿는가? 여기서 우리는 우리의 가장 기본적인 존재론과 충돌하게 된다[3.2.9]. 우리들 대부분은 세계가 생명체까지도 포함하는 넓은 의미에서 사물들의 세계라는 점을 당연시한다. 그리고 사물 이외에 우리가 존재한다고 여기는 모든 것은—속성, 사건, 행위, 과정 등은—그 자체만으로는 존재할 수 없으며 오직 사물의 존재에 의지해서만 존재할 수 있다고 생각한다. 여기서 우리의 이런 생각이 어디서 유래하는가라는 질문이 제기된다. 왜 우리는 대상 중심의 존재론을 지니는가?

이와 관련해 코기토를 분석해보면 다음과 같은 질문이 등장한다[3.2.1]. 코기토는 오직 데카르트가 모든 사고하는 것은 존재하는 것이라는 특별한 전제를 채택할 경우에만 작동하는가? 만일 그렇다면 그는 이런 전제를 도입할 자격이 있는가? 내가 앞서 말했듯이 그의 대답은 결국 우리가 만일 사고가 정신적 행위라는 점을, 곧 사고하는 존재가 행하는 무언가라는 점을 모른다면 우리는 사고가 무엇인지를 아예 모른다는 것이다. 따라서 코기토는 사고하는 존재를 전제한다. 하지만 그는 이것이 어떤 특별한 전제의 도입을 의미하지는 않는다고 말하면서 우리가 코기토를 받아들이기에 앞서 알아야 할 바는 오직 '사고'의 의미라고 (물론 '나', '따라서', '존재한다'의 의미와 더불어) 주장한다.

그의 주장이 옳게 보이는가? 세계가 사물들의 세계라는 우리의 믿음은 우리가 최소한 지적으로 사고하려면 당연히 인정해야 하는 필연적 진리인가? 아니면 그저 우리가 우연히 지니게 된 하나의 이론, 곧 우리 모두가 당연시하지만 이를 정당화하려면 어떤 논증이 필요한 주장에 지나지 않는가?

이 질문은 너무 크고 폭넓은 것이라서 여기서 해결하기는 어렵지만 우리가 출발점으로 삼을 만한 바는 아래와 같다.

세계가 결국은 어떤 종류의 대상으로 (어쩌면 사람과 식물 같은 일상적인 대상으로, 어쩌면 원자나 원자보다 더욱 작은 미립자로, 아니면 데카르트가 생각한 물질적 연속으로[3.2.4]) 구성된다는 믿음은 보기와는 달리 세계가 구성된 방식에 대한 진정한 진리가 아니라 우리가 사용하는 언어의 작용에 지나지 않는다. 영어는 인도유럽어족에 속하는 대부분의 언어와 마찬가지로 주로 명사와 동사, 형용사로 이루어진다. 영어로 무엇이든 간에 무언가에 대해 말하고 생각한다는 것은 무언가가 무언가를 행한다고 또는 무언가가 다른 방식이 아닌 어떤 방식으로 존재한다고─예를 들면 태양은 빛나고, 잔디는 녹색이라고─말하고 생각하는 것이다. 이는 우리의 언어가 자연이 지닌 구조의 본성과 일치하기 때문인가? 곧 우리가 대상들로 둘러싸인 세계에 속하므로 그런 대상들을 지시하는 단어들로─명사들로─우리의 언어를 체계화하는 것이 자연스럽다고 여겨서 대상들이 어떻게 존재하며 그들이 무엇을 행하는지에 대해 말하기 때문인가? 아니면 이와는 정반대로 우리가 우연히 명사 중심의 언어를 사용하게 되어 별 생각 없이 무의식중에 우리의 언어가 제공하는 범주를 통해 세계를 묘사하게 되고 따라서 세계를 사물들의 집합으로 여기게 되는가? 또한 우리가 형이상학을 탐구하면서 자연의 본성에 관한 깊은 진리를 발견했다고 생각할 때 우리는 그저 거울에 비친 우리 자신의 모습을 바라보면서 흥미롭고 새로운 무언가를 깨달았다고 여기는 것은 아닌가?

연결고리

• 존재론의 본성에 대한 탐구는 3.2.9에서 더욱 자세히 이루어지며,
3.3.6에서도 이어진다.

• 데카르트의 존재론은 3.2.4와 3.2.6에서 설명된다.

3.2.8 논의 10

자아는 존재하는가?(2): 나는 내 신체와 분리된 정신을 지니는가?

이제 코기토가 제 역할을 다해 우리 자신의 존재를 확신할 수 있도록
해준다고 가정하자[3.2.1]. 따라서 리히텐베르크의 주장이 틀렸다고
가정하자. 곧 나는 사고가 진행된다는 점뿐만 아니라 사고하는 무언가
가 나라는—곧 이제 분명히 확립된 어떤 종류의 자아로서의 나라
는—점도 인식한다[3.2.7]. 위의 제2성찰 원전에서(25-6) 사고하는
자는 자아를 소유한다는 것은 명백히 그저 신체를 지니는 것 이상의 무
언가라고 말한다. 자아가 없는 시신도 신체는 지니기 때문이다. 하지만
현재 단계에서 사고하는 자는 다소 명확하지 않은 방식으로 자신의 자
아가 자신의 신체에 의존할 가능성을 열어둔다. 그는 제6성찰에 이르
러서야[3.6.2] 이 문제를 다시 다루는데 거기서 그는 자신의 자아가 자
신의 신체와 명백히 분리되어 있으며, 신체가 없이도 존재할 수 있다는
결론에 이른다.

　이렇게 이 문제를 뒤늦게 다룬 까닭은 데카르트가 정신과 신체의 구
별을 옹호하는 자신의 논증을 제시하기에 앞서 자신이 사용하려는 유
형의 논증을 정당화하려 하기 때문이다—그리고 이 과정은 제6성찰에
이르러서야 마무리된다. 하지만 데카르트의 자아 개념을 파악하는 일

은 『성찰』 전체를 이해하는 데 무척 중요하므로 나는 여기서 그의 주장 전반을 살펴보고, 그가 이후에 사용하려는 논증이[3.4.1] 타당한지를 검토하려 한다. 나는 내가 데카르트의 영혼, 정신 또는 자아라고 여기는 바가 어떤 종류의 것인지를 설명했으며, 그것이 어떻게 신체와 관련되는지에 대한 내 생각을 3.2.6에서 제시했다. 이제는 정신과 신체가 서로 분리된 것이라고 믿을 만한 어떤 충분한 근거라도 우리에게 주어지는가 그렇지 않은가라는 질문을 검토하려 한다.

하지만 이 질문은 수많은 방향으로 전개될 수 있으므로 앞으로 보게 되듯이 데카르트가 채용한 하나의 결정적인 유형의 증명을 통해서는 해결될 수 없는 듯하다. 따라서 나는 이를 네 부분으로 나누어 살펴보려 한다.

1. 비물질적인 것이 존재할 수 있는가?
2. 한 개인에게는 자신의 신체 이상의 무언가가 존재하는가?
3. 나의 정신은 나의 신체가 없이도 존재할 수 있는가?
4. 나의 정신은 그 어떤 신체가 없이도 존재할 수 있는가?

데카르트는 이런 질문 모두에 대해 '그렇다'라고 답한다. 우리 자신의 생각은 어떤가?

1. 비물질적인 것이 존재할 수 있는가?
이 질문은 너무 방대한 것이므로 여기서 답하기는 어렵다. 내가 이 질문을 던진 까닭은 오직 우리가 이에 대해 제시하려는 대답이 현재의 주제 전반에 대한 많은 사람들의 반응에 내재되어 있는 듯이 보이기 때문이다. 많은 사람들은 데카르트가 틀렸다고 생각하는데 그 까닭은 그들이 데카르트의 논증에서 어떤 잘못을 발견해서가 아니라 그의 결론이 거짓이라고 확신하기 때문이다. 따라서 사람들은 그의 전제나 추론에 (또는 둘 모두에) 어떤 잘못이 있음에 틀림없다고 생각한다. 또한 우리가 그의 결론이 거짓이라고 생각하는 까닭은 비물질적인 것이 존재한다는 생각을 받아들일 수 없기 때문이다. 정신적인 것들이 어떻게 주변을 둥둥 떠다니듯이 존재할 수 있는가? 정신적인 것들은 시간상에서는 존재하지만 공간상에서는 존재하지 않는다. 또한 물질세계에 속하는 것들에게 영향을 미치고 영향을 받기도 하지만 물질세계의 어떤 부분도 차지하지 않는다. 또한 물질세계와의 어떤 연결점도 파악할 수 없지 않은가?

나는 이것이 데카르트에 대한 완벽하게 합당한 반박이라고 생각한다.[12] 하지만 우리는 여전히 나머지 세 질문에 대해서도 생각해야 한다. 그리고 우리가 나머지 질문에 대해 제시하려는 대답이 지금 질문에 대한 대답과 조화를 이룰 수 없다면 우리는 무언가를 배우게 될 것이다.

하지만 다음 질문으로 넘어가기에 앞서 다음과 같은 질문을 던져보자. 만일 우리가 비물질적인 것이 존재하지 않는다고 생각한다면 우리는 왜 그렇게 생각하는가? 내게는 이런 우리의 생각이 우리들 대부분이 무의식적으로 채택하는 태도, 세계상 또는 존재론, 곧 세계는 오직 그것을 구성하는 물질적인 것들의 총체로 존재한다는 생각으로 보인다 [3.2.9]. 그리고 이런 생각이 의미하는 바는 무언가가 하나 또는 그 이상의 물질적인 것일 경우에만 아니면 어떤 방식으로든 자신을 구성하거나 산출하는 물질적인 것으로 환원될 수 있을 경우에만 실재한다는 점이다. 하지만 우리에게는 이런 견해를 지지할 만한 어떤 충분한 근거라도 있는가 아니면 이는 단지 우리가 물려받은 선입견에 지나지 않는가? 철

---

12 이런 반박을 제기한 인물이 바로 홉스(Hobbes)이다(『반박과 답변』 3: 173-5).

학사의 관점에서 보면 이런 '유물론'의 관점은 단지 소수의 사상가만이 진지하게 수용했던 소수의견일 뿐이다. 그렇다면 우리에게는 다수의 사상가들이 틀렸다고 주장할 만한 논거가 있는가? 아니면 그저 우리가 그렇게 믿기 때문에 그것이 참이라고 생각하는 수준에 그치는가? — 우리는 현대인이며, 이전보다 훨씬 진보했고, 이전 세대가 지니지 못했던 세계상을 통찰하고 있다. 그리고 이것이 우리가 사물들을 바라보는 방식의 일부를 형성한다 — 하지만 이런 방식은 틀림없이 참인가?

2. 한 개인에게는 자신의 신체 이상의 무언가가 존재하는가?

다음과 같은 사고실험을 해보자. 외계 생물이 지구에 왔다. 그들은 매우 작아서 우리는 그들을 알아차리지 못하며, 그들은 탄소에 기초한 형태의 생명을 지니지 않는다. 우리가 그들을 추적한다면 작고 끊임없이 변화하는 불활성 기체의 구름처럼 보일 것이며 약간 메스꺼운 냄새가 날 것이다.

하지만 이들은 고도의 지성을 지닌 존재이다(또는 존재의 집합으로서 끊임없이 새롭고 놀라운 방식으로 결합하여 하나가 되는 듯이 보인다). 이들은 크기가 매우 작고 휘발성을 지니므로 인간이라고 불리는, 무척 큰 근육질의 대상 안으로 침투해 탐험할 수 있다. 이들이 우리를 특별한 탐구 목표로 선택해 우리 몸 안으로 들어왔다(만일 우리가 냄새를 잘 맡는다면 이들을 감지할 수 있을 텐데). 시간이 흘러 이들은 우리 신체의 모든 세포에 대한 완벽한 지식을 형성했으며, 세포 안에서 일어나는 모든 사건을 — 모든 화학 반응 과정과 모든 전기 자극을 — 완벽하게 추적할 수 있게 되었다 — 우리의 신체와 그 안에서 일어나는 일에 관해 이들이 모르는 것은 아무것도 없다. 이제 다음과 같은 질문을 던져보자. 이들은 (이들을 위스파들(Wispas)이라고 부르기로 하자) 우리가 무엇을 생각하는지 알 것인가? 우리가 어떻게 느끼는지를 알 것인가? 우리가 어떤 방식으로 존재하는지를 알 것인가?

내 생각에 이들은 아마 알 수 없을 듯하다―내 두뇌와 신체의 각 부분이 언제, 무엇을, 어떻게 하는지를 아무리 상세히 안다고 해도 이런 지식이 그 자체만으로는 나의 정신적 상태에 관한 지식에는 결코 이르지 못할 듯하다.

위스파들이 제대로 된 종류의 존재일 경우에만―곧 인간과 충분히 유사한 존재일 경우에만―우리를 이해할 수 있을 것이다. 그들이 사랑에 빠지고, 외로움과 부끄러움, 두려움, 자부심, 어리석음을 느낄 경우에만, 또한 게임을 하면서 속임수를 쓰려는 유혹에 빠지고, 죽을 수 있고 죽음의 두려움을 느낄 경우에만―그럴 경우에만 그들은 우리의 생각을 알 수 있을 것이다. 왜냐하면 우리의 어떤 종류의 신체 상태가 서로 다른 상황에서 우리가 드러내는 모습과 관련되는지를 깨달을 것이기 때문이다. 만일 그들이 최소한 이런 것들을 (이외에도 다른 많은 것들을) 행할 수 없다면 우리의 신체적 구성에 관한 그들의 완벽한 지식은 그들에게 우리 자신에 관해서는 아무것도 말해주지 않을 것이다. 그렇지 않은가?

위와 같은 주장은 참인가? 만일 참이라면 나에게는 위스파들이 아는 것 이상의 무언가가 있음이 드러난다. 그리고 그들은 내 신체에 관한 모든 것을 알고 있으므로 이는 또한 나에게는 내 신체 이상의 무언가가 있음을 의미한다. 그렇지 않은가? 나는 비물질적인 것이 아닐 수도 있다. 나는 어떤 특별한 존재가 아닐지도 모른다. 나는 내 신체가 생성하거나 산출하는 무언가일 수도 있다. 하지만 나의 특별한 부분이 무엇이든 간에 나에 대한 순전히 물리적인 서술만으로 그것을 밝히기는 크게 부족해 보인다. 그런 서술은 나를 제대로 드러내지 못하기 때문이다.

3. 나의 정신은 나의 신체가 없이도 존재할 수 있는가?

잠시 데카르트가 틀렸다고 가정해 나의 정신이 순전히 물리적인 것에 기초한다고 생각해보자. 내 정신은 분리되고 독립된 실재가 (곧 독립된 '실체'가) 아니라 내 신체가 산출하거나 생성한 무언가 또는 우리의 물질적 신체가 다른 어떤 방식으로 작용하는 것이다.

그렇다면 우리의 신체는 물질적인 부분들이 모인 것에 지나지 않는다. 우리의 신체에서 불가사의하고 신비로운 것은 전혀 없으며, 우리에게 개인의 특징적인 개성과 의식을 부여하는 우리 자신의 본질 같은 것도 없다 — 우리의 본질은 우리를 구성하는 물질이 배열된 방식과 관련된 무언가에 지나지 않으며, 이런 방식은 시간이 흐르면서 변형되어 우리의 특정한 관심, 기억, 습관 등을 낳았다. 따라서 우리가 현재와 같은 개인인 것, 그리고 현재와 같은 '정신'을 지니는 것은 결국 신체를 구성하는 물질의 배열 방식이 낳은 결과에 지나지 않는다.

이로부터 우리가 우연히 우리를 구성하게 된 특정한 물질과 동일하지 않다는 사실이 도출되는가, 그렇지 않은가? 만일 우리의 신체를 구성하는 모든 원자들을 동일한 원자로 대체하고, 우리를 형성하기 위해 모든 원자가 다른 모든 원자와 맺는 관계를 그대로 보존한다면 아마 우리는 아무런 변화도 겪지 않고 유지될 것이다. (실제로 세포의 죽음과 재생이라는 자연스러운 과정을 통해 우리의 신체를 구성하는 모든 원자는 평균 7년마다 대체된다고 한다.) 사실 우리 신체의 모든 원자들에 관해 완벽하게 기록할 수 있다면 (어쩌면 위스파들은 이런 일을 할 수 있을 텐데) 원리상 우리 신체를 정확하게 복제하는 일이 가능할 것이고, (우리가 처음에 가정한 바에 따라) 우리의 정신 또한 완벽하게 복제할 수 있을 것이다. 하지만 이렇게 되면 우리의 원래 신체가 파괴되더라도 우리의 정신은 (또는 최소한 우리의 정신과 모든 면에서 동일한 무언가는) 복제된 새로운 신체에서 계속 살 수 있을 것이다. 그렇지 않은가?

내가 보기에 만일 우리의 정신이 단지 우리 신체의 작용에 지나지 않는다면 이로부터 우리의 정신은 우리의 신체가 없이도 존재할 수 있다는 다소 역설적인 결론이 도출되는 듯하다. 물론 설령 (데카르트의 주장처럼) 우리의 정신이 단지 우리 신체의 작용이 아니라고 할지라도 이와 동일한 결론이 도출된다.

이를 속임수라고 생각하는 독자도 있을 것이다. 누군가는 만일 나의 신체가 파괴되었는데 내가 예를 들면 재활용 플라스틱 컵 등으로 만든 새로운 신체에서 다시 살게 되었다면 이는 내가 내 신체가 없이도 존재하는 것이 아니라 단지 '내 신체'라고 불리는 것이 변화한 것에 지나지 않는다고—곧 이전에 내 신체가 어떤 것의 집합이었는데 그것은 이제 땅에 파묻혀 족제비의 먹이가 되어버렸고, 현재 내 신체는 낡은 플라스틱 컵에서 나온 다른 어떤 것의 집합이라고 주장할지도 모른다. 하지만 그렇다 할지라도 논점 자체는 변하지 않는다. 우리의 정신은 그 어떤 물질의 집합과도 무관하게 존재할 수 있으며, 주어진 시간상의 어떤 시점에서라도 그저 우리가 '우리의' 신체라고 부르는 것을 포함할 뿐이다.

4. 나의 정신은 **그 어떤** 신체가 없이도 존재할 수 있는가?

이 질문은 데카르트주의자와 비데카르트주의자를 나누는 진정한 기준으로 작용한다. 데카르트는 우리의 정신이 단지 우리의 신체 이상의 무언가일 뿐만 아니라 그 어떤 특정한 물질의 조각 또는 조각들과도 무관하며 그 자체로 완벽한, 독립적으로 존재하는 실재이므로 설령 모든 물질이나 다른 모든 창조된 정신이 파괴된다 할지라도 계속 유지될 수 있음을 보이기 위해 노력한다. (우리의 정신과 신의 정신 사이의 관계에 대해서는 3.2.6 참조.) 그는 우리의 정신이 분리된 독립적 실체임을 보이려 한다[3.2.9]. 그의 생각은 옳은가?

자신의 견해를 옹호하려는 데카르트의 논증은 제2성찰에서[3.2.2] 시작되어 제6성찰에서[3.6.2] 마무리되는데 대체로 다음과 같이 진행된다.

1. 나는 나의 자아의 존재를 회의할 수 없다.(이는 코기토가 보여주는 바이다.)
2. 나는 물질세계 전체의 존재를 회의할 수 있다.(이런 회의는 우리가 제1성찰에서 꿈 논증을 통해 시도한 바이다.)
3. 따라서 나의 자아의 관념은 그 어떤 물리적인 것의 관념도 포함하지 않는다.
4. 따라서 나의 자아는 물질세계의 일부일 수 없으며, 물질세계가 없더라도 존재할 수 있다.[13]

데카르트의 논증은 타당한가?

많은 학자들은 이 논증이 심리적인 전제들로부터 사실적인 결론을 이끌어내려고 한다는 점을 근거로 들어 이를 무시했다. 이들에 따르면 내가 회의할 수 있는 것과 회의할 수 없는 것을 결정하는 것은 내가 아는 바이지 존재하는 바가 아니다(이들은 데카르트가 오래 전에 살아서 형식 논리를 탐구하지 않았기 때문에 이 점을 알지 못했다고 생각한다). 그리고 이들은 데카르트의 논증에 대한 많은 반례들을 제시하는

---

13 데카르트는 자신의 정신이 다른 정신들로부터 독립적임을 보여주는 어떤 별도의 논증도 제시하지 않지만 이런 주장은 분명히 그의 전체 그림 중 일부에 해당한다 [3.2.6]. 어쩌면 그의 논증 전반을 여기에도 적용할 수 있을 듯하다. 제1성찰의 회의에서 다른 정신들은 직접 언급되지는 않지만 여기서의 회의가 다른 정신들까지도 포괄하는 것으로 보인다. '… 『성찰』에서 나는 다른 어떤 인간도 아직 내게 알려지지 않았다고 가정했다'(『반박과 답변』 2: 142).

데 대표적으로 다음과 같은 것을 들 수 있다.

1. 나는 앤서니 트롤럽(Anthony Trollope)이[14] 앤서니 트롤럽이었음을 회의할 수 없다.
2. 나는 앤서니 트롤럽이 우체통의 발명자였음을 회의할 수 있다.
3. 따라서 앤서니 트롤럽은 우체통의 발명자가 아니었다.

   하지만 우리 모두는 앤서니 트롤럽이 우체통의 발명자였음을 잘 안다.
   그러나 이런 식으로 말하는 것은 데카르트의 논점을 완전히 벗어나는 것이다. 그가 제시하려는 논점은 심리적인 것이 아니라 논리적인 것으로서, 다음과 같은 논증을 통해 더욱 잘 드러난다.

1. 내가 사고한다고 가정할 때 내가 존재하지 않는 것은 논리적으로 가능하지 않다.
2. 내가 사고한다고 가정하더라도 어떤 물질세계도 존재하지 않는 것은 논리적으로 가능하다.
3. 따라서 내가 존재하고 물질세계가 존재하지 않는 것은 논리적으로 가능하다.
4. 따라서 나는 물질세계와 분리된 무언가이다.

   이에 대해 어떻게 생각하는가?
   우선 우리는 전제들이 참일 경우 이 논증이 제대로 작동하는지(이

---

14 [옮긴이 주] 앤서니 트롤럽(1815-1882)은 영국 빅토리아 여왕 시대의 소설가로 당시 사회 현실을 잘 반영한 소설을 쓴 것으로 유명한데, 1852년 영국 본토에 원통형 우체통(pillar-box)의 설치를 처음 건의한 인물이기도 하다.

논증이 '타당한지')를 살펴보고, 그 다음에 데카르트가 이런 형태로 심리적인 전제들을 재도입하는 것이 합당한지를 물을 것이다. 그리고 마지막으로 그의 전제들이 실제로 참인지를 검토하려 한다.

과연 이 논증은 타당한가? (만일 전제들이 참이라면 결론도 반드시 참이어야 하는가?)

그렇다, 타당하다. 내가 사고하면서 존재하지 않는 것이 논리적으로 가능하지 않다는 말은 이런 상황이 결코 일어날 수 없다는 말이다. 곧 내가 사고하는데 존재하지 않는 상황이 결코 존재할 수 없으며, 내가 사고하는데 존재하지 않는 가능 세계가 존재하지 않는다는 말이다. 또한 내가 사고하지만 물질세계는 존재하지 않는 것이 논리적으로 가능하다는 말은 나는 사고하지만 물질세계는 존재하지 않는 사건의 상태가 가능하며, 그런 가능 세계가 존재한다는 말이다. 그리고 이 두 가지를 한데 결합하면 나는 존재하지만 물질세계는 존재하지 않는 가능 세계가 존재한다는 결론에 이른다. (어떤 가능 세계는 물질세계를 포함하지 않는다. 모든 가능 세계는 나를 포함한다. 따라서 나를 포함하지만 물질세계는 포함하지 않는 가능 세계가 존재한다.) 그리고 이는 분명히 내가 물질세계와 분리된 무언가임을 의미한다. 나는 물질세계가 없이도 존재할 수 있기 때문이다.

이에 동의하는가?

좋다. 이제 우리는 나의 자아가 물질세계와 분리된 것이라는 결론에 이르는 타당한 논증을 얻었다. 하지만 데카르트는 논리적 가능성에 관해서는 언급하지 않는다. 이것이 그의 전개 방향을 제대로 드러낸 것인가?

그가 실제로 말하는 바는 자기 자신의 존재는 회의할 수 없지만 물질세계는 회의할 수 있다는 사실이 자신의 정신을 물질에 관한 모든 사고와 분리된 것으로 '명석하고 판명하게' 인식할 수 있음을 보여준다는 것이다[3.3.1]. 그리고 그가 제2성찰과 제6성찰 사이에서 행한 작업은 자신이 명석하고 판명하고 생각한 관념들이 반드시 참임을 보임으로써 [3.4.1] 스스로 만족할 만한 체계를 구성하려는 것이었다. 이는 또한 정신과 물질의 분리에 대한 논증이 제6성찰까지 미루어진 이유이기도 하다. 데카르트가 스스로 표현하듯이 만일 내가 정신과 물질을 분리해 생각할 수 있다면 신은 이 둘을 실제로 분리할 수 있을 것이다{78;『반박과 답변』2, 169-70;『반박과 답변』6, 425} ― 곧 물질이 없이도 정신이 존재하는 것이 논리적으로 가능하다.

　위의 논증이 다소 의심스럽게 보인다면 다음과 같은 질문을 던져보자. 삼각형이 세 변을 지니지 않는 것은 논리적으로 가능하지 않은 반면 삼각형이 녹색이 아닌 것은 논리적으로 가능하다는 사실을 우리는 어떻게 아는가? 이에 대한 분명한 대답은 삼각형의 개념 안에 세 변을 지닌다는 개념은 포함되지만 녹색이라는 개념은 포함되지 않는다는 것이다. 이제 이에 대해 한층 깊이 있게 생각해보자. 우리가 세 변을 지닌다는 개념이 없이는 삼각형의 개념을 이해할 수 없다는 점을 깨닫는 것은 무엇을 의미하는가? 데카르트의 언어로 표현하면 우리는 두 개념이 서로 분리될 수 없음을 명석하고 판명하게 인식한다.

　인식 가능성과 필연성 사이의 관계라는 문제는 매우 복잡한 것이므로 여기서 이를 자세히 다룰 수는 없다. 나는 그저 데카르트의 논증이 무엇을 의도하는지에 대한 내 생각을 밝히려 한다. 만일 내 생각이 옳다면 그의 논증은 지금까지 사람들이 생각해 온 것처럼 그렇게 크게 잘못된 것은 아니며, 우리의 정신이 그 어떤 신체가 없이도 존재할 수 있다는 결론에 대한 타당한 논증일 수 있다. 만일 그의 결론을 부정하려 한다면 우리는 전제 1 또는 전제 2 중 하나를 (또는 둘 모두를) 부정해야 한다. 그렇게 할 수 있는가?

전제 1을 부정하는 것은 곧 코기토를 부정하는 것이다. 우리가 코기토를 받아들인다면 데카르트의 결론을 부정하기 위해 우리는 반드시 전제 2를 부정해야 한다—곧 비록 제1성찰에서 우리가 물질세계 전체의 존재를 회의하고, 물질세계에 대한 우리의 모든 현상적인 경험이 일종의 환영일 가능성을 인정하는 듯이 보였다 할지라도 현실은 그렇지 않다고 말해야 한다. 이렇게 하지 못한다면 우리는 설령 물질세계가 존재하지 않는다 할지라도 우리의 정신이 존재할 수 있으리라는 (실제로 존재한다는 것이 아니라 존재할 수 있으리라는) 점에, 따라서 우리의 정신이 물질과 분리된 비물질적인 것이라는 점에 동의해야 하는 듯이 보인다.

개인적으로 나는 전제 2를 부정하는 편을 선호한다.

연결고리

- 정신과 신체의 분리에 대한 데카르트의 논증은 3.6.2에서 완성된다.
- 정신과 신체 사이의 관계에 대한 데카르트의 견해는 3.2.6에 등장하며, 3.6.1에서 더욱 상세히 다루어진다.
- 이원론과 객관성 사이의 관계에 대한 문제는 3.6.5에서 제기된다.

3.2.9 논의 11

존재론: 실체와 양태

철학의 가장 흥미로운 대목은 대부분 우리가 지금까지 굳게 믿어왔지만 그것에 대해 한번도 깊이 생각해보지 않은 문제들을 발견하는 경우이다. 이런 검토되지 않은 가정들을 찾아내 그것을 옹호하거나 거부하는 근거를 발견하는 것이 바로 철학자의 임무이다. 우리가 철학의 역사를 읽으면서 얻는 큰 이점 중 하나는 우리와는 다른 검토되지 않은 가정을 채택하는 사람들을 만나게 되어, 우리 자신의 전제들을 더욱 명확히 살펴볼 기회를 얻는다는 것이다.

존재론이 바로 이런 경우에 해당한다. 다음 세 가지를 고려해보자. 우리 머리의 형태, 러시아 예카테리나 대제(Catherine the Great)의 동전 수집품 그리고 피사의 사탑(the Leaning Tower of Pisa). 이들은 과연 존재하는가? 이들은 모두 실재적인가?

분명히 이들은 존재하고, 실재적이다. 우리 머리는 형태가 없을 수 없으므로 머리의 형태라는 것이 반드시 존재해야 한다. (물론 이것이 어떤 정형화된, 식별 가능한 형태는—예를 들면 정육면체나 사면체 같은 것은—아닐 수도 있다. 하지만 우리에게 머리가 있는 한 그것은 반드시 어떤 형태를 지녀야 한다.) 예카테리나의 동전 수집품 또한 확실히 존재한다—현재 그것은 에르미타주 박물관(Hermitage Museum)에 분명히 소장되어 있다. 그리고 피사의 사탑은 비록 다소 기묘한 환영처럼, 어쩌면 설탕으로 만든 모형처럼 보이기는 해도 분명히 실재하는 건축물로서 우리는 거기에 올라가서 뛰어내릴 수도 있고 그곳을 폭파한다면 텔레비전 뉴스에 나올 것이다.

하지만 동시에 이 세 가지는 명백히 서로 다르다. 이들 중 어느 하나라도 존재하지 않는다고 말한다면 제정신이 아니라는 말을 듣겠지만 이들이 동일한 방식으로 존재하는지 또는 이들 모두가 실재적이라고 말할 때 우리가 이들 각각에 대해 동일한 것을 말하는지는 전혀 명확하지 않다.

피사의 사탑이 존재한다는 말은 곧 그것이 실재하는 대상, 곧 우리가 세계 안에서 실제로 접할 수 있고, 세계 안에 현존하는 바를 완벽하게 서술할 경우 반드시 포함시켜야 하는 구성요소라는 말이다. 하지만 무언가의 형태는 분명히 이것과 크게 다르다. 우리 머리의 형태는 우리의 머리 자체를 넘어서서 그 위에 존재하는, 더 이상의 어떤 부가적인 것이 아니다. (만일 우리 머리의 사진을 찍는다면 그 사진에는 두 개가 아니라 오직 하나의 대상이 등장할 것이다.) 무언가의 형태는 분명히 그것의 속성, 양상, 그것이 존재하는 방식에 지나지 않는다─곧 그 자체만으로 성립하는 독립적인, 별도의 것이 아니다.

동전 수집품은 어떤가? 이는 우리의 머리나 피사의 사탑처럼 별도로 존재하는 것인가? 아니면 단지 다른 무언가의 양상에 지나지 않는가?

글쎄, 우리는 어쩌면 동전 수집품은 별도의 것이 아니라고 답할 듯하다. 왜냐하면 수집품을 구성하는 모든 개별적인 동전들을 없애버리면 수집품도 사라질 것이기 때문이다. 따라서 동전 수집품은 우리 머리의 형태와 유사한 듯이 보인다─곧 그 자체로 존재하는 것이 아니며, 다른 어떤 것을─곧 동전들을─모아서 정리한 방식을 언급하는 듯이 보인다. 하지만 다른 한편에서 보면 피사의 사탑도 이와 같다고 말할 수 있다. 사탑은 분명히 수많은 대리석과 벽돌 등의 집합체이다. 이들을 모두 떼어내버리면 사탑은 더 이상 존재하지 않는다. 그렇지 않은가?

이런 단순한 예를 놓고서도 얼마든지 더 많은 이야기를 할 수 있다. 이를 통해 내가 보이려 하는 바는 다음 두 가지이다.

1. 우리 모두는 그리 깊이 생각하지 않고 사물과 그것의 속성, 대상과 그것이 존재하는 방식 사이의 구별을 당연시한다.
2. 하지만 이 구별은 그저 대충 만들어진 임시변통 수준에 지나지 않으며, 이를 더욱 엄밀하게 제시하기란 무척 어렵다.

데카르트 당시 이런 문제들을 논의하기 위해 매우 복잡한 용어들이 동원되었다. 넓은 의미에서 내가 실재하는 것이라고 표현했던, 피사의 사탑 같은 대상을 지시하는 데 사용된 용어는 '실체'였다. (따라서 우리가 『성찰』에서 '실체'라는 단어를 만날 경우 금이나 철 또는 LSD 같은 물질이나 재료를 떠올려서는 안 되며 사물, 개인 또는 실재 등을 떠올려야 한다.) 내가 속성, 양상, 사물들이 존재하는 방식이라고 불렀던 것을—예를 들면 사물의 형태 같은 것을—지칭하는 데 사용된 표준적인 용어는 '양태'였다. 동전 수집품과 같은, 여러 실재들이 결합한 복합적인 것은 자주 '집합체' 또는 '집합적 실재'로 불렸다.

하지만 이런 용어들을 정의한 방식은 철학자들마다 크게 달랐다. 이런 용어들을 사용하면서 철학자들은 세계에 무엇이 있는가에 대해—무엇이 존재하고 무엇이 존재하지 않는가, 무엇이 실재적이고 무엇이 비실재적인가, 무엇이 궁극적이고 무엇이 의존적인가 등에 대해—서로 다른 설명을 제시했다. 그들은 서로 다른 '존재론', 곧 무엇이 진정으로 존재하는가에 대해 서로 다른 설명을 전개했다.

현대에는 이런 문제들이 이전에 비해 훨씬 덜 논의되며(최근에는 다시 유행하는 듯도 하지만), 이런 용어들은 거의 사용되지 않는 듯하다. 하지만 우리 모두는 나름대로의 존재론을 지닌다. 그것은 우리의 삶에 일종의 암묵적인 배경을 제공하며, 세계에 대한 정신적인 지도를 형성한다. 그것은 우리에게 기본 구조로 작용하며 우리는 이를 통해 우리 자신과 주변의 사물들을 이해한다. 우리는 이런 존재론에 관해 드러내 놓고 말하거나 생각하지는 않지만 이는 분명히 존재한다. 우리에게 대상의 개념이 없다면 우리의 삶은 어떻게 달라질 것인가? 우리가 (위에서와는 달리) 아무 생각 없이 본능적으로 사물과 그것의 속성을 구별하지 않는다면 어떻게 되겠는가? 또한 우리가 (스피노자처럼) 사실은 개별적 사물이 존재하는 것이 아니라 존재하는 모든 것은 하나의 실재, 곧 스피노자가 신 또는 자연이라고 불렀던 것의 표현에 지나지 않는다고 생각하면 어떻게 되겠는가? 또는 (버클리(Berkeley)처럼) 물론 개체들이 실재하지만 실재하는 것은 오직 서로 다른 경험과 의도를 지닌 개별적인 정신들일 뿐이라고 생각하면 또 어떤가?

　나는 어느 누구도 존재론 없이 살아갈 수는 없다고 생각한다.[15] 살아간다는 것은(최소한 한 개인으로) 곧 세계관을 형성하는 것인데 존재론은 곧 이런 세계관의 기본 구조일 따름이기 때문이다. 그렇다면 우리의 존재론은 무엇인가? 우리는 최종적으로 분석했을 때 세계가 진정 어떻게 구성된다고 생각하는가?

　오늘날 스피노자주의자나 버클리주의자는 거의 없다. 우리들 대부분은 물리적 대상이 존재하며, 이들이 서로 다른 속성을 지니며 서로 다른 방식으로 배열된다는 상식적인 존재론을—곧 실체와 양태 그리고 집합체의 존재론을 당연시한다. 하지만 이에 관한 이야기를 끝내기에는 아직 갈 길이 멀다. 앞서 살펴보았듯이 피사의 사탑과 같은 대상은 사실상 세계를 구성하는 기본 요소가 아님에도 우리는 자주 그렇게 여기는데 그 까닭은 그것이 오래 전부터 존재해온 물질적 재료로 만들어졌기 때문이다. 수백만 년 전 피사의 사탑의 재료는 모래와 해저 생물 상태로 존재했다. 상당한 시간이 흐른 후 산의 암석으로 변했다. 어느 날 사람들이 이를 파내어 돌 벽돌로 만들었으며, 이런 벽돌들이 가공되고 조립되어 현재 우리가 아는 피사의 사탑이 되었다. 만일 몇 년 안에 피사가 전쟁터가 된다면 이런 재료들이 파편이 되어 나뒹굴지도 모른다. 그리고 몇천 년이 흐른 후에는 아마도 먼지 구름의 일부가 되어 공

15　칸트주의자나 현상론자는 존재론의 지위에 대해 다소 다른 설명을 하겠지만 이들도 나름대로의 존재론을 지닌다는 점은 분명하다.

3章 본문 읽기   159

간을 떠돌 것이다.

이렇게 최종적으로 분석해보면 피사의 사탑은 진정한 사물이 결코 아니다. 그것은 단지 양태 또는 집합체에—어떤 물질의 조각들이 현재 취하고 있는 형태에—지나지 않는다. 그렇다면 이런 형태, 양태 또는 집합체는 과연 무엇의 형태이며 양태인가? 형태나 양태를 형성하는 실재하는 사물, 곧 실체는 무엇인가?

이에 대해 서로 다른 사람들이 서로 다른 대답을 할 것이다. 하지만 대부분의 사람들은 최종적으로 분석했을 때 진정으로 존재하는 바는 생각할 수 없을 정도로 많은 수의 원자 또는 원자를 구성하는 입자이며, 이들이 다른 모든 것을 형성한다고 생각할 듯하다. 이들이 무엇인지에 대한 우리의 지식은 계속 변화하는 듯이 보인다—어떤 사람은 이들이 매우 작은 당구공 같다고 생각하며, 다른 사람들은 에너지 장이라고, 또 다른 사람들은 확률파(probability wave)라고 생각한다. 하지만 대부분의 사람들은 궁극적으로 존재하는 것은 엄청나게 많은 수의 매우 작은, 물질적인 조각이라고 생각한다. 그렇다면 바로 이것이 현재 대부분의 사람들이 유일한 '실체'라고 인정하는 것이다.

이런 생각이 옳다면 현재의 상식적 존재론은 일종의 '다원론'(서로 분리된 다수의 개체들이 존재한다)이며 동시에 일종의 '원자론'(모든 것은 어떻든 간에 서로 교환 가능한 작은 조각들로 형성된다. 그리고 현재 우리가 '원자'(atom)라고 부르는 이 작은 조각들을 더욱 작은 조각으로 분할할 수 있다는 사실이[16] 우리가 원자론의 존재론에서 벗어났음을 의미하지는 않는다)이다.

데카르트의 존재론은 한 가지 점에서 우리의 존재론과 매우 유사하

---

16   [옮긴이 주] 원자(atom)는 어원상 '더 이상 분할할 수 없음'을 의미한다.

지만 두 가지 점에서는 큰 차이를 드러낸다.

1. 그의 이론은 그가 우리와 마찬가지로 우리가 경험하는 세계는—행성과 낚싯배, 포르투갈, 돼지 그리고 다른 모든 것으로 구성된 세계는—오직 양태로서의 세계, 곧 더욱 깊은 수준의 실재에 대한 현상의 세계라고 주장한다는 점에서 우리의 이론과 유사하다. 또한 그는 우리와 마찬가지로 우리에게 익숙한 세계를 설명하려면 이 세계가 더욱 깊은 실재의 세계에서 어떻게 도출되는지를 알아야 하며, 또 이렇게 하기 위해서는 현재 우리가 과학적 탐구라고 부르는 일종의 실천적 활동에 나서야 한다고 생각한다[3.1.11].

2. 앞서 살펴본 바대로[3.2.8] 데카르트와 우리 사이의 중요한 차이점 중 하나는 그가 위와 같은, 경험적 세계에 대한 설명은 실재에 대한, 곧 존재하는 바에 대한 설명 중 일부에 지나지 않는다고 생각하는 점이다. 그의 존재론에는 물체에 더해 비물질적인 실체까지도—개별적인 영혼 또는 정신까지도—포함된다. 그는 사람들이 행하는 바를 설명하려면 이런 존재론이 필요하며, 사람들의 행위는 물질을 통해서는 제대로 설명할 수 없다고 생각한다[3.2.6].

3. 두 번째 차이점은 매우 놀라운 듯이 보이지만 결국 그렇게 중요하지는 않다. 우리는 다원론과 원자론에 기초한 존재론을 채택하는 경향을 보이지만 데카르트는 물질과 관련해서 일원론자이다. 그는 궁극적으로 물질세계가 셀 수 없을 만큼 많은 개체가 아니라 하나의 덩어리인 연속체로—곧 각 부분이 끊임없이 운동하는 하나의 커다란 대상으로—구성된다고 생각한다. 그리고 물리적 세계에서 일어나는 모든 일을 설명해주는 것은 바로 그런 연속체의 개별적인 부분과 영역들이 배열되고 서로에게 작용하는 방식이다[3.2.4].[17]

연결고리

- 존재론과 언어 사이의 관계에 대한 문제는 3.2.7에서 제기된다.
- (위의 피사의 사탑의 경우에서와 같은) 전체와 부분이라는 존재론의 주제는 3.3.6에서 다시 등장한다.
- 버클리의 '관념론적' 존재론은 3.5.4에서 요약, 설명된다.

---

17 데카르트는 '실체'와 같은 전통적인 용어를 사용하면서 그리 일관된 모습을 보이지는 않으며, 때로는 개별적인 사물들이 각각 분리된 실체인 듯이 말하기도 한다('하나의 돌덩이는 실체이다', 44). 하지만 모든 물질이 하나의 연속체인데 이것의 부분은 오직 운동에 의해서만 구별되며, 이것의 양태는 연장성이라고 주장하는 면에서는 일관성을 보인다(『성찰』의 요약, 14).

3.3.1 제3성찰, 1절. (34-6)

명석 판명한 관념

개관

이제 나는 내 주변의 세계에서 눈을 돌려 내가 지금 나 자신에 관해 아는 바에 집중하려 한다 — 일단 나는 서로 다른 다양한 방식으로 **사고하는** 존재이다. 이외에 내가 아는 다른 무엇이라도 있는가(34-5)?

글쎄, 만일 내가 사고하는 존재임을 확신한다면 이는 내가 무엇을 확실하다고 여겨야 하는지를 알고 있음을 의미하지 않는가?

나는 왜 코기토를 확신하는가? 오직 코기토가 **참이어야 함**을 내가 명석 판명하게 알 수 있기 때문이다. 따라서 나는 이를 일반화하여 무언가가 참이어야 함을 내가 명석 판명하게 알 수 있을 때마다 그것은 **참이라고** 말할 수 있지 않은가(35)?

'하지만 잠시 생각해보자. 나는 자주 — 내 주변의 세계 같은 — 전혀 확실하지

않은 것을 확실하다고 여기지 않았던가?'

그렇다. 하지만 나는 무엇을 진정으로 분명하게 지각했던가? 그저 여러 경험을 지닌다는 사실만을 지각했다. 그리고 이런 주장은 그르지 않았다. 내 잘못은 이런 경험의 **원인**에 대해 잘못된 결론으로 넘어가버린 것이었다(35).

그렇다면 산술과 기하 같은, 단순한 아프리오리한 지식은 어떤가? 이들 또한 확실하지 않은가? 나는 전능한 신 또는 그와 유사한 존재가 나를 내가 확신하는 것에서조차도 잘못을 저지르도록 만들 수 있다고 생각함으로써 억지로 이들을 회의했다. 내가 실제로 이런 것들을 — 곧 코기토나 '만일 내가 존재한다면 내가 결코 존재하지 않는다는 것은 절대로 참일 수 없다', '2+3=5' 또는 그것을 부정하면 모순에 빠지게 되는 모든 것들을 — 생각할 때 나는 이런 것들을 완벽하게 확신한다. 그리고 이들이 잘못일 가능성은 단지 이론적인, '형이상학적인' 가능성에 지나지 않는다. 하지만 나는 이런 최소한의 회의 가능성조차도 제거해야 한다. 그렇지 않으면 나는 결코 아무것도 **완벽하게** 확신할 수 없을 것이다(35-6).

주석
이 짧은 대목에서 중요한 세 가지 단계가 전개된다.

1. 명석 판명한 관념
여기서 핵심 문제는 코기토의 발견 이후 어떤 방향으로 어떻게 나아갈 것인가이다. 만일 사고하는 자가 회의할 수 없는 한 가지 것을, 곧 코기토를 발견했다는 사실이 그가 알 수 있는 전부라면 이는 그리 큰 역할을 할 수 없을 것이다. 따라서 그는 바로 이 지점에서 코기토 위에 무언가를 세우려 한다. 그는 코기토가 자신이 존재한다는 점뿐만 아니라 더욱 중요하게 자신이 확실성에 이를 수 있다는 점을, 곧 자신이 진리에 접근할 수 있다는 점을 보여준다고 생각한다. 그렇다면 내가 해야 할 바는 오직 내가 왜 코기토를 회의할 수 없는지를 밝히고, 이를 진리의 궁전을 재건하기 위한 도구로 사용할 수 있도록 만드는 것이다.

이 질문에 대한 대답은 무엇인가? 나를 나 자신이 존재한다는 지식으로부터 사물 일반에 대한 확고하고 안전한 지식으로 인도하는 마법의 열쇠는 과연 무엇인가? 이에 대한 대답은 상당히 막연하고 기대에 어긋나는 것이어서 우리를 놀라게 한다. 어쨌든 데카르트의 대답은 내가 '명석 판명하게' 지각하는 것이라면 무엇이든 확신할 수 있다는 것이다.

이는 너무 약한 대답이라서 우리를 놀라게 하지 않는가? 확실성을 주의 깊게 추구하고 회의할 수 있는 모든 것을 받아들이기를 거부했던 시도가 그저 우리가 확실하다고 느끼는 모든 것을 믿을 수 있다는 원리 수준으로 무너져 내리는 것은 아닌가?

여기서 데카르트가 옹호하려는 바는 다음 세 가지이다.

1. 기준의 문제는 사실상 진리의 기준을 제시하는 것은 불가능하다는 것으로 귀착된다. 다음의 경우를 생각해보자. 내가 진리의 기준으로 어떤 속성 C를 발견했다고 가정하자—그렇다면 속성 C를 소유하는 모든 명제는 참임이 보장된다고 말할 수 있다. 하지만 나는 이것이 올바른 기준임을 어떻게 알 수 있는가? 우선 나는 '속성 C를 소유한 모든 명제는 참이다'라는 명제가 그 자체로 참임을 알아야만 할 것이다. 어떻게 알 수 있는가? 나는 이 명제가 속성 C를 소유하는지 그렇지 않은지를 확인해야 할 것이다. 하지만 나는 이 명제가 속성 C를 사실상 소유한다고 말하는 새로운 명제가 참임을 어떻게 알 수 있는가? 이런 과정이 무한히 반복될 것이다. 이를 통해 드러나는 분

명한 사실은 무언가가 참임을 미리 알 수 있지 않는 한 우리는 결코 무엇이 참된 기준인지를 인식할 수 없다는 점이다.[1]

　이 단계에서 데카르트는 진리의 기준을 제시하려 하는 것이 아니므로 지금 그가 진리의 기준을 제시해야 하는데 그렇게 하지 않는다는 이유로 실망한다면 이런 실망은 맥락에 어긋나는 것이다. 여기서 그의 전체 논점은 우리가 진리를 거짓과 구별해 말할 수 있는 능력을 실제로 지닌다는 것이며, 자신의 방법이 일종의 처방으로 작용해 자신이 생각할 때 격변하는 시대와 부적절한 교육 때문에 혼란에 빠진 사람들의 자연적인 능력을 되살림으로써 이런 혼란에서 벗어나게 한다는 것이다. 회의를 통해 사고한다면 우리는 이런 자연적인, '타고난' 능력을 회복해 이를 안전하고 영속적인 진리를 확립하는 데 사용할 수 있다. 따라서 지금 우리에게 필요한 것은 진리의 기준 또는 판정 근거가 아니라 우리가 코기토의 경우에서 행했고 실제로 확인했던 것과 같은, 오직 참된 사고를 특징짓는 방식일 뿐이다.[2]

2. 그렇다면 나로 하여금 코기토가 참이라고 그토록 확신하게 만드는 것은 무엇인가? 그것이 코기토가 지닌 어떤 특별한 속성, 곧 코기토에게 진리성을 부여하는 것으로 내가 인식하는 어떤 속성일 수는 없다. 왜냐하면 앞서 지적한 기준의 문제와는 별도로 만일 코기토가 회의에서 벗어나는 전환점이라는 역할을 제대로 수행하려면 그것은

1　이는 결국 플라톤(Plato)의 대화편 『메논』(Meno)에서 메논이 제기했던 딜레마와 일치한다. 만일 우리가 무엇이 진리인지 모른다면 우리는 결코 진리를 발견할 수 없다. 만일 그렇다면 우리는 진리를 탐구할 필요가 없다. 데카르트는 이 점을 메르센(Mersenne)에게 보낸 편지에서 매우 명확히 지적한다(1639년 10월 16일 자 편지; II.597).

2　이런 전개는 전체적으로 매우 플라톤적이다. 메논의 문제에 대한 플라톤의 대답도 이와 동일하다. 지식은 이미 우리 안에 있으므로 우리는 오직 그것을 다시 떠올리기만 하면 된다. 플라톤주의와 과학혁명에 관해서는 1.3.3 참조.

그 자체만으로, 곧 더 이상 어떤 종류의 증거나 근거가 없이도 내가 참이라고 인정할 수 있는 것으로 성립해야 한다. 바꾸어 말하면 코기토는 자명해야 한다[3.2.1]. 그렇다면 그것이 자명하다는 점을 내가 어떻게 알 수 있는가? 이를 위해 나는 어떤 판정 기준을 적용할 수 있는가? 이런 질문은 의미가 없다. 코기토가 자명하다는 말은 곧 내가 그것을 이해하자마자 곧바로 그것이 참임을 인식한다는 말이다. 이외에 다른 대안은 없다. 왜냐하면 코기토가 거짓이라는 것은 모순이며, 불합리하며, 문자 그대로 생각할 수 없는 것이기 때문이다.

달리 말해 데카르트가 원하는 대로 코기토가 자명한 전환점이 되려면 그가 더 이상의 어떤 방식으로도 코기토를 특징짓는 것은 불가능하다. 코기토는 우리가 그저 인정하지 않을 수 없는 무언가이며, 데카르트가 할 수 있는 바는 단지 코기토와 같은 것에 직면했을 때 느끼는 바를 지적하는 것뿐이다. 그리고 이것이 실제로 그가 행하는 바이기도 하다. 그는 우리가 코기토와 같은 무언가와 관련해 잘못을 저지를 수 있는 경우는 다음과 같다고 말한다.

(a) 우리가 그것이 무엇인지를 이해하지 못하는 경우 또는

(b) 우리가 그것을 이해하기는 하지만 오랫동안 그것에 대해 생각하지 않은 경우 (예를 들면 몇 년 전에 그것에 대해 배웠지만 누군가가 그것이 참이 아니라고 말하는 것을 듣고도 곧바로 그가 틀렸다고 생각해 반박하지 못하는 경우) 또는

(c) 우리가 그것을 이해하고 그것에 대해 생각하기는 하지만 혼란에 빠진 경우 (예를 들면 코기토를 실제 주장과는 정반대로 모든 존재하는 것은 사고한다는 주장으로 생각하는 경우)

하지만 우리가 코기토가 무엇인지 알고, 이에 대해 주의 깊게 생각하는 한 우리는 코기토와 관련해 결코 잘못을 저지를 수 없다. 과

연 그런가?

그리고 데카르트가 명석 판명한 관념에 관해 말하면서 의미한 바는 오직 이것이다. 어떤 관념이 우리의 정신 안에 있으며 우리가 그것에 대해 생각할 때 그 관념은 명석하며 또한 우리가 어떤 관념을 다른 무엇과도 혼동하지 않을 때 그 관념은 판명하다{『원리』, 1.45}.

3. 여기서 데카르트가 왜 이 결정적인 전환점을 우리가 적용할 수 있는 일종의 기준이나 판정 근거가 아니라 오직 자명한 무언가를 발견했을 때 우리가 느끼는 바를 드러내는 심리적 규정으로 제시하는지, 그 이유가 드러난다. 이런 규정이면 충분히 강력하지 않은가? 아니면 이는 그저 우리가 확실하다고 느끼는 것은 무엇이든 통과된다는 말과 같은 의미인가?

이는 데카르트가 '내가 이전에는 매우 확실하고 분명한 것으로 여겼지만 나중에 의심스러운 것으로 밝혀진 것이 많이 있다'고(35) 말함으로써 자신에 대해 스스로 제기한 반박이기도 하다. 그리고 이에 대한 대답은 명석 판명한 관념이 무엇이며, 이들이 어떻게 작용하는지에 대한 그의 생각을 잘 드러낸다. 지금 우리 앞에 있는 종이 한 장은 완벽하게 확실하며, 의심할 수 없는 것으로 보인다. 우리는 이를 명석 판명하게 지각하는가? 그렇지 않다. 우리는 지금 우리가 지니는 감각에 대한 매우 강력하지만('명석하지만') 제대로 분석되지 않은('판명하지' 않은) 의식을 지닐 뿐인데 이런 의식은 현재의 감각이 종이 한 장에 의해 야기된다는, 이전부터 이어진 습관적인 판단과 결합되어 있다. 따라서 이는 결코 명석 판명한 관념이 아니다. 우리가 이런 경험은 지니지만 종이는 존재하지 않는다고 말하면 모순에 빠지는가? 이것이 생각조차 할 수 없는 일인가? 그렇지 않다. 이는 앞서 꿈을 통한 회의가 이미 증명한 바이다[3.1.3].

2. 코기토를 기초로 한 논의의 전개

이제 데카르트는 코기토가 이것의 의미를 알고, 이것에 대해 명확하게 생각하는 모든 사람에게 자명하다고 말한다. 하지만 그가 착수하려는 계획을 전제할 때 우리가 어떻게 코기토가 참임을 인식할 수 있는지에 대해 그가 훨씬 더 나은 설명을 제시할 수 있는지를 이해하기란 그리 쉽지 않다. 어쨌든 여기서 결정적인 질문은 다른 명제들도 코기토와 같은 종류의 자명함을 소유한다는 그의 주장이 과연 옳은가이다.

그가 제시하는 다른 예들에 대해 어떻게 생각하는가? '2 + 3 = 5'를 생각해보자. 이 또한 우리가 명석 판명하게 인식하기 때문에 참임에 틀림없는 것에 속하는가?

그렇지 않은 듯하다. 이런 계산에서도 잘못을 저지르는 사람이 있기 때문이다. 아무리 기본적인 계산이라도 모든 사람들이 문제없이 할 수 있는 것은 결코 아니다. 어린아이들은 이렇게 쉬운 덧셈을 하면서도 실수를 한다. 그들이 과연 이 수식을 명석 판명하게 생각하는가? 이런 계산에서 잘못을 저지르는 사람들은 수식의 의미를 모르거나 이에 대해 생각하지 않거나 아니면 혼동을 일으킨 사람들임에 틀림없다. 데카르트는 이를 제대로 이해하고 이에 대해 주의 깊게 생각하는 사람이라면 누구나 이를 확신하리라고 말한다. 그의 주장은 옳지 않은가? 물론 이런 수준의 이해력이나 주의 깊게 생각할 능력 자체가 없는 사람은 아예 사고하는 자가 전개하는 사고의 연쇄를 따라갈 수 없는 위치에 놓이게 된다. 하지만 다시 한번 우리가 현재 추구하는 바는 아무것도 모르는 사람에 대한 추상적인 기준이 아니라 진리를 인식하는 타고난 능력 위에 무언가를 세우려 하는 사람들을 위한 현실적인 판정 기준이라는 점을 기억해야 한다.

어쩌면 코기토는 세계 안에 존재하는 확고한 사실을—곧 내가 존재한다는 점을―알려주는 반면 '2+3=5'와 같은 순전히 아프리오리한 진리는 경험적 사실에 관해, 예를 들면 사과가 두 개 있는데 새로 세 개를 얻으면 모두 다섯 개가 된다는 것과 같은 종류의 사실에 관해 아무것도 말해주지 않는다는 반박을 제기할 수 있을 듯하다. '2+3=5'는 기껏해야 우리에게 여기에 포함된 개념들과 그들이 서로 연결된 방식만을 말해줄 뿐이다[3.1.4].

하지만 데카르트는 이것 이상을 주장하지 않는다. 그는 자신이 우리가 코기토와 더불어 출발해 아프리오리한 확실성을 지니는 연역 논리를 통해 도출되는, 세계에 대한 완벽한 지식을 형성할 수 있다고 말하려는 것이 아님을 매우 분명히 밝힌다. 그가 주장하려는 바는 다음 두 가지이다.

1. 우리가 가장 확신할 수 있는 것은 우리 주변의 세계에 대한 우리의 판단인 듯하지만 사실은 그렇지 않다. 우리는 오히려 이성적 직관이라고 부를 수 있는, 데카르트가 든 예에서와 같은 단순하고 아프리오리하게 확실한 것들을 가장 확신할 수 있다. 이 주장은 참인가? 내가 보기에 사고하는 자가 시도했던 첫 번째 전환, 곧 우리를 둘러싼 세계 전체를 회의할 수 있다는 점을 받아들인다면 이 주장을 부정하기는 어려운 듯하다.

2. 이런 아프리오리하게 확실한 것들을 인식할 수 있는 능력을 통해 우리는 일상적인 현상의 속임수나 유치한 의견 그리고 부적절한 교육 등을 극복할 수 있는 가능성을 확보한다. 왜냐하면 이 능력은 우리가 경험이 의미하는 바를 해석할 수 있음을 드러내기 때문이다[3.1.11]. 예를 들면 (데카르트는 지동설을 믿었지만 아마 정치적인 이유로 이런 예를 직접 들지는 못했을 듯하다) 우리에게는 태양이

움직이고 지구가 고정되어 있는 듯이 보이고 느껴진다. 이는 누구에게나 완벽하게 자연스러운 판단이며, 당시의 전통이나 종교적 권위가 강요했던 것이기도 하다. 그럼에도 이것은 성급하게 내려진 잘못된 판단이다. 왜냐하면 이 판단은 우리의 지각에서 인간적인 한계라는 요소를 무시하기 때문이다. 이는 우리가 어떤 종류의 경험을 한다는 의심의 여지 없는 사실로부터 — 태양이 운동하는 경로가 하늘을 가로지르는 듯이 보이며, 지구는 고정된 듯이 느껴진다는 사실로부터 — 실제로 발생하는 일에 관한 결론으로 바로 뛰어넘어간 결과이다. 하지만 우리가 주의 깊게 관찰하고 이성적 추론을 통해 관찰된 바의 의미를 해석한다면 — 케플러나 갈릴레오, 데카르트 등의 인물이 행했던 것처럼 — 우리를 잘못 인도하는 현상들로부터 벗어날 수 있다.

이를 다른 방식으로 표현하면 코기토에 의해 우리가 밝은 지성의 능력을 지닌다는 점이 증명되는데, 이런 지성의 명석 판명한 지각을 통해 그리고 우리가 현재 과학적 탐구라고 부르는 바를 통해 우리는 감각의 속임수를 극복한다고 말할 수 있다[3.4.5].

3. 의심할 수 없는 것에 대한 회의
하지만 여기서 의심의 여지 없이 우리를 괴롭혀 온 명백한 문제가 하나 제기된다. 데카르트의 명석 판명한 관념은 언뜻 보기에는 단순한 도피처, 곧 그가 제1성찰에서의 회의를 부당하게 포기하고 단지 코기토가 회의할 수 없는 것임을 발견했다는 이유만으로 자신의 모든 이성적인 직관을 확실한 것으로 여기려는 일종의 구실인 듯하지만 나는 그렇게 생각하지 않는다는 점과 왜 그렇게 생각하지 않는지를 계속 설명해왔다. 하지만 제3성찰에 등장하는 명석 판명한 관념은 분명히 데카르트가 제1성찰에서 본성에 기초한 논증을 통해 ─곧 나는 내가 회의할 수 없는 것과 관련해서도 얼마든지 잘못을 저지를 수 있는 존재로 만들어졌을지도 모른다는 생각을 통해 ─회의했던 아프리오리한 진리에 지나지 않는다[3.1.5]. 더욱 나쁜 것은 만일 명석 판명한 관념의 본질에 대한 내 설명이 옳다면 그런 관념이 지닌 특별한 성질은 그것의 논리적 형식이나 내가 그것이 그 자체로 소유한다는 점을 발견한 어떤 독특한 특성이 아니라 그저 내가 그 관념에 대해 명석하게 사고한다면 나는 그것이 확실함을 발견한다는 사실에 있다는 점이다. 하지만 이는 분명히 나에 관한 사실에 ─곧 내가 그 관념을 회의할 수 없다는 사실에 ─지나지 않는다. 이런 사실은 그 관념이 실제로 참이라고 말할 만한 어떤 근거도 내게 전혀 제공하지 않는다.

만일 이렇게 생각했다면 우리는 정확히 데카르트가 생각한 바를 따라한 것이다. 이것이 바로 내가 위에서 요약한 부분의 마지막 문단에서 그가 제시한 논점이다. 여기서 데카르트의 표현은 다소 오해를 불러일으키지만 이를 넘어서서 그의 주장을 명확히 언급하면 다음과 같다. 명석 판명한 관념들은 의심할 수 없다. 내가 이들을 회의할 수 없다는 점은 분명한 사실이다. 하지만 나는 이들이 참인가 그렇지 않은가라는 질문을 나 자신에게 던질 수 있다 ─곧 내가 이들을 회의할 수 없다는 사실이 이들이 참이라고 말할 만한 충분한 근거가 되는지 아니면 단지 나에 관한, 잘 속고 속이기도 하는 나의 본성에 관한 슬픈 사실인지를 물어볼 수 있다. 하지만 이는 어떤 의미에서는 그들이 결코 의심할 수 없는 것은 아니라는 점을 드러낸다. 나는 명석 판명한 관념을 생각할 때 어떤 회의나 불확실성도 느낄 수 없다. 하지만 나는 이런 회의 불가능성이 이 관념이 참임을 보장하는지 그렇지 않은지를 물을 수 있다.

   그리고 여기서 우리는 『성찰』의 매우 중요한 전환점에 직면하는데
이는 또한 진정한, 객관적 지식의 가능성을 확립하려는 데카르트의 시
도 중 핵심에 해당하는 것이다. 명석 판명한 관념은 진리와 확실성에
관한 분명한 이해를 내게 제공한다. 이 관념은 내가 적용할 수 있는 최
고의 기준이며 나의 사고가 최선의 수준으로 드러난 것으로서, 선입견
이나 우리를 잘못 인도하는 현상, 부적절한 교육, 부주의와 혼동 등으
로부터 벗어난 것이다. 이런 사실이 이 관념이 참임을 의미하는가?

   데카르트는 그 자체만으로는 그렇지 않다고 말한다. 그는 나의 명석
판명한 관념이 참임을 보이려면 그 관념이 나의 모든 진리 기준을 충족
하며, 모든 판정 기준을 통과한다는 점 이상을 보여야 한다고 생각한
다. 이 관념이 참임을 증명하려면 그는 내가 무엇을 생각하며 내 정신
이 어떻게 작용하는가와 무관하게 그것이 독립적으로, 객관적으로 참임
을 확립해야 한다.

   그의 주장은 옳은가?

   만일 그의 주장이 옳다면 데카르트가 여기서는 '형이상학적'이라고
부르고, 다른 곳에서는 '과장된' 또는 '과대한' 회의라고 부르는{『반박
과 답변』4, 226} 이런 궁극적인 회의에 대해 관연 어떻게 답할 수 있을
것인가? 이 회의는 내 기준과 적용 절차의 적절성에 관한 것이므로 내
판정 기준 중 어떤 것도 이런 회의를 제거할 수 없음은 분명하다—이
를 제거하려는 시도는 마치 내가 본 신문의 기사가 참인지를 확인하기
위해 밖으로 나가 다른 신문을 사는 것과 같은 일이다.[3] 따라서 데카르
트는 자신이 과장된 회의에 답하고 자신의 사고 전체를 정당화할 수 있
는 유일한 방법은 어떤 독립적인 외부의 진리 기준에 호소하는 것이라

―――――
3   이 비유는 Wittgenstein, 265에서 인용한 것이다(현재의 내용과 관련되기는 하지
만 맥락은 다소 다르다).

고 결론짓는다. 하지만 이런 기준을 어디서 발견할 수 있는가? 다른 사람들이 이를 제공할 수는 없다. 그들은 기껏해야 공유된 기준을 제공하는 데 그칠 텐데 이는 객관적인 것이 아니다. 그리고 사고하는 자는 회의가 해소되기 이전에는 다른 사람들이 존재한다고 믿을 만한 근거조차도 지니지 못한다.

데카르트는 우리가 가장 깊은 수준의 회의를 해소할 수 있는 유일한 방법은 신에게 호소하는 것뿐이라고 결론짓는다. 만일 신이 존재한다는 점을 증명할 수 있다면 나는 나의 최선의 사고가 실제로 참이라는 점 또한 증명할 수 있을 것이다. 만일 신의 존재를 증명하지 못한다면 나는 결코 회의주의에서 벗어날 수 없을 것이다.[4]

이런 전환에 만족하는가? 이보다 더욱 중요하게 우리는 이런 전환을 시도하지 않고도 객관적 지식의 가능성을 확보할 수 있는가?

연결고리
- 과장된 회의에 대한 데카르트의 해결책은 3.4.1에서 제시된다.
- 이런 식으로 우리의 사고를 보증해주는 외부의 존재를 도입하는 것이 일관성을 지니는지는 3.4.4.에서 검토된다.

---

4   "… 내가 방금 규칙으로 정한 것, 곧 우리가 매우 명석 판명하게 인식하는 것은 모두 참이라는 명제의 진리성조차도 오직 신이 존재하거나 현존한다는 점, 그가 완전한 존재라는 점, 우리 안의 모든 것은 신으로부터 온다는 점을 근거로 삼아서만 보장된다"(『방법서설』, 4; VI.38) {『반박과 답변』 2; 141}.

3.3.2 제3성찰, 2절. (36-40)

관념의 본질

개관

이제 나는 내가 지니는 서로 다른 종류의 '관념들'을 명확히 밝힐 필요가 있다. 우리는 엄밀한 의미에서의 관념을—곧 사물들에 대해 내가 갖는 **개념**을— 자주 관념에 동반되는 다른 종류의 사고들과, 예를 들면 감정[나는 내가 개념을 지니는 무언가에 대해 어떤 방식으로 느낀다], 결정[나는 내가 개념을 지니는 무언가에 대해 무언가를 하려고 선택한다] 그리고 판단 [나는 내가 개념을 지니는 무언가에 대해 참이라고 판단한다] 등과 분리해야 한다(36-7). 오직 판단만이 참이거나 거짓일 수 있다—감정이나 결정과 마찬가지로 개념은 참이거나 거짓일 수 없다(37).

나의 개념들 중 일부는 외부에서 유래한 것으로 보이며, 일부는 내가 마음대로 만들어낸 것으로 보인다. 그리고 다른 것들은 나 자신의 정신 안에서 생겨난 듯이 보인다(37-8).[5] 내가 관념들과 관련해 잘못을 저지르는 까닭은 외부에서 유래한 관념들이 정확하게 외부의 원인을 반영한다고 자연스럽게 가정하기 때문이다(38-9).[6] 하지만 이 원인은 외부적인 것이 아닐 수도 있으며, 설령 외부적이라 할지라도 외부의 대상을 정확하게 반영하지 않을 수도 있다(39). 따라서 내가 외부 세계를 회의하는 것은 매우 정당하다(40).

---

5   이들은 '본유적'(innate)이다[3.2.3].
6   데카르트는 '자연'이 자신을 이렇게 생각하도록 가르쳤다고 말한다. 하지만 뒤이어 이 말은 단지 그렇게 생각하는 것이 자연스러운 가정임을 의미할 뿐이지 '자연의 빛'에 의해 그렇게 밝혀진다는 점을 의미하지는 않는다고—곧 이것이 회의할 수 없는 명석 판명한 관념은 아니라고—주장하면서 이에 관해 상당히 길게 설명한다. 이 자연스러운 가정은 제6성찰에서 물질세계의 존재를 증명하는 기초로 작용한다[3.6.3].

주석

이 절에서 지금까지의 이야기가 크게 진전되지는 않지만 우리가 명확히 밝혀야 할 몇 가지 중요한 전제들이 설명된다.

사고하는 자는 어떻게 자신의 머리 안에서 벗어날 수 있는가? 그는 자신이 사고하는 존재로 현존한다는 점을, 그리고 이와 더불어 자신의 사고가 현존한다는 점을 확립했다. 하지만 그는 어떻게 여기에서 벗어나 자신의 외부에 있는 것들에 대한 지식에 이를 수 있는가?

이에 대한 대답은 그가 자신의 사고들을 자세히 검토해 그것들이 자신의 정신 외부의 세계에 관해 무언가를 말해주는지를 결정하는 것이라고 할 수 있다. 특히 이 결정적인 첫 단계에서 그는 자신의 정신 안에서 발견되는 개념들 중 어떤 것에 대해서라도 그 개념에 대응되는 실재하는 것이 세계 안에 존재해야 하는가를 자문한다. 그리고 이 질문에 대답하기에 앞서 그는 자신이 어떤 종류의 관념을 지니는지를 명확히 밝힐 필요가 있다.

내가 보기에 그는 여기서 세 가지 기본 논점을 형성하는 듯하다.

1. 관념. 나는 내 정신 안의 개념들을 내가 지닌 다른 종류의 사고와 분리해야 한다. 다른 종류의 사고에 속하는 것으로 데카르트는 감정과 결정, 판단 등을 드는데 내게 관심 대상이 되는 무언가에 대한 개념이 없다면, 곧 내가 그것이 무엇인지 알지 못한다면 이들 중 어떤 것도 생겨나지 않는다.

   여기서 그는 엄밀하게 분류하면 오직 내가 개념(concept)이라고 부르는 것만이 관념(idea)으로 불릴 수 있다고 말하지만 이런 용법을 제대로 지키지는 않는다. 그는 '관념'이라는 용어를 모든 종류의 정신적 실재 또는 사건을 (모든 '사고의 양태'를) 지칭하는 데 사용하므로 우리는 이 용어가 서로 다른 의미로 사용되는 경우에 대해 주의를 기울여야 한다.

여기서 내가 개념이라고 부르는 바를 데카르트는 '상'(image)이라고 부르는데 이는 오해를 일으킬 가능성이 크다. 우리는 '상'이라는 용어를 정신적인 그림과 같은, 시각적인 무언가를 의미하는 데 주로 사용한다. 그리고 데카르트 자신도 자주 이런 방식으로 말한다. 예를 들면 그는 상이 빛에 의해 눈에 형성된다고 말하며(『굴절광학』, 5; VI.114), 또한 기억은 두뇌에 각인된 상들이 남긴 흔적이라고도 말한다(메랑(Mesland)에게 보낸 1644년 5월 2일 자 편지; IV.114). 그리고 그는 상상(때로는 '공상')이라는 용어를 이런 의미에서의 상을 포함하는 사고를 의미하는 것으로 사용한다. 하지만 여기서 사고하는 자는 상이라는 용어를 우리가 자연스럽게 무언가에 대한 관념 또는 개념이라고 부를 수 있는 것을—나의 외부에 있는 무언가를 나타내거나 반영하거나 또는 지시하는 내 정신 안에 있는 모든 것을—의미하는, 그리 엄밀하지 않고 특별히 전문적이지 않은 의미로 사용한다. (데카르트가 상이라는 용어를 통해 일종의 시각적 그림을 의미하지 않는다는 사실은 우리가 신에 대한 상을 지닐 수 있다는 그의 언급에서 잘 드러난다. 신은 비물질적이므로 우리는 문자 그대로의 의미에서 신에 대한 그림을 지닐 수 없다.)

2. 참인 관념. 개념이나 감정, 결정 등은 참이거나 거짓일 수 없다. 후에 그는 개념들이 '질료적으로 거짓'일 수 있다고 말하는데(43), 이를 통해 그는 우리가 세계 안의 그 무엇과도 대응하거나 일치하지 않는 무언가에 대한 관념을 지닐 수 있음을 의미한다. 하지만 여기서 그가 강조하는 바는 우리가 잘못을 저지를 때조차도—예를 들면 우리가 아리스토텔레스는 벨기에인이었다고 생각할 경우에도—우리가 지

닌 벨기에인 아리스토텔레스의 개념 자체에 무언가 잘못이 있는 것
은 아니라는 것이며, 이는 우리가 지닌 셜록 홈즈(Sherlock Holmes)
의 개념에 아무 잘못도 없는 것과 마찬가지이다. 이런 것들에 대해
우리가 지니는 개념은 우리가 그것을 우리 정신 안에 있는 개념이라
고 생각하는 한 완벽하게 아무런 문제도 없다. 참과 거짓은 오직 우
리가 정신 안에 있는 관념이 세계에 존재하는 바를 정확하게 반영하
는가에 대해 판단을 내리고 어떤 결정을 내릴 경우에만 등장한다.[7]

3. 본유 관념. 관념들을 본유적인 것과 외래적인 것 그리고 나 자신이
만들어낸 것으로 분류하는 방식은 제6성찰에서 다시 등장하는데,
여기서 이 분류는 물질세계의 존재를 증명하는 데 중요한 역할을 한
다[3.6.3]. 또한 '본유적'이라는 용어를 오해해서는 안 된다. 내가
앞서 3.1.4에서 지적했듯이 데카르트가 어떤 관념이 본유적이라고
(그리고 후에 신의 개념이 본유적이라고) 말할 때 그는 그것에 대해
생각하도록 타고났다는 점을 의미하지 않는다. (그런데 많은 사람들
은, 심지어 로크조차도 데카르트를 이런 식으로 오해했다.[8]) 그가 의
미한 바는 본유 관념이 자신의 내부에서 만들어진다는 점, 곧 자신의
정신 안에서 자연스럽게 등장한다는 점이다(이런 점에서 본유 관념

---

7 '관념들은 거의(vix/à peine) 나를 오류의 함정에 빠뜨릴 수 없다'는(37) 말에서
'거의'라는 단어를 관념들이 우리에게 오류의 근거를 많이 제공할 수는 없다는 식으
로 해석해서는 안 된다. 이 말의 의미는 우리가 우리의 관념들을 그저 관념으로 생각
하는 한 이들은 결코 참이거나 거짓일 수 없다는 것이다. 사실 여기서 등장하는 '관
념'에 어떤 의미를 부여하기는 쉽지 않다. 내가 앞서 말한 대로 여기서 관념은 상이 아
니며 또한 판단과도 전혀 다른 것이다. 따라서 관념은 현재 논의 중인, 세계에 존재하
는 바에 관한 나의 믿음(판단)의 총체일 수도 없다. 그렇다면 여기서 관념은 도대체
어떤 종류의 것인가?
8 레기우스(Regius)가 데카르트에 반대하면서 엄마 뱃속의 태아에게는 사실상 신의
관념이 없다고 주장하자 데카르트는 이를 몹시 비웃는다(『주석』, VIIIb.366). 본유 관
념에 대한 로크의 견해는 『지성론』(Essays), 1.2-4 참조.

은 경험에서 얻어지는 나무의 관념이나 서로 다른 여러 관념들에서
일부를 취해 내가 형성하는 날개 달린 말의 관념과 모두 다르다). 따
라서 본유 관념은 처음부터 어떤 방식으로 나의 본성 안에서 형성되
는 (또는 본유적인) 것임에 틀림없다.

데카르트는 바로 이런 의미에서 신의 관념이 우리 안에 내재하는 본
유적인 것이라는 결론에 이르게 된다. 하지만 신의 관념만이 유일한 본
유 관념은 아니다. 예를 들어 완벽한 원의 관념을 생각해보자. 우리는
경험을 통해서 결코 이 관념을 얻을 수 없다. 우리가 실제로 접하는 원
은 절대 완벽하지 않기 때문이다. 하지만 우리 모두는 이 관념을 지니
며, 이 관념은 우리 모두에게 동일한 것으로 나타난다. 데카르트는 이
런 사실이 우리가 완벽한 원의 관념을 스스로 형성할 수 없음을 보여준
다고 생각한다. 이런 관념을 형성할 능력은 인간 정신의 구조 안에 갖
추어진 무언가이며, 따라서 이런 관념은 '본유적'이다(『반박과 답변』
5, 380-2). 이와 마찬가지로 그는 자아의 관념이 동일한 방식으로 본유
적이라고 생각한다. 어쨌든 자아의 관념은 우리가 경험할 수 없는 무언
가이다(경험을 행하는 것이 자아이므로 자아는 경험되는 것일 수 없
다). 또한 코기토에서 드러나듯이 우리는 어떤 외부의 증거가 없이도
자아가 존재함을 확신할 수 있다. 이는 자아의 관념이 정신 자체의 내
부에서 등장함에 틀림없음을 의미한다. 그렇지 않은가?[9]

---

9   때로 데카르트는 모든 관념이 본유적이라고 말한다. 이 말의 의미는 감각은 우리
에게 단지 주변 세계의 상들만을 제공하는데 우리의 정신이 자신의 내부에서 상과 관
련되는 것들의 개념을 형성함으로써 상들에 대응한다는 것이다. (예를 들면 새는 자
신이 날아서 넘어가는 우체국의 상을 형성할 수는 있지만 이를 우체국에 대한 개념으
로 발전시키지는 못한다.)『주석』, VIIIb.361} 이런 방식의 용법에 따르면 그가 여기
서 본유적이라고 부르는 관념은 특수한 상이나 일련의 상들에 대응해 산출한 것으로

3.3.3 제3성찰, 3절. (40-2)

실체성과 관념의 원인

개관

하지만 내가 지금까지 말한 바는 관념의 **근원**과 관련된 것이었다. 이제 관념의 **내용**에 관해 살펴보자. 만일 우리가 관념들을 단지 우리 정신 안에 있는 것으로 여긴다면 그들은 모두 같은 것인 듯하다.[10] 하지만 이들이 서로 다른 종류의 것들을 반영하는 한 이들은 서로 크게 다르다. 그리고 이런 점에서 이들이 반영하는 대상은 더욱 실재적이거나 덜 실재적일 수 있다(40).

이제 원인은 최소한 그것의 결과와 같은 정도로 실재적이어야 한다는 점이 명백히 드러난다 — 만일 그렇지 않다면 무언가가 무로부터 생겨날 수도 있으며, 더 큰 실재성을 지닌 것이 더 작은 실재성을 지닌 것으로부터 생겨나기도 할 것이다.[11]

이와 같은 생각이 관념의 **대상들**에게도 적용된다. 더욱 실재적인 것이 덜 실재적인 것에 의해서 생겨날 수는 없다. 따라서 더욱 실재적인 무언가에 대한 **관념**이 그 관념보다 덜 실재적인 무언가에 의해서 생겨날 수는 없다. 따라서 관념은 결국 **사물들**에 의해 생겨나야 한다(40-2).

볼 수 없을 듯하다.

10   우리는 방금 몇몇 관념들이 외부에서 유래한다는 점을 인정했으므로 관념들이 모두 '나의 내부에서 등장한다'(a me procedere/procéder de moi)는 말은 다소 이상하게 들린다. 하지만 우리가 다양한 사고를 일종의 정신적 사건으로 여길 때 모든 사고는 정신의 상태에 지나지 않으므로 모든 사고는 동일한 방식으로 내 안에서 산출된 것이라고 할 수 있는데 관념에 대해서도 이런 식으로 생각할 수 있다.

11   데카르트는 '작용인 또는 총체적 원인'이라는 말을 통해 부분적 원인과는 반대되는 전체적 원인을 의미한다. 그렇다면 그는 '작용인'이라는 말을 전문적인, 아리스토텔레스적인 의미로 사용하지 않는다고 할 수 있다(『반박과 답변』 4: 235-6).

주석

내가 위의 요약을 통해 분명히 드러내려 하듯이 여기서 데카르트의 생
각은 비교적 명확하다. 하지만 그가 사용한 용어 때문에 원전의 내용을
따라가기가 쉽지 않다.

여기서 핵심이 되는 용어는 형상적 실재성과 대상적 실재성이다. 우
선 실재성에 대해 논의해보자.

1. 실재성의 정도

사물들이 서로 다른 수준의 실재성을 지닌다는 말, 어떤 것이 다른 것
보다 더 큰 또는 더 작은 실재성을 지닌다는 말의 의미는 무엇인가? 분
명히 사물들은 실재하거나 실재하지 않을 수는 있지만 어떤 것이 조금
더 실재적이라든지 그렇게 실재적은 아니라든지 다른 것보다 더욱 실재
적이라는 말은 무의미한 것처럼 보인다. 그런데 지금 데카르트는 이런
실재성에 관해 언급하는 것이 전혀 아니다{『반박과 답변』2 ; 165-6}.

실재성(reality)에 해당하는 라틴어 단어 'realitas'는 사물을 의미하
는 단어 'res'에서 유래했다. 따라서 문자 그대로 해석하면 'realitas'는
'사물임'(thingliness) 또는 내가 '실체성'(substantiality)이라고 부른
바를 의미한다. 실체의 개념에 관해서는 3.2.9에서 이미 설명했으므로
여기서는 간단히 요약해 언급하려 한다.

몇몇 칼들은 실제로 날카롭다. 그러나 칼들의 날카로움은 실재하기
는 하지만 칼과 별도로 실재하는 사물은 아니다. 날카로움은 몇몇 칼들
이 지닌 속성일 뿐이다. 칼을 제거하면 날카로움도 따라서 제거된다.
반면 날카로움을 제거하더라도 (무딘) 칼은 여전히 남는다. 따라서 칼
은 '실체'인 반면 날카로움은 그렇지 않다.

하지만 날카로움이 칼 자체에 의존하듯이 칼 또한 그것을 구성하는

물질에 의존한다. 칼을 구성하는 물질은 우주가 창조되었을 때부터 존재했으며, 우주가 끝날 때까지 존재할 것이다. 그렇다면 칼은 현재 순간 물질의 상태에 지나지 않는다. 물질을 제거하면 더 이상 칼도 존재하지 않는다. 칼을 제거한다 해도 흩어진 물질의 덩어리는 남는다. 따라서 칼은 그것을 구성하는 물질에 비해 덜한 사물이며, 덜한 실체이다. 데카르트의 표현에 따르면 (그는 여기서 자신이 교육받은 '스콜라 철학의' 전통적인 형식적 언어를 사용하지만 계속 이로부터 벗어나려고 애쓴다) 칼은 자신을 구성하는 물질보다는 '실재성'이 작지만 (덜한 사물이며, 덜한 실체이지만) 날카로움보다는 실재성이 크다.

2. 형상적 실재성과 대상적 실재성

위의 내용을 이해하기 어렵다면 3.2.9를 다시 한번 읽어보기 바란다. 위의 내용을 잘 이해했다면 그 다음 단계로 쉽게 넘어갈 수 있다. 우리는 오직 '형상적'(formal)과 '대상적'(objective)이라는 용어가 지닌 일상적인 의미를 버리기만 하면 된다.

데카르트가 어떤 관념의 형상적 실재성에 관해 말할 때 그는 오직 내가 방금 설명한 의미에서 관념의 실체성만을 의미한다. 이런 관점에서 나의 모든 관념은 동일하다—곧 이들은 모두 동일한 수준의 실체성 (또는 동일한 형상적 실재성)을 지닌다. 왜냐하면 이들은 모두 내 정신 안에 있는 관념이며, 내 의식 상태이며, 내 사고의 '양태'이기 때문이다.[12] 하지만 관념들은 그저 내 머리 안의 사건에 그치지 않으며, 사물들을 반영하거나 지시한다(관념들은 어떤 의도를 지닌다)—곧 관념들

---

[12] 데카르트는 또한 여기서 양태를 '우연적 성질'이라고도 표현한다—양태는 실체가 시간상의 어떤 지점에서 우연히 존재하게 된 방식들, 우연히 지니게 된 속성들을 의미한다.

은 대상을 지닌다. 그리고 관념들이 반영하는 사물, 곧 관념의 대상에는 서로 다른 수많은 종류가 있을 수 있다. 어떤 것은 더욱 실체에 가깝고, 어떤 것은 실체에서 다소 멀리 있다. 데카르트는 어떤 관념의 대상 자신의 실체성의 수준을 그 관념의 '대상적 실재성'이라고 부른다{『반박과 답변』1 ; 102-3}.

이해하겠는가? 어떤 칼이 자신의 날카로움보다 더욱 실체적이지만 자신을 구성하는 물질보다는 덜 실체적이라면 칼은 전자보다는 크고, 후자보다는 작은 형상적 실재성을 지닌다. 그리고 이는 칼의 관념과 그것을 구성하는 물질의 관념 그리고 날카로움의 관념, 이렇게 세 관념의 형상적 실재성이 정확하게 동일하다 할지라도 칼의 관념이 물질의 관념보다는 작고, 날카로움의 관념보다는 큰 대상적 실재성을 지닌다는 점을 의미한다.

3. '인과적 타당성' 원리

지금까지 나는 주로 데카르트의 용어를 설명하는 데 주력했다. 이제 그가 제시하는 첫 번째 중요한 논점을 살펴보자. 어떤 사물은 자신보다 덜 실체적인 무언가를 자신의 원인으로 삼을 수 없다.

이 주장은 참인가?

실체성의 관념은 우리가 그리 자주 사용하는 것이 아니므로 이 질문에 답하기는 쉽지 않다. 하지만 형태와 색이 어떤 방식으로 결합해 어떤 종류의 대상을 형성한다는 생각은 그럴 듯하게 들리지 않는가? 결코 그렇지 않다. 우리는 다른 대상들로부터 어떤 대상을 형성할 수는 있지만 대상의 속성들로부터는 그렇게 할 수 없다. 왜 할 수 없는가? 글쎄, … 분명히 말하기는 어렵다. 하지만 이 질문에 대한 대답은 결국 데카르트가 원인은 최소한 결과보다 큰 형상적 실재성을 지녀야 한다는 말을 통해서 표현한 생각에 의존하는 방향으로 나아갈 듯하다. 이와 동일한 이유로 우리는 대상들을 결합해 새로운 물질을 만들 수는 없다. (하지만 이 주장은 다소 덜 명확하다. 왜냐하면 우리는 대상을 물질로 생각할 수 있는데, 물질을 어떤 방식으로 결합해 새로운 물질을 생성할 수 있다는 생각이 얼토당토않은 듯이 보이지는 않기 때문이다. 이런 생각은 어쩌면 데카르트와 우리의 물리학에서 핵심적인 위치를 차지하는 일종의 보존 법칙에 위배되는 것일지는 몰라도 아예 상상조차 할 수 없는 것은 아닌 듯하다. 하지만 정말로 얼토당토않은 것은 우리가 단지 물질의 상태로부터 물질을 만들 수 있으리라는 생각이다. 우리가 더욱 적절하게 대상이라고 여길 수 있는 바는 물질의 상태가 아니라 물질이기 때문이다.)

내가 보기에 데카르트의 이런 생각은 그럴듯하다 ─ 우리가 아직 인정하지 않은 존재론이 우리의 사고에 미치는 영향을 증명하는 듯하다 [3.2.7; 3.2.9]. 데카르트 또한 이를 명백한 것으로 여기면서도 다음과 같은 논증을 더한다. 만일 어떤 원인이 자신의 결과보다 덜 실체적이라면 우리는 결국 무로부터도 무언가를 만들 수 있을 것이다. 우리는 더 적은 것으로부터 더 많은 것을 만들 수 있을 것이며 따라서 아무것도 없는 데서 불쑥 무언가가 튀어나올 수도 있을 것이다.[13]

지금까지는 그런대로 괜찮지만 다음 단계는 받아들이기가 더욱 어렵다. 데카르트는 자신의 원리를 관념에까지 확장해 관념은 최소한 자신만큼의 실체성을 지닌 무언가를 원인으로 삼아야 할 뿐만 아니라 또한

---

13   데카르트는 무로부터는 무언가가 등장할 수 없다는 생각이 자신의 인과적 원리로부터 '도출된다'(hinc autem sequitur/de là il suit)고 말함으로써(40) 이 논증을 거꾸로 뒤집으려 하는 듯하다. 이를 통해 그가 의미하려는 바는 이 원리가 무로부터는 아무것도 생겨나지 않는다는 우리의 믿음에 근거를 제공한다는 점이다. 이 논증은 '이 원리가 무로부터는 무언가가 등장할 수 없는 이유'라는 형식을 취한다.

최소한 자신이 반영하는 사물만큼의 실체성을 지닌 무언가를 원인으로 삼아야 한다고 말한다. 이런 생각의 기초, 곧 이 절의 마지막에서 두 번째 문단에서 가장 명확히 드러나는 내용을 설명하기 위해 내가 지닌 물고기의 관념을 예로 들려 한다. 이 관념을 제대로 설명하려면 나는 내가 어떻게 이 관념을 지닐 수 있는가(곧 내 관념의 형상적 실재성)뿐만 아니라 내가 어떻게 구체적으로 물고기에 대한 관념을 지닐 수 있는가(곧 내 관념의 대상적 실재성)도 설명해야 한다. 이와 관련해 데카르트는 우리가 어떤 설명을 제시하든 이는 최소한 물고기 자체만큼의 실체성을 지닌 무언가를 인용해야 한다고 주장한다.

이렇게 일반적인 관계로 표현할 경우 나는 데카르트의 원리가 그럴듯하다고 생각한다. 현대의 몇몇 철학자들은 내가 지닌 어떤 관념이라도 물고기의 관념이 되려면 그것이 어떤 지점에서 직접적이든 간접적이든 간에 실제의 물고기를 원인으로 삼아야 한다고 주장하는데[14] 데카르트는 이들보다 오히려 적은 것을 요구하는 셈이다. 데카르트의 주장은 그저 물고기의 관념이 최소한 물고기 정도의 실체성을 지닌 무언가를 원인으로 삼아야 한다는 정도에 그친다. 하지만 그렇다면 나는 최소한 물고기 정도의 실체성을 지닌 나 자신이기 때문에 나는 항상 나 스스로 관념을 형성할 수 있을 것이다.

---

14 예를 들면 Putnam, 1 참조.

3.3.4 제3성찰, 4절. (42-5)

내가 지닌 신의 관념의 원인

개관

그렇다면 여기서 내가 지닌 관념들 중 나의 외부에 있는 무언가로부터 생겨난 관념이 하나라도 있는가라는 질문이 제기된다. 만일 있다면 나는 유일하게 나만이 존재하는 것은 아니라는 점을 알게 된다(42).

나는 나 자신 이외에도 신, 물질적 대상, 천사, 동물, 다른 사람들에 대한 관념을 지닌다. 이들 중 마지막 셋에 대한 관념은 내가 처음의 두 관념을 결합해 만들어낼 수 있는 것이다(42-3).

주의 깊게 검토해보면 물질적 대상에 대한 나의 관념은 사실상 연장성을 지닌 덩어리의 관념에 실체, 지속, 수의 관념을 더한 것임을 알 수 있다. 내가 물질적 대상이 지닌다고 생각하는 다른 모든 속성들은 그 대상에 대해 전혀 참이 아닐 수도 있다(43-4).[15]

그렇다면 내가 지닌 대상의 관념 안에는 나 스스로 만들어낼 수 없는 것은 아무것도 없다. 나는 실체인 반면 대상들은 실체적이 아니며, 지속과 수의 관념 등은 내가 나 자신의 사고에서 얻을 수 있는 것들이다. 물론 나는 이들을 **물질적** 실체로 여기는 반면 나 자신은 유일하게 사고하는 존재이다. 하지만 물질적 실체들은 사고하는 실체만큼 실체적은 아니므로 내가 이들을 만들어내었다고 생각하지 못할 이유가 전혀 없다(44-5).[16]

---

15 여기서 데카르트가 자신의 기계론에서[3.2.4] 벗어나는 듯하다는 점을 주목할 필요가 있다. 그는 '제2성질'이 그 자체로 대상 안에 존재하지 않는다고 주장하지 않을 수 없다[3.2.5]. 그는 자신이 대상을 정확하게 판별하지 못하므로 대상에 대해 이렇게 불완전한 관념을 지닐 수밖에 없다고 여기면서 대상의 관념은 '무로부터 생겨난다'고 말한다. 그런데 그가 방금 무언가는 무로부터 생겨날 수 없다는 점을 논증했다는 사실에 비추어보면 이런 말은 상당히 부적절하다.

신의 관념은 어떤가? 신에 대해 나는 무한하며, 전지하고, 전능한 창조
자로서 다른 모든 것은 신에게 의존한다는 등의 개념을 지닌다. 나는 이와
같은 무언가의 관념을 스스로 만들어낼 수 없을 것이므로 신은 내 안에 있
는 이런 관념의 원인으로서 반드시 존재해야만 한다(45).

주석
여기서는 두 가지 논점에 관해 생각해야 하는데 두 번째 것은 명확한
반면 첫 번째 것은 다소 덜 명확하다.

1. 나 자신으로부터 배우기
여기서 데카르트가 어떻게 자신이 천사나 동물, 다른 사람들에 대한 관
념뿐만 아니라 물질세계에 대한 관념까지도 모두 스스로 형성했다는
말에 완벽한 의미를 부여하는지에 주목할 필요가 있다. 그는 이들은 개
별적인 사물이거나 개별적 실체인데 자신 또한 개별적 실체이므로 자
신이 이들에 대한 관념을 스스로 만들어내는 것이 불가능하지는 않다
고 주장한다. 이런 주장은 참인가?

이 절에서 우리와 마찬가지로 사고하는 자는 신의 관념에 초점을 맞
추고 여기에 주의를 기울이고 있으므로 이 질문을 간과하기 쉽지만 이
는 매우 크고 중요한 것이다.

『성찰』의 전체 구조는 우리가 세계를 우리의 내부로부터 인식한다는
믿음을 은연중에 드러낸다. 코기토를 통해 나는 내가 존재한다는 점을

---

16 데카르트는 내가 '우월한 지위에서' 물질적 속성들을 소유한다고 말하는데 이 말
의 의미는 내가 그들을 어떤 잠재적인 형태로 소유한다는 것이다. 신은 비물질적이지
만 물질은 그의 내부에서 생겨난다. 따라서 신은 물질의 원형 또는 일종의 물질성을
더욱 상위의, 어떤 '우월한' 형태로 포함함에 틀림없다.

인식하는 것에 더해 나 자신을 이해할 수 있게 된다. 곧 나는 나의 특수한 특성이나 내력이 아니라[3.2.2] 사고하는 존재, 한 개인 그리고 자아임이 무엇인지를 깨닫게 된다. 그리고 데카르트는 나 자신의 존재에 대한 이런 이해에 기초해 다른 사람들에 대한 (그들도 나와 같은 개인이라는) 관념과 물질적 사물에 대한 (이는 다른 종류의 개체라는) 관념을 형성할 수 있다고 말한다. 그렇다면 이와 같은 수준에서 다른 점들을 취함으로써 동물과 천사의 관념 또한 형성할 수 있다.

데카르트에게 이런 체계는 당연히 완벽한 의미를 지닌다. 그는 우리들 각자가 원자적 개인이며, 자신의 정체성을 지니는 사고하는 실체이며, 신이 창조한 존재이며, 물질적 연속체로서의 육체와 개인적인 영역에서 특별하게 연결되는 존재라고 생각한다[3.2.6]. 현재 많은 사람들은 정신에 관한 이런 견해를 받아들이지 않는다. 하지만 만일 이를 포기한다면 우리는 이런 견해와 맥을 같이하는, 정신에 대한 이해까지도 포기해야 하는가?

여기서 검토해야 할 질문은 다음 네 가지이다.

1. 나는 과연 다른 사람들에 대한 이해에 앞서 그리고 이런 이해와 무관하게 나 자신을 이해할 수 있는가?

어린아이는 성장함에 따라 자기 자신 및 자신의 욕구와 필요에 대한 개념을 먼저 형성하고 그 후의 어느 단계에 이르러 자신의 주변 어린아이들이 자신과 같은 종류에 속한다는 사실을 발견하는가? 아니면 두 가지 생각이 동시에 함께 발전되는가? 어린아이는 오직 다른 사람과의 관계를 통해서만 자신을 이해하게 되는가?

나는 바로 나의 존재를 통해서 나 자신을 인식한다는 말이 어떤 의미라도 지닐 수 있는가? 만일 나는 나라는 말이 나는 다른 어느 누

구도 아니라는 점을 의미하지 않는다면 과연 무엇을 의미할 수 있는
가? (만일 우리에게 저기라는 개념이 없다면 과연 우리는 여기라는
개념을 지닐 수 있는가?)

2. 만일 나 자신의 경우를 이해하는 데서 출발했다면 나는 과연 다른
누군가를 이해하는 데 도달할 수 있을 것인가? 만일 내가 지닌, 사
고가 무엇인가에 대한 유일한 개념이 내게 사고가 무엇인가라는 개
념이라면 내가 지닌, 고통에 대한 유일한 개념은 곧 내 고통의 개념
일 것이다. 그렇다면 과연 나는 어떻게 나의 것이 아닌 사고나 고통
의 개념에 도달할 수 있을 것인가?

3. 이와 마찬가지로 나 자신의 자아를 파악하는 것이 외부 세계를 이해
하기 위한 근거로 충분할 수 있는가? 만일 존재에 대한 나의 관념이
나라는 존재의 관념이라면 나는 어떻게 외부의 대상들을 내가 지닌
것과 동일한 의미에서 존재한다고 여길 수 있는가? 오히려 나는 내
주변의, 감각이 없는 대상들과 대비함으로써 나의 정신과 주관성을
이해한다고 보는 것이 사실에 가깝지 않은가? 따라서 다른 것들이
없다면 어떤 개념도 결코 존재할 수 없는 것이 아닌가?

4. 만일 우리가 동시에 우리 주변의 다른 사람들과 사고하지 않는 대상
들의 세계를 파악하지 못한다면 우리 자신의 개념 또한 지닐 수 없
으리라는 결론을 실제로 내릴 경우 이는 사고하는 자가 제1성찰에서
주장한 것과는 달리 우리가 자신의 정신 외부에 있는 모든 것을 진
정으로 회의할 수는 없음을 의미하지 않는가?

이들은 모두 방대한 주제들이므로 여기서는 단지 이들이 암시하는
바만을 지적하려 한다. 핵심 논점은 데카르트가 신의 존재를 증명하는
방식에는 우리가 반드시 인식해야 하는, 깊은 수준의 가정들이 포함되

어 있다는 것이다. 이런 가정들은 자아 및 개인의 개념과 관련되므로 거대한 심리학적, 사회적, 정치적 함의를 지닌다. 인간에 대한 데카르트의 이원론적 설명은 이런 가정들에 의미를 부여한다. 만일 그의 이원론을 포기한다면 우리는 이로부터 등장하는 자아의 개념 또한 포기하지 않을 수 없다.[17]

2. 초자연적인 것의 관념: 신의 존재를 증명하기 위한 데카르트의 첫 번째 시도

이제 사고하는 자는 모든 것을 신의 존재로 향하게 만든다. 신이 존재한다는 사실을 인식하지 못하면 우리는 과장된 회의를 반박할 수 없게 되고, 회의할 수 없는 것은 아무것도 없게 되고, 결국 우리는 제1성찰의 끝부분에서 직면했던 상황으로 되돌아간다[3.1.6; 3.1.3].[18] 그리고 이제 우리는 신의 존재에 대한 첫 번째 증명을 만나게 되는데(다른 방식의 증명은 제5성찰에서 등장한다) 이는 놀랄 만큼 짧은 형태로 나타난다. 일단 이 증명에서 사용되는 용어를 제대로 파악하기만 하면 여기에서 전개되는 생각 자체는 실제로 매우 단순하다.

사고하는 자가 증명의 기초로 의존해야 할 것은 오직 자기 자신의 존재 및 자신의 정신 안에 있는 관념들의 존재뿐이다. 그가 관념을 지닌다는 사실이 그의 외부에 있는 어떤 것의 존재도 증명해주지는 않는다. 관념은 단지 그의 정신 안에서 이루어지는 사고에 지나지 않기 때문이다. 그가 지닌 관념의 내용, 곧 다른 사람이나 대상, 동물, 천사 등도 그

---

17 나의 개인적인 견해를 밝히면 『성찰』에 대한 탐구를 통해 자아 및 자아와 세계의 관계에 대해 우리가 얼마나 크게 넓은 의미에서 데카르트적인 태도에 의존하는지가 드러난다고 생각한다. 자아와 세계에 대해 생각하면서 설령 이런 태도를 옹호하기 어렵다 할지라도 우리의 의존성은 여전하다.

18 이는 '다른 모든 것들에 대한 인식이 신에 대한 인식에 의존함을 의미'한다(『원리』, 1.13).

에게 아무것도 말해주지 않는다. 이들은 모두 이들에 대한 관념을 그가
스스로 만들어 내었을지도 모르는 사물이기 때문이다. 하지만 신의 관
념은 그렇지 않다. 사고하는 자가 신의 관념을 지닐 수 있는 유일한 방
법은 신이 존재할 경우뿐이다. 우리가 신의 관념을 지닌다는 사실을 설
명할 수 있는 유일한 근거로 신은 존재해야만 한다.

  나는 이런 논증을 설득력 있는 것으로 받아들일 사람이 그리 많지 않
다는 점은 충분히 사실일 수 있다고 생각한다. 하지만 이 논증은 겉보
기보다 생각해야 할 점이 무척 많으므로 나는 이 논증을 그럴 듯하게
만들려면 어떻게 해야 하는지를 보이기 위해 최선을 다하려 한다. 이를
제대로 평가하려면 다음 네 가지 논점을 고찰해야 한다.

1. 우선 우리가 증명하려는 바가 무엇인지를 분명히 해두자. 신의 존재
   를 증명하려고 시도하면서 데카르트가 얼마나 진지한 태도를 보이
   는지 그리고 그가 증명하려는 신이 정확히 어떤 종류의 신인지에 대
   해서는 3.3.9에서 논의하려 한다. 여기서는 데카르트의 논증이 제대
   로 작동하는지 그렇지 않은지를 결정하기 전에 우리가 기억해야 할
   기본 논점을 제시하려 한다.

   비록 문법상으로는 동일할지 몰라도 신이 존재하는지 그렇지 않
   은지에 대한 질문은 산이나 달이 존재하는지 또는 스코틀랜드 네스
   호의 괴물이 존재하는지 그렇지 않은지에 대한 질문과 동일한 형태
   의 질문이 아니다. 설령 이 괴물이 존재한다 해도 이는 그저 또 다른
   존재, 또 다른 사물에 지나지 않으며 우주에 존재하는 모든 것의 목
   록에 한 항목으로 더해질 뿐이다. 지금까지 우리가 알았던 모든 종
   류의 것과는 다른 새로운 것이 더해진다는 점에서 무척 흥분되고,
   흥미롭고, 기이한 일일지는 몰라도 결국 그 괴물 또한 또 다른 존재

에 지나지 않으며, 사실상 물질이 또 다른 형태를 취한 것일 뿐이다.

반면 신은 이런 종류의 존재가 아니다. 신이 존재한다고 말하는 것은 또 다른 존재를 우리의 목록에 더할 필요가 있다는 말이 아니라 완전히 새로운 목록이 필요하다는 말이다. 데카르트와 그의 동시대인들에게 신은 정의상 완전히 다른 질서에 속하는 존재, 곧 초자연적 존재이다. 따라서 신이 존재하는가라는 질문에서 데카르트와 무신론자 사이의 쟁점은 또 다른 어떤 것이 존재하는가 그렇지 않은가가 아니라 존재의 또 다른 수준이 성립하는가 그렇지 않은가─곧 존재하는 모든 것에게 의미를 부여하기 위해 우리는 존재하는 모든 것을 뛰어넘어 그 위에 존재하는, 어떤 무한하고 창조적인 지성을 필요로 하는가 그렇지 않은가─이다.

2. 신이 존재하더라도 신은 존재하는 나머지 모든 것들과 전혀 다른 질서에 속한다는 생각은 데카르트가 사용한 인과성의 원리에도 중요한 의미를 부여한다. 나는 위에서 비록 다소 낡게 보일지 몰라도 결과는 최소한 그 원인과 같은 정도의 실재성을 지녀야 한다는 말이 실제로 충분한 의미를 지닌다고 주장했다. 왜냐하면 어떤 새로운 것이 사물들의 여러 속성이나 상태를 결합해서 만들어진다는 말은 무의미하기 때문이다[3.3.3]. 이제 신과 더불어 이 점은 훨씬 더 명확해진다. 신은 다른 것에 의해서 창조될 수 없는데 그 이유는 두 가지이다. 첫째, 신은 정의상 모든 것의 창조자이다. 따라서 신을 창조할 수 있는 유일한 것이 있다 할지라도 그것은 신 자신이 창조한 무언가일 것이다. 그런데 이런 일은 불가능해 보인다. 둘째, 인과성의 원리에 따르면 결국 초자연적인 것은 자연적인 것에 의해 창조될 수 없다. 만일 존재 전체를 떠받치고 설명해주는 무한한 지성이 존재한다면 그것은 현재 존재하는 그 어떤 것에 의해서도 생성될 수 없다.

그렇지 않은가? 형태나 색 등을 결합해 그런 속성을 지니는 사물을 만들어낼 수 없듯이 자연적인 대상들을 어떻게 결합하더라도 초자연적인 초월적 존재를 결코 창조할 수 없다.

3. 하지만 데카르트의 논증은 당연히 신의 원인이 아니라 내가 지닌 신의 관념의 원인에 초점을 맞춘다. 따라서 그가 던지는 질문은 다음과 같다. 만일 (현재 우리들 대부분이 그렇게 믿으려 하듯이) 존재하는 모든 것이 오직 자연적 대상들이라면 우리는 과연 어떻게 초자연적인 존재의 관념을 형성할 수 있는가? 아무리 많은 수의 자연적 대상들을 결합해도 비자연적인 대상을 형성할 수 없듯이 단지 자연적 존재들의 관념을 결합하는 것만으로는 비자연적인 존재의 관념을 형성할 수 없다는 주장 또한 참이 아닌가?

이에 대해 어떻게 생각하는가? 데카르트의 이런 주장은 이후 17세기에 등장한 로크의 주장, 곧 바로 이런 방식의 결합을 통해서 신의 관념을 형성할 수 있다는 주장과 대비된다—로크는 우리가 사람들에게서 발견되는 선한 속성들을 선택한 후 이들을 끝까지 확장한다면 무한히 완전한 존재의 관념을 형성할 수 있으리라고 보았다.[19]

이에 대한 우리의 태도는 아마 무한과 같은 개념에 대한 태도로 이어질 듯하다. 과연 우리는 로크가 주장하듯이 더하기나 곱하기를 통해 무한의 관념을 형성할 수 있는가? 아니면 무한의 관념은 정확하게 모든 수를 넘어서는 어떤 수의 관념인가? 데카르트에 따르면 무한의 관념은 완벽한 원의 관념과 마찬가지로[3.3.2] 우리가 '본유적으로' 지니는 것인데, 이것이 의미하는 바는 인간의 정신이 모든

---

19 『지성론』, 2.23.33-5. 이와는 달리 데카르트는 우리가 초인간적인 존재의 관념을 형성할 수 있다는 사실이 우리가 이미 신의 개념을 소유한다는 사실을 드러낸다고 주장한다(『반박과 답변』 5: 370-1).

자연수를 넘어서서 무한한 수의 개념을 형성할 능력을 지닌다는 것
이다. 그리고 신의 관념, 곧 전체 우주를 설명해주는 무한하며 창조
적인 지성의 관념 또한 이와 같은 방식으로 본유적임에 틀림없다.
우리는 어떤 경험을 통해서도 결코 신의 관념을 얻을 수 없으므로
이 관념은 정신 자체의 구조 안에서 형성되어야만 한다. 그렇다면
이 관념은 어떻게 등장할 수 있었는가? 우리는 자연적인 힘들을 어
떻게든 결합함으로써 자연을 넘어서는 것의 관념을 지니게 되었는
가? 데카르트는 이렇게 생각하지 않는다.

4. 이제 신의 관념을 덜 낯설게 보이도록 만드는 마지막 한 가지 요소
가 남았다. 데카르트가 본유 관념과 신에 관해 언급하면서 신이 우
리를 창조하면서 어떤 흔적을 남겨두었다는 식으로 말한다. 이는 그
가 생각한 전체상을 고대의 우화와 유사한 종류의 것으로 만드는 듯
하다. 하지만 사실은 그렇지 않다. 데카르트의 사고방식은 우리가
흔히 채택했던 것과는 크게 다르며, 혹시 잘못된 것일 수는 있지만
전혀 터무니없는 것은 결코 아니다. 내가 말했듯이 데카르트는 우리
가 신에 대해 생각하도록 타고난다고 주장하지 않는다[3.3.2]. 그는
신을 더욱 깊이 이해하도록 인도하는 교육의 중요성을 충분히 인정
한다. 그는 신의 개념을 형성하지 못한 듯이 보이는 사람들이 있다
고 지적하는데 이것이 신의 존재를 부정하려는 시도는 결코 아니다.
그의 주장은 모든 사람들이 초월적 존재의 관념을 형성할 수 있는데,
이 관념은 경험을 통해서 발견되거나 우리가 경험을 통해 이전에 얻
었던 다른 관념들로부터 형성될 수 없다는 것이다. 따라서 우리가
초월적 존재의 관념을 소유한다는 사실은 자연 세계를 넘어선 무언
가가 존재한다는 증거 — 그의 표현에 따르면 증명 — 이다.

연결고리

- 데카르트가 이해하는 신에 관해서는 3.3.9에서 검토된다.
- 신이 어떤 종류의 방식으로 존재하는지에 관해서는 3.3.6에서 논의
  된다.

3.3.5 제3성찰, 5절. (45-52)

반론과 답변

개관

나 자신이 하나의 실체라는 사실이 내가 **무한한** 실체의 관념을 지닌다는
점을 설명해주지는 않는다. 또한 나는 나 자신의 유한함을 부정함으로써
무한의 관념을 **형성할** 수도 없다. 오히려 정반대로 나는 유한하지 **않은** 것,
곧 신의 관념을 이미 소유하기 때문에 내가 유한하다는 점을 깨닫는다. 또
한 신의 관념은 제2성질과 같은, 우리를 혼동하게 만드는 현상일 수도 없
다. 이 관념은 어떤 혼동도 전혀 없으며, 모든 실재성을 포함한다. 내가 나
의 사고 안에서 신을 **파악할** 수 없음은 사실이다. 하지만 이 사실이 내가
신이 무엇인지 **이해할** 수 없음을 의미하지는 않는다(45-6).

 하지만 어쩌면 나는 나 자신을 충분히 이해하지 못할지도 모르며, 단지
나 자신의 관념을 산출할 능력만을 지닐 수도 있다. 어쩌면 점차 나의 지식
이 증가함에 따라 나는 모든 것을 인식할 수 있을지도 모른다. 만일 내가
잠재적으로 무한하다면 어쩌면 나는 이런 일을 할 수 있지 않을까? 그렇지
않다. 내가 점점 발전한다는 단순한 사실이 바로 내가 불완전하다는 점을
드러내는 반면 신은 정의상 완전하다(46-7).

 모든 것이 분명해 보인다. 하지만 내가 대상들 때문에 현혹되고 일상적

인 삶에 관심을 빼앗기다 보면 제대로 된 시각을 잃기 십상이다. 이제 다음의 질문에 답해보자. 신이 존재하지 않더라도 **나는** 존재할 수 있는가? 만일 그렇다면 나는 나 자신이 스스로 만든 것이거나 아니면 내 부모가 또는 내가 완전한 존재로 생각하는 신보다 덜 완전한 무언가가 만든 것이어야 한다(47-8).

무언가를 만들어내는 일은 이미 존재하는 무언가를 발전시키는 일보다 훨씬 어렵다. 따라서 만일 내가 나 자신을 만들 수 있었다면 나는 나 자신을 완전하게 만들었을 것이다. 그런데 나는 완전하지 않다. 그리고 내가 항상 계속 존재해왔다면 나는 창조될 필요가 없었다는 주장을 하지 않을 수 없다. 어떤 순간에 어떤 것이 존재한다는 사실이 그 다음 순간에도 그것이 존재한다는 사실을 함축하지는 않으므로 무언가가 그것을 순간마다 계속 존재하도록 **유지해주어야** 한다. 그리고 보존이란 끊임없는 재창조의 과정보다 결코 못한 것이 아니다. 그런데 나는 끊임없이 나 자신을 재창조하는가? 그렇지 않다. 만에 하나 내가 그렇게 한다면 사고하는 존재로서의 나는 그것을 의식할 것이다. 하지만 나는 그것을 의식하지 못한다(48-9).

나의 부모 아니면 신보다 못한 어떤 존재가 나의 원인일 수는 없다. 그 이유는 위의 논증에서 이미 드러났다. 나의 원인은 내게 신의 관념을 부여했다. 따라서 만일 나의 원인이 신이 아니라면 신의 관념은 그 자신의 원인을 별도로 지녀야 할 것이며, 이럴 경우 같은 질문이 다시 제기된다. 따라서 우리는 나의 원인이 신이라고 결론짓지 않을 수 없다(49-50).

내가 서로 다른 원인들의 결합을 통해서 형성되거나 내가 지닌 신의 관념이 몇 가지 근원으로부터 등장하는 일은 결코 있을 수 없다. 왜냐하면 신의 **통일성**은 신의 관념 중 핵심적인 부분에 해당하기 때문이다. 그리고 나는 신의 모든 완전성들이 각각의 완전성 자체에 대한 관념들로부터 분리되어 얻어진 후 서로 통합되었다고 여길 수도 없다(50).

설령 부모가 나를 낳았다고 할지라도 그들은 결코 나를 계속 존재하도록 유지할 수는 없다. 부모가 했던 일은 나의 정신을 '포함하는', 어떤 방식으로 배열된 육체를 낳은 것에 지나지 않는다.

따라서 내가 존재하며, 가장 완전한 존재의 관념을 지닌다는 사실로부터 이 가장 완전한 존재가 현존한다는 사실이 확실히 도출된다. 내가 지닌 신의 관념은 감각적인 것이 아니다. 그리고 그것은 내가 만들어낸 것도 아니다. 자아의 관념이 내 안에 본유적으로 존재하듯이 신의 관념 또한 내 안에 본유적으로 존재한다. 달리 말하면 내가 신의 관념을 의식한다는 단순한 사실은 두 가지를 의미한다. 곧 내가 나 자신을 제한적인 개인으로 인식한다는 점 그리고 내가 의존하는, 더욱 크고 무제한적인 전체를 인식한다는 점을 의미한다. 따라서 내가 신의 관념을 지닌다는 사실은 곧 내가 신이라고 부르는, 더욱 큰 전체가 존재한다는 점을 증명한다(50–2).

주석

무척 길고 많은 내용을 포함하는 이 절은 왜 신의 관념이 '본유적'인지 그 이유를 설명하고 이것의 의미를 해명한 후 신의 관념의 유래와 관련해 이와는 다른 주장들을 반박함으로써 지금까지 다루어왔던 논증을 더욱 명확히 밝히고 옹호하려는 목표를 지닌다. 사고하는 자는 자신이 지니는 신의 관념의 원인이 무엇인가라는 질문과 더불어 자기 자신의 원인이 무엇인가라는 질문을 제기하면서, 만일 신이 존재하지 않는다면 자신이 현재와 같이 존재하는 것이 불가능하며 따라서 자신이 현재 지니는 관념들을 지니는 것도 불가능하다는 점과 그 이유가 무엇인지를 보이려고 애쓴다. 그가 전개하는 추론은 상당히 압축적이어서 따라가기가 쉽지 않으며 때로는 자의적이고 혼란스럽게 보이기도 한다. 하지만 이 부분은 내가 이전 절들에 대한 주석에서 반영한 여러 요소 중 가장 중요한 것들이 등장하는 부분이기도 하다. 이제 이 부분에 대해 본격적으로 논의하기에 앞서 특히 다음 두 가지를 지적할 만하다.

1. 개념 대 파악

여기서 데카르트가 인간이 신을 파악할 수 있는가라는 어려운 질문을 다루는 방식에 주목할 필요가 있다―이 질문에 대해 그는 어떤 의미에 서는 우리가 신을 파악할 수 있지만 다른 의미에서는 파악할 수 없다고 답한다. 이는 어쩌면 일종의 무책임한 타협처럼 보이기도 하지만 나름 대로 어떤 의미를 지닌다.

우리는 진정 무한의 관념을 형성할 수 있는가? 글쎄, 할 수도 있고 하지 못할 수도 있다. 우리는 유한한 수의 관념을 지니는 것과 같은 방 식으로 무한의 관념을 지닐 수는 없다. 우리는 (최소한 이론상) 다른 수들은 셀 수 있지만 무한을 셀 수는 없다. 또한 우리는 세 개의 사물은 두 개의 사물과 다르다는 사실을 경험하지만 이와 같은 방식으로 무한 한 수의 사물에 대해 어떤 종류의 특징적인 경험도 할 수 없다. 이외에 도 무한과 관련해서는 수많은 어려운 문제들이 제기된다. 다음과 같은 예를 들 수 있다. 1cm 안에 포함된 무한한 점들의 수는 2cm 안에 포함 된 무한한 점들의 수보다 더 적은가? 자연수를 연속해서 늘어놓았을 때 제일 끝에 등장하는 무한은 평행선에서 등장하는 무한과 같은 종류 의 것인가? 하지만 우리는 무한의 의미를 충분히 파악한다―무한을 정확하게 정의할 수 있으며, 무한이 다른 관련 개념들과 어떻게 구별되 는지를 설명할 수 있으며, 무한에 기초해 다양한 수학적 계산을 할 수 있다(46){『반박과 답변』 1, 112}.

데카르트는 신에 대해서도 이와 같은 관점을 적용할 수 있다고 생각 한다. 우리는 신에 대한 상을 형성할 수 있다든가 신을 명확하게 경험할 수 있다는 의미에서 신을 정확하게 묘사할 수는 없다. 그리고 신과 관련해서 우리가 결코 답할 수 없는 수많은 질문들이 등장한다. 따라서 우리는 우리의 사고 안에서 신을 파악할(comprehendere/comprendre) 수 없다. 하지만 우리는 신을 정확하게 정의할 수 있으며, 다른 것들의 개념과 분명히 구별할 수 있다. 따라서 우리는 신을 생각할(intelligere/concevoir) 수 있으며, 신의 개념을 지닐 수 있다(45-6){『반박과 답변』 5, A, IXa.210}.

2. 창조와 보존

우리는 존재하는 사물들이 왜 계속 존재하는지를 한 번이라도 물어본 적이 있는가? 이 질문은 다소 이상하게 보일지도 모르겠다.

해변에 모래성을 쌓았다고 해보자. 그 성은 바람이 불어 날아가거나, 파도가 쳐서 허물어지거나 아니면 어떤 장난꾸러기가 뛰고 밟기 이전까지는 존재할 것이다. 하지만 이런 일이 일어나지 않는다면 그것은 왜 이전과 같이 계속 존재하는가? 무언가가 존재하게 만들지 않는다면 아무것도 존재하지 않으며, 존재하는 것은 무언가가 파괴하지 않는 한 계속 존재한다는 일종의 존재 관성의 법칙 같은 것이 성립하는가?

위에서 예를 든 모래성에도 데카르트적인 관성의 법칙이 적용된다. 모래성은 어떤 물질이 특수한 장소에 배열된 것이다. 각각의 모래알갱이는 자신의 의지에 따라 움직일 수 없다. 따라서 한번 어떤 위치에 놓이게 되면 다른 무언가가 모래알갱이를 움직여 이동하기 이전에는 계속 그 위치에 놓여 있다. 좋다, 하지만 단지 물질의 장소적 배열이 아닌 것들은 어떤가? 데카르트가 생각하는 물체나 정신 같은, 특수한 실체나 우리가 생각하는 개별적인 원자 같은 것은 어떤가[3.2.9]? 관성의 원리는 왜 이들이 움직이지 않는지는 '설명해주지만' 왜 이들이 한 순간에서 다음 순간으로 지속하면서 존재하는지는 설명해주지 않는다. 이를 설명하려면 에너지 보존 법칙이 필요하다. 이 법칙에 따르면 원자는 에너지가 한 장소에 집중된 것인데, 에너지는 이동될 수 있고 다른 형태를 취할 수는 있지만 파괴될 수는 없다.

하지만 이에 대해서는 어떤 종류의 설명을 할 수 있는가? 왜 에너지는 파괴될 수 없는가? 파괴를 막는 것은 무엇인가? 원자들은 한 순간에서 다음 순간으로 계속 유지되도록 만들어주는 어떤 종류의 힘을 지니는가? 아니면 에너지 보존은 사물들이 실제로 계속 존재하는 방식을 말해줄 뿐이며 왜 그렇게 되는지에 대한 어떤 설명도 없는 것인가?

어쩌면 우리는 이런 질문이 의미 없다고 생각할지 몰라도 데카르트는 의미가 있다고 생각한다. 그는 사물들이 최초에 그저 존재하게 된다는 주장과 마찬가지로 그저 계속 존재한다는 주장 또한 얼토당토않은 것으로 여긴다. 따라서 만일 세계의 창조가 신과 관련해서 설명되어야 한다면 세계의 보존 또한 마찬가지이다. 신은 최초에 실체를 창조해 존재하게 만들 뿐만 아니라 그것이 다시 무가 되어 사라지지 않도록 만들기 위해 매 순간 창조와 동일한 종류의 작용을 계속 수행할 필요가 있다(49).[20]

그의 이런 생각은 이상한 듯도 하다. 하지만 이런 문제에 대해 지적 호기심을 보이지 않는 우리도 마찬가지로 이상해 보인다. 데카르트는 신의 세계 창조를 태초에 일어났던 하나의 사건이 아니라 끊임없이 진행되는 과정으로 여긴다. 신은 단지 과거의 한 시점에 세계를 창조하고

---

20   "… 만일 우리를 계속 재창조하는, 달리 말하자면 계속 존재하도록 보존하는 어떤 원인이 존재하지 않는다면 ─ 이 원인은 최초에 우리를 창조한 원인과 동일한 것인데 ─ 우리가 현재 존재한다는 사실로부터 바로 다음 순간에도 존재할 것이라는 사실이 도출되지 않는다"(『원리』, 1.21) {『반박과 답변』 1 ;109-10; 2 ;165}.

그 후에는 세계가 자신이 부여한 법칙에 따라 저절로 운행되도록 내버려두지 않았다. 신의 활동에는 매 순간 세계가 유지되도록 능동적으로 재창조하는 것도 포함된다. 그리고 세계가 어떤 법칙에 따라 운행된다는 말은 세계 자체가 그런 방식으로 작동한다는 말이 아니라 자신의 창조 활동을 통해 세계에 부여한 일련의 법칙에 따라 신 자신이 세계를 재창조한다는 말이다[3.3.9].

* * *

제3성찰에서 사고하는 자는 자신의 계획과 관련해 중요한 요소들을 크게 발전시켰다. 제3성찰의 끝부분에서 그는 다음과 같은 점들을 증명했다.

1. 그가 회의할 수 없는 것이 오직 코기토뿐만은 아니다. 그가 지닌 모든 명석 판명한 관념들도 이런 회의 불가능성을 공유한다.
2. 하지만 그는 제2성찰의 끝부분에서 도달한 지점으로 잠시 한걸음 물러난 후, 오직 회의 불가능성만으로는 객관적 진리의 근거를 확보하기에 충분하지 않다는 점을 깨닫는다.
3. 그는 주의 깊게 생각한다면 신이 존재한다는 점 또한 회의할 수 없는 것 중에 하나임을 어떻게든 보이려 한다. 초자연적인 존재의 관념을 형성하는 정신의 능력은 순전히 자연적인 어떤 과정을 통해서도 설명될 수 없다.

연결고리
• 데카르트가 생각하는 신의 개념은 3.3.9에서 설명된다.

- 존재의 본질과 관련되는 문제들은 3.3.6에서 논의된다.
- 3.3.8에서는 신 존재 증명의 역할 전반이 검토된다.

3.3.6 논의 12

신의 존재: 신은 어떤 방식으로 존재하는가?

런던(London)은 존재하는가? 이는 제정신이 아닌 사람이나 던질 듯한 질문이다. 통상 런던이 위치한다고 생각되는 잉글랜드 남동쪽에 사실은 런던이 없고 커다란 구멍이 뚫려있다고 생각하는 사람은 아무도 없을 것이다. 사람들이 런던에 대해 지녀왔던 모든 경험이 어쨌든 위조된 것이며 세계를 둘러싼 모든 상들이 실제와는 다른, 예를 들면 어떤 은밀한 스튜디오에서 만들어낸 허구라는 일종의 음모론을 지지하는 사람 또한 거의 없을 것이다. 하지만 우리에게 런던의 개념이 필요한가라는 질문은 여전히 유의미하며, 그렇다면 런던이 어떤 방식으로 존재하는가라는 질문 또한 유의미하다.

어쨌든 런던은 (우리가 생각할 만한 다른 모든 대도시도 마찬가지로) 명확히 분리된 별개의 장소가 아니다. 게다가 런던은 여러 자치구와 행정구, 근교와 위성도시들로 구성된다. 원즈워스, 해링게이, 켄싱턴, 첼시 등을 비롯한 런던의 모든 자치구들을 제외하면 런던의 본질 같은 것은 남지 않는다―사실상 아무것도 남지 않는다.[21] 런던은 위에

---

21 어떤 사람들은 런던 중심부의 한 지역인 런던시(the City of London)만을 진정한 런던으로 생각하기도 한다. 하지만 대부분의 사람들은 런던에 대해 말하면서 런던시만을 의미하지는 않는다. 곧 사람들이 말하는 런던은 잉글랜드의 수도, 정부기관의 소재지, 영국에서 가장 큰 도시다. 그리고 설령 런던시가 존재하지 않게 되더라도 런던의 지위는 변하지 않을 것이다.

서 말한 자치구를 비롯한 모든 것들 이외에 별도로 존재하는 부분이 아닙니다. 런던에 대해 말할 때 우리는 일종의 전체에 대해 말한다. 그렇다면 런던이 존재하지 않는다는 말은 과연 잘못인가? 엄밀하게 표현하면 런던이라는 장소는 존재하지 않으며, 진정으로 존재하는 것은 그것을 구성하는 부분들이라고 말해야 하는 것이 아닌가?

특별히 집중해서 강조한다면 런던은 분리된 별개의 장소로 존재하지 않는다는 정도로 말할 수 있겠지만 대부분의 맥락에서 런던이 존재하지 않는다는 말은 분명히 참이 아니다. 우리는 런던이 존재한다고 말해야 하는데 그 이유로 최소한 다음 두 가지를 들 수 있다. 첫째, 런던의 부분들 중 어떤 것에 대해서도, 심지어 그들 전부에 대해서도 참이 아니지만 런던에 대해서는 참인 주장이 수없이 많다. 예를 들면 런던의 어떤 자치구도 영국의 수도가 아니며 유럽에서 가장 큰 도시도 아니다. 또한 런던 자치구들의 집합체가 1948년 올림픽을 개최했다는 말도 참이 아니다(이 집합체에 포함되지 않는 많은 곳에서도 경기가 열렸다). 그리고 세계적으로 런던에 대해서는 들어봤지만 그것을 구성하는 부분들에 대해서는 한 번도 들어본 적이 없는 사람들이 무척 많다. 둘째, 런던을 구성하는 부분들 사이의 복잡한 상호관계와 공통점을 표현하려면 런던의 존재가 필요하다. 예를 들면 런던에는 교통 정책, 물가 조정 수당, 관광청, 하수 처리 시설, 독특한 말투, 날씨 예보 체계 등이 있다고 말할 때 이들을 런던을 구성하는 부분들에 속하는 것으로 해석한다면 어떤 것도 제대로 의미를 지닐 수 없다. 일반적으로 사람들은 런던의 개념을 지닌다. 그리고 이 개념은 그들이 생각하고, 말하고, 행동하는 데 중요한 역할을 한다. 따라서 런던이 존재한다는 것은 우리의 삶에서 확고한 사실이다.

런던의 경우를 내가 허구로 만들어낸 가상의 도시 노드놀(Nodnol)

과 비교해보자. 나는 방금 이 도시를 잉글랜드 서부의 헤리퍼드셔 중 절반과 일본 작은 마을의 일부, 노르웨이의 대서양 쪽 해안, 과테말라 의 일부 등을 더해서 만들어내었다. 그렇지만 노드놀은 그 자체가 독립 적인 한 지역이 아니라 단지 여러 지역을 합친 것에 붙인 이름이라는 점에서 런던에 비해 조금도 덜 '실재적'이지 않다. 하지만 노드놀은 존 재하지 않는 반면 런던은 존재한다. 왜냐하면 우리는 노드놀의 개념은 필요로 하지 않지만 런던의 개념은 필요로 하기 때문이다. 만일 누군가 가 런던의 여러 부분들이 존재한다는 사실을 알았지만 이들이 자신만 의 정체성, 역사, 전통, 역할 등을 지닌 개별적인 도시를 형성한다는 사 실을 몰랐다면 그는 중요한 사실 하나를─바로 이런 모든 부분들이 하 나의 도시를 형성한다는 사실을─몰랐던 셈이다.

　이 예가 잘 납득이 되지 않는다면 다른 예를 시도해보자. 우리의 일 상적인 삶의 어떤 순간에 우리가 지금까지 해왔던 모든 일과 우리에게 일어났던 모든 일이 남김없이 기록되었다고 상상해보자. (그 이유는 알 수 없지만.) 더 나아가 (할 수 있다면) 누군가가 이런 모든 관찰 기 록에 큰 관심을 보여 이를 읽고 탐구하려 한다고 상상해보자. 따라서 그는 내가 지금까지 한 일을 모두 알게 되었다. 하지만 어떤 이유로 그 는 이런 모든 관찰 기록이 동일한 한 사람에 대한 기록임을 깨닫지는 못한다. 그는 자신이 읽은 것이 오직 한 개인의 삶에 대한 것이 아니라 서로 다른 여러 사람에 대한, 수많은 스냅 사진과 같은 기록이라고 생 각한다. 여기서 질문을 던져보자. 과연 그가 알지 못한 무언가가 있을 것인가? 당연히 있다. 그는 자신이 읽은 기록이 동일한 한 사람이 겪은 삶의 모든 단계라는 사실을 모를 것이다. 그가 알지 못하는 무언가, 어 떤 더 이상의 존재가 있을 것인가? 그렇다. 그런 존재는 바로 나인 듯 하다. 그는 실제로 나에 관한 모든 것을 알지만 자신이 바로 나에 관해 안다는 점은 모른다. 내 삶의 모든 부분 중 그가 알지 못하는 부분은 없을 것이다. 하지만 그는 자신이 아는 이런 모든 삶의 단계들이 —정확하게 한 사람의 단계들이라는 점을 모를 것이다. 따라서 마치 여러 자치구는 알지만 런던을 모르는 사람처럼 그는 자신이 아는 것들이 존재한다는 점을 파악하는 데는 실패하고 말 것이다. 왜냐하면 그는 존재라는 더 이상의 것을 파악하지 못하기 때문이다. 하지만 존재라는 더 이상의 것은 그가 이미 아는 것들과 다른 별도의 실재가 아니라 이들을 설명해주는, 체계화한 전체이다.

이런 예들을 든 이유는 존재라는 문제가 처음 언뜻 보기보다는 훨씬 복잡하다는 점을 보이기 위한 것이다. 때로 B, C, D에 더해 A도 존재한다는 말이 얼마든지 참일 수 있지만 다른 관점에서는 오직 B, C, D만 존재하고 A는 존재하지 않는다고 말할 수도 있다. 런던을 구성하는 모든 부분들뿐만 아니라 런던도 존재한다거나 한 개인의 모든 시간상의 단계뿐만 아니라 그 개인도 존재한다는 말은 우리에게 이미 익숙한 개별적 실재들을 이해하려면 그 아래 놓인 통일체의 개념이 필요하다는 점을 의미한다. 그리고 이것은 런던이나 자아가 자신의 모든 부분들과 더불어 존재한다는 사실을 표현하기 위해 말하거나 글을 쓰는 완벽하게 자연스러운 방식이다. 과연 신의 존재라는 문제도 어떤 방식으로든 이와 유사하다고 말할 수 있는가?

연결고리

- 존재론의 개념은 3.2.9에서 설명된다.
- 3.3.7에서는 무신론의 본질 및 유신론과의 관계가 검토된다.
- 3.3.8에서는 신 존재 증명의 역할과 이런 증명이 실패할 경우 우리가 이르게 될 결론이 검토된다.

3.3.7 논의 13

무신론자는 신의 존재를 믿는가?

아마도 이 질문은 어처구니없는 것으로 보일 듯하다. 나는 다소 놀라울
지 모를 다음의 두 가지 사실을 지적하기 위해 이 질문을 던진다.

1. 17세기의 무신론자들은 대부분 신의 존재를 믿었다.
2. 21세기의 무신론자 대부분의 믿음은 신의 존재를 믿었던 17세기 사
   상가들의 믿음과 매우 유사하다.

1. 17세기의 무신론자들은 신의 존재를 믿었는가?

데카르트가 활동했던 당시 유럽에 무신론자가 단 한 사람이라도 존재
했는가라는 질문에 답하기는 쉽지 않다.[22] 하지만 많은 사람들이 실제로
신의 존재를 확실히 믿었음에도 무신론의 혐의로 고발당했다. 이런 일
이 일어날 수 있었던 사정은 다음과 같다.

1. 누군가가 무신론자로 의심받을 수 있는 까닭은 그가 신을 믿기는 하
   지만 그를 공격하는 사람들과는 전혀 다른 방식으로 믿기 때문일 수
   도 있었다. 이런 사정은 공격자들이 그의 견해가 자신들이 믿는 종
   교의 기초를 위협하거나 신에 대한 믿음을 약화한다고 생각할 때 더
   욱 선명히 드러났다—신에 대한 거짓 믿음으로 여겨지는 것은 어떤
   형태든 간에 또한 종교에도 해가 될 수 있으므로 이단으로 분류되는
   모든 견해는 동시에 무신론으로 불리기도 했다. 예를 들면 데카르트

---

22   페브르(Febvre)는 16세기에 무신론은 불가능했다는 주장을 편 것으로 유명하다.

의 친구였던 메르센(Marin Mersenne, 1588-1648)은 (1599년 화형
당한) 브루노(Giordano Bruno)를 신이 태양을 지금과는 다른 장소
에 둘 수도 있었음을 부정했다는 이유로 비난하면서 그를 '지금까
지 지상에 태어났던 사람 중 가장 사악한 인물'이라고 규정하고(xii,
230; 231-2), 자신은 지금 무신론과 싸우는 중이라고 말했다. 또한
17세기 후반 스피노자는—존재하는 모든 것은 신 안에 존재하고 신
을 통해서 생각될 수 있다고 있다고 주장했지만—거의 모든 사람들
에게 무신론자라는 비난을 받았다.

2. 신의 존재를 믿지만 다른 것들과 관련해 이단적인 견해를 주장하는
   사람도 무신론자로 여겨질 수 있었다. 따라서 갈릴레오는 지구가 움
   직인다고 주장했다는 이유로 무신론자로 불렸으며, 데카르트 자신
   도 영혼의 비물질성을 부정하는 사람들을 서슴없이 무신론자라고
   부른다(프로몬두스에게 전해 달라며 플렘피우스에게 보낸 1637년
   10월 3일 자 편지; I.414).

3. 신의 존재를 믿지만 인간과 인간의 능력에 대해 비관적이거나 절망
   적인 견해를 보이는 사람들도 무신론자로 여겨질 수 있었다. 따라서
   회의론자와 무신론자는 자주 같은 유형으로 분류되었는데, 그 이유
   중 하나는 인간의 지식이 빈약하다는 생각은 인간이 신에 대한 지식
   을 지닐 수 없다는 생각으로 이어지기 때문이었다. 여기에 더해 회
   의론자들은 우리가 전능한 신의 형상에 따라 만들어졌다는 생각에
   반대하는 듯이 보이기도 했다.

4. 때로 신의 존재를 믿기는 하지만 비도덕적으로 보이는 견해를 주장
   하거나 다른 사람들에게 비도덕적인 행위를 부추기는 듯한 사람들
   도 무신론자로 비난받았다. (신은 절대적으로 선한 존재이므로 어떤
   형태로든 도덕을 공격하는 것은 곧 신에 대한 공격으로, 따라서 무

신론의 한 형태로 여겨졌다.)

고크로저(Stephen Gaukroger)는 데카르트 전기에서 다음과 같이 말한다. "17세기에 '무신론'이라는 용어는 엄밀한 의미를 지녔다기보다는 다소 남용된 용어였다. 사실상 신이 존재하지 않는다는 믿음을 지칭하는 문자 그대로의, 정확한 한 가지 의미로는 사용되지 않은 듯이 보인다"(196).

2. 현대의 무신론자들은 신의 존재를 믿는가?

때로는 예술이 철학을 몹시 구박하는 일이 일어나기도 한다. 17세기 유럽에서 제대로 교육받은 세련된 사상가 중 신을 하늘에 있는 노인으로 생각한 사람은 아무도 없었다. 어느 누구도 신을 수염이나 손, 손가락을 지닌 존재로 생각하지 않았다. 따라서 신이라는 무한하고 비물질적인 존재를 시각적으로 묘사하는 것은 당연히 매우 어려운 일이었다. 하지만 예술사에서는 신을 천상의 아버지로 묘사하는 일이 자주 일어났다.

물론 우리는 데카르트의 시대에 등장했던, 신에 관한 서로 다른 모든 견해를 통틀어 일반화할 수는 없다. 하지만 다음과 같은 점들은 일반적으로 받아들여졌으리라고 생각된다.

1. 신은 모든 것을 설명해주는 원인이며, 우주의 창조자이고, 모든 현상의 배후에 존재하는 유일한 실재이다. 신의 원인에 대해 묻는 것은 무의미하다. 신은 자신을 스스로 설명하며, 신 이전에는 시간도 없었다.
2. 신의 본성은 영원하며, 시간과 무관하고, 변하지 않는다.
3. 신은 무한하며, 전능하고, 모든 곳에 충만하다. 신이 어디 있냐고 묻

는 것은 무의미하다. 신은 어디에나 있는 동시에 어디에도 없다.
4. 신은 인간을 평가할 수 있는 기준이다. 신의 개념은 인간이 무엇이
   며, 우리가 무엇을 할 수 있고 무엇을 해야 하는지를 파악하는 근거
   를 제공한다.
5. 신은 물질을 설명해주지만 신 자신은 비물질적이다.
6. 신은 모든 것을 안다.

이 목록을 현대의 대표적인 무신론자가 믿을 만한 주장의 목록과 비
교해보자.

1. 빅뱅(the Big Bang)은 모든 것을, 우주의 원인을 설명해준다. 그 후
   일어난 모든 일들은 빅뱅이라는 하나의 사건이 낳은 결과일 뿐이다.
   빅뱅의 원인에 대해 묻는 것은 무의미하다. 시간과 인과성은 빅뱅이
   일어났을 때 시작되었다.
2. 빅뱅의 순간 또는 직후에 정해진 자연의 사실들은 시간과 무관하며,
   변하지 않는다.
3. 이런 사실들은 무한하고, 전능하며, 모든 곳에 충만한 하나의 실재
   를 형성한다. 자연법칙이 어디 있냐고 묻는 것은 무의미하다. 자연
   법칙은 어디에나 있는 동시에 어디에도 없다.
4. 과학에 의해 밝혀진 자연의 사실들은 인간이라는 유기체가 어떤 종
   류의 것인지, 인간의 본성과 잠재적 능력이 무엇인지를 알려준다.
5. 물질 자체는 빅뱅에 의해 정해진, 자연의 기본적인 사실들이 낳은
   결과이다. 이런 사실들은 그 자체로 물질적이지는 않지만 물질을 설
   명해준다.
6. 자연의 기본적인 사실들은 모든 질문에 대한 궁극적인 대답을, 모든

것에 대한 최종의 설명을 제공한다. 이런 사실들에 대한 완벽한 설명은 우주의 역사 전체를 요약해 드러낼 것이다.

물론 나는 의도적으로 유신론과 빅뱅이론 사이의 유사성을 명확히 드러내기 위해 각각의 특징을 선택해 나열했다. 설령 그렇더라도 두 목록은 놀랄 정도로 유사해 보인다. 내가 이들을 잘못 해석했기 때문인가? 한쪽에서는 받아들이지만 다른 쪽에서는 거부한다고 생각할 수 있는 특징이 과연 있는가?

나는 무신론에 대한 이런 논의가 사상의 진화라는 것이 얼마나 복잡한 과정인지를 보여준다고 생각한다. 지난 수백 년에 걸쳐 유럽에서 진행되었던, 유신론에서 무신론으로의 전환이 그저 과거에는 사람들이 신의 존재를 믿었다가 지금은 믿지 않게 된 사실을 지칭한다는 생각은 자연스럽기는 하지만 완전히 틀린 것이다. 이런 생각은 마치 위대한 소설 작품과 그 책 표지에 쓰인 세 줄의 요약문 사이의 차이가 단지 요약문이 훨씬 짧다는 점밖에 없다고 말하는 것과 같다. 사실 17세기의 유신론은 하나가 아니라 매우 많은 형태의 믿음이었다. 곧 다양한 견해, 태도, 세계를 보는 방식 등을 포괄하는 것으로서 어떤 점에서는 현재 우리의 방식과 크게 다르지만 다른 점에서는 놀랄 만큼 유사하다. 만일 우리가 17세기 유신론의 서로 다른 여러 견해로부터 무언가를 배우려 한다면 (현재 우리가 17세기 사람들보다 똑똑하고 더 많이 안다는 식의 유치한 가정 위에서 그들을 무조건 무시하려는 태도에서 벗어나) 우리는 우선 당시의 유신론을 상세히 검토해야 하며, 우리가 그것 중 어떤 부분을 유지하려 하며 어떤 부분을 버리려 하는지 또 왜 그렇게 하려 하는지를 진지하게 탐구해야 한다. 따라서 데카르트의 신 존재 증명을 고찰하면서 우리는 '그의 증명이 제대로 작동하는가?' 가 아니라

'그의 증명은 무엇을, 최소한 무엇이라도 보여주는가?'라는 질문을 우리 자신에게 던져야 한다.

연결고리
- 데카르트가 생각하는 신의 개념은 3.3.9에서 설명된다.
- 존재의 본질 문제는 3.3.6에서 검토된다.
- 순전히 '형이상학적인' 신과 신인동형론적인 신 사이의 관계는 3.3.10에서 논의된다.

3.3.8 논의 14

증명, 이성적임 그리고 무신론의 가정

데카르트는 『성찰』에서 신의 존재를 증명하겠다고 공표하는데(17), 이에 걸맞게 제3성찰과 제5성찰에서 그는 이 문제를 선입견 없이 고려하는 이성적인 사람이라면 누구라도 신이 존재한다는 점에 동의하지 않을 수 없음을 보이는 서로 다른 두 가지 방식의 증명을 제시한다. 그리고 나는 데카르트가 당시의 검열 당국 등을 진정시키려고 이런 증명들을 일부러 더한 것이 결코 아니라고 생각한다. 신의 존재는 『성찰』 전체의 전개에 필수적인 요소이다. 데카르트는 신이 존재하지 않는다면 우리는 제1성찰의 회의에서 결코 벗어날 수 없다고 말한다(『반박과 답변』 6, 428)[3.4.1].

하지만 『성찰』을 읽은 대부분의 사람들은 그의 증명이 실패했으며, 따라서 지식을 확고한 기초 위에 다시 세우려는 그의 기획 전체가 무너져버렸다고 생각한다. 제3성찰의 증명을[3.3.4] 납득하고 수용하는 사람은 거의 없으며, 현대인들 대부분은 제5성찰의 증명 또한 18세기에 칸트(Immanuel Kant, 1724-1804)에 의해서 결정적으로 반박되었다고 생각한다. 하지만 내가 여기서 던지려는 질문은 다음과 같다. 신 존재 증명이 실패한다면 이성적인 사람은 어떤 결론을 내려야 하는가?

　언뜻 보기에 이에 대한 대답은 명확한 듯하다. 데카르트는 신의 존재를 증명해야 하는데 그의 증명이 실패한다면 더 나은 어떤 증명이 등장하지 않는 한 이성적인 사람은 신의 존재를 믿지 않을 것이다. 하지만 신의 존재를 증명하는 데 실패한다고 해서 이것이 곧바로 신이 존재하지 않는다는 점을 증명하는 것은 아니며 단지 신의 존재를 믿을 만한 그 어떤 충분한 근거도 우리에게 주어지지 않는다는 점을 의미할 뿐이다. 어쨌든 이것이 사실이라면 우리는 이성적인 사람이라면 신의 존재를 믿지 않으리라고 결론짓지 않을 수 없다. 그리고 이렇게 생각하는 것이 바로 이성적이라는 말이 의미하는 바이기도 하다. 이성적인 사람은 믿을 만한 충분한 근거가 주어지는 바만을 믿으므로 신의 존재에 대한 어떤 성공적인 증명도 주어지지 않는다면 신의 존재를 믿지 않을 것이다.[23]

　나는 이런 반응에 대해 다음 두 가지 점을 지적하려 한다.

1. 과거에 신 존재 문제에 관한 저술을 쓴 대부분의 학자들은 위의 주장과는 반대되는 견해를 선택했다. 곧 신은 존재한다고 전제하고, 이성의 신의 존재를 보이는 데 실패한다면 이는 인간 이성의 부족함

23　어떤 학자들은 신이 존재하지 않는다고 믿는 '무신론'과 단지 신이 실제로 존재한다고 믿지는 않는 (따라서 신 존재 문제에 대해 상당히 개방적인 태도를 보이는) '불가지론'을 구별하기도 한다. 하지만 두 이론 모두 이성적인 사람은 신의 존재에 대한 믿음이 없이도 살 수 있고 또 살아야 한다는 점에 동의하므로 현재 나의 논의 목적에 비추어보면 두 이론은 동일하다.

을, 곧 삶의 위대한 진리를 파악하지 못하는 결함을 드러내는 것이
라고 생각했다. 이런 태도는 과연 비이성적인가?

2. 이런 태도가 비이성적이라면 우리들 대부분 또한 이와 유사한 비이
성적임을 드러내는 듯이 보인다. 앞으로 보게 되듯이 데카르트는 물
질세계의 존재에 대한 증명도 제시하는데[3.6.3], 물질세계는 그가
성찰을 시작한 첫날 그것의 존재를 회의했던 대상이다[3.1.3]. 이전
이나 지금이나 대부분의 주석가들은 이 증명 또한 실패해서 제대로
작동하지 못한다고 생각한다. 또한 대부분의 현대 철학자들은 데카
르트의 증명을 대신할 만한 성공적인 대안을 자신들도 발견하지 못
했다는 점을 인정한다. 그렇다면 그들은 물질세계의 존재를 증명할
수 없게 된다.

이제 다음의 질문을 던져보자. 우리도 현대 철학자들과 같은 결론에
도달해 물질세계의 존재를 증명할 어떤 방법도 알지 못한다면 우리는
이에 어떻게 반응해야 하는가? 우리는 이성적인 개인으로서 다른 대안
없이 물질의 존재에 대한 믿음을 포기하고 인간이나 다른 무엇이 물질
세계 안에 존재하는 물질적 유기체라는 생각을 더 이상 해서는 안 되는
가? 아니면 대다수의 현대 철학자들이 그렇게 하듯이 그저 어깨를 한
번 으쓱하면서 이는 우리가 (최소한 현재로는) 참인 모든 것을 증명할
수는 없음을 보여주는 예라고 말해야 하는가?

나는 사람들 대부분이 후자를 선택하리라고 예상한다. 그렇다면 나
의 질문은 다음과 같이 바뀐다. 신의 존재를 증명할 수 없기 때문에 신
의 존재를 믿지 않는 것이 이성적이라면 물질의 존재를 증명할 수 없음
에도 물질의 존재를 믿는 것이 어떻게 이성적일 수 있는가?

나는 이런 지적을 통해 이성적이라는 것이 우리가 생각하듯이 그렇

게 단순한 문제가 아니라는 점이 드러나리라고 생각한다. 이성적 개인이 건전한 논증으로 증명되지 않는 바를 결코 믿지 않는 사람이라고 한다면 나는 이성적 개인은 지금까지 결코 존재하지 않았고 앞으로도 결코 존재할 수 없으리라고 생각한다. 데카르트와 그의 동시대인들은 신 중심의 세계를 자신들의 기반으로, 기본적인 관점으로 삼았다. 현재 우리는 이런 세계와 반대되는 것을 기반으로 삼는 경향을 보인다. 둘 중 어떤 것이 옳은 관점인가? 그리고 어떻게 둘 중 하나에서 다른 것을 이끌어낼 수 있겠는가?

데카르트는 신 존재 증명을 시작하면서 독자들을 자신이 증명에 성공하지 못하면 신의 존재를 믿지 않을 무신론자라고 가정하지 않는다. 이와는 정반대로 그는 자신의 증명을 통해 당시 종교적 권위자들에게 자신이 시도하는 이성적 탐구가 위험하거나 기존의 체계를 뒤집거나 무신론을 옹호하는 것이 결코 아니라 사실상 당시 도전받던 종교적 믿음을 굳건히 하고 강화하기 위한 것임을 확실히 보이려 한다. 따라서 그의 증명은 이성을 통해 신을 증명하는 것이 아니라 이성이 신을 확립할 수 있음을 보임으로써 이성의 정당성을 확보하려는 의도를 지닌다. 이런데도 그의 시도가 실패했다고 해서 신이 존재하지 않는다거나 이성이 자신의 임무를 제대로 하지 못한다고 결론지어야 하겠는가?

연결고리

- 물질세계의 존재에 대한 증명은 3.6.3에서 검토된다.
- 유신론과 무신론의 차이는 3.3.7에서 논의된다.

3.3.9 논의 15

데카르트는 신의 존재를 믿는가?
그는 '진정으로' 신의 존재를 믿는가?
그가 믿는 바가 진정으로 '신'인가?

데카르트는 『성찰』에서 신의 존재를 증명한다고 공표한다(17). 우리는
그의 주장을 믿어야 하는가? 믿는다 하더라도 그가 신이 존재한다고
말하면서 의미한 바와 우리가 같은 단어를 사용해 신이 존재한다고 말
하면서 의미하는 바가 서로 같다고 가정할 수 있는가?

1. 데카르트는 신의 존재를 믿는가?

『성찰』을 처음 읽은 많은 독자들은 이 책에서 드러나는 종교적인 측면
들이 그리 진실하지 않다는 인상을 받는다. 독자들은 확실한 지식의
추구는 상당한 설득력을 지닌다고 생각하지만 신에게 호소함으로써
자신의 회의에 답하려는 데카르트의 시도는 몹시 취약한 듯이 보여서
그가 이런 해결책을 과연 진지하게 선택했는지를 의심스럽게 여기기도
한다.

그리고 우리가 더욱 깊이 탐구할수록 이런 의심은 더욱 증가한다. 데
카르트는 자신이 생각한 바를 결코 명확하게 서술하지 않으며, 자신의
글을 보고 사람들이 어떻게 생각할지 또는 자신이 어떤 문제에 직면하
게 될지 등을 주의 깊게 관찰하지도 않는다.[24] 특히 『성찰』은 상당히 이
중적인 성격을 지닌 저술이다. 한편으로 모든 것을 회의하는 사고하는

---

24 그가 쓴 '개인적인' 편지들에서도 이런 점이 잘 드러난다. 그는 편지가 적대자들
의 손에 들어가지 않으리라고 확신하지 않았고 심지어 그들이 자신의 편지를 보관하
고, 다시 읽고, 복사하여 이를 논의의 대상으로 삼는다는 점을 잘 알고 있었다.

자가 진지하고 개방적인 태도로 탐구를 진행해나가는 방식도 그렇고, 다른 한편으로 더욱 깊은 수준에서 사실은 교회 권위자들이 믿는 바 대부분을 무너뜨리려 하면서도 저술 자체는 그들이 수용할 수 있도록 만들기 위해 애쓰는 점에서도 그렇다[3.1.1]. 이에 비추어 보면 『성찰』에서 신이 담당하는 역할 또한 일종의 가장이 아닌가? 곧 데카르트 자신이 정통설을 증명하려고 노력한다는 점을 보이기 위해 신 존재 증명이 잘못된 것임을 알면서도 제시한 것이 아닌가? 데카르트는 갈릴레오가 종교재판에서 유죄 판결을 받았다는 소식을 들은 직후 신과 영혼에 관해 쓰기 시작했는데 이런 사실은 그의 저술이 일종의 위장이며 가식임을 드러내지 않는가? 하지만 데카르트의 저술에는 분명히 이성적이고 근대적으로 보이는 요소들도 무척 많다. 그는 우리가 전통과 권위를 버리고 신뢰할 만한 자연과학을 확립해야 하며, 과학이 세계를 결정론적인 자연법칙이 지배하는 하나의 체계로 드러낸다고 주장한다. 그가 신의 관념과 영혼을 자신의 과학적 세계관 안에 접목한 방식은 분명히 일종의 의도적 기만일 수도 있다. 혹시 그렇지 않다면 이는 그가 자신의 결론을 받아들여 당시의 편견과 미신을 내던져 버릴 준비를 완벽하게 갖추지 못했다는 증거로 볼 수도 있을 듯하다.

나는 이런 태도가 현대인이라면 누구나 받아들일, 『성찰』을 이해하는 자연스러운 방식이라고 생각한다. 하지만 동시에 이런 태도가 완전히 잘못된 것이며, 데카르트가 지녔던 것 이상으로 우리 자신이 지니는 편견과 부족한 일관성을 여실히 드러낸다고 생각한다.

이제 이런 사실을 밝히기 위해 데카르트가 실제로 신의 존재를 믿는다고 가정해보자. 그리고 그가 믿는 신은 정확히 어떤 존재인가를 물어보자.

2. 데카르트가 믿는 신은 어떤 종류의 존재인가?

언뜻 보기에 데카르트의 신은 우리에게 매우 익숙한, 우리가 생각하는 신과 크게 다르지 않은 존재인 듯하다. 그에 따르면 신은 무한하며 영원하고, 전지하며 전능하고, 절대적으로 선하며, 우주와 그 안에 있는 모든 것의 창조자이다. 그런데 흥미로운 것은 신이 기계론과 결합한다는 점이다. 신은 물질적 연속체를 창조하면서 그것의 각 부분을 운동하게 만들었으며, 이렇게 운동하는 물질로 이루어진, 형상이 없고 무질서한 혼돈을 산출했다(『원리』 3.47). 하지만 혼돈은 단지 혼란스러운 것에 지나지 않았으므로 신은 또한 물질세계를 지배하는 세 가지 법칙을 정했는데 이들에 따라 신이 최초에 부여한 운동은 늘어나지도 줄어들지도 않고 오직 충돌에 의해 다른 부분들로 전달될 뿐이다. 시간이 흐르면서 이 세 법칙이 낳은 결과가 전개되어 현재 우리가 아는 우주가 형성되었다. 곧 우리가 항성과 행성이라고 부르는 비교적 안정된 천체도 등장했고, 지구에서는 매우 다양한 생명체와 생명이 없는 물질적 대상들이 생겨났다[3.2.4].

이런 대목들을 읽어보면 데카르트의 신은 우리에게 매우 익숙한 존재인 듯하다. 신은 신성한 기술자로서 경이로운 자연의 체계를 창조하고, 자연법칙을 부여해 자연이 작동하고 운행하도록 만든다. 이후 신은 특히 인간에게 관여하게 된다. 신은 개인들의 사고하는 영혼을 창조하며[3.2.6], 사람들의 기도에 귀를 기울이고, 인간의 복지에 관심을 보이며, 인간에게 보상하거나 처벌하는 등의 일을 행한다. 신이 자연 세계에 개입하는 경우는 가끔 기적을 일으키는 것뿐인데 — 이마저도 항상 오직 사람들의 이익과 계몽을 위해 행한다.[25]

---

25   데카르트는 기적의 존재를 결코 부정하지 않는다. 하지만 그는 항상 기적에 대한 자연주의적 설명을 추구하며, 심지어 가장 놀라운 사건에 대해서도 이런 설명을 할 수

이런 그림에 따르면 만일 신이 존재하지 않을 경우 세계는 중심과 목적 그리고 설명 근거를 잃고, 세계에는 단지 물리적 과정의 끝없는 연속만이 존재할 것이다. 그리고 이런 세계에서는 인간의 삶도 아무 의미가 없으며, 가치는 단지 우리가 스스로 창조한 바에 지나지 않을 것이다. 그리고 보상과 처벌도 인간만이 내릴 수 있을 것이다. 간단히 말하면 세계의 모든 일은 현재 우리 사회의 사람들 대부분이 생각하는 것에 크게 가까울 것이다.

나는 위와 같은 설명을 통해 신이 하나의 체계에서 임의로 선택될 수 있는 일종의 추가적 요소임이 드러난다고 생각한다. 무신론자나 유신론자 모두 자연의 사실들에는 동의한다. 이들은 오직 더 이상의 사실—곧 자신들이 동의하는 세계에 더해 신 또한 존재하는가 그렇지 않은가라는 사실에 대해서만 서로 다른 의견을 보일 뿐이다.

데카르트의 저술에는 신학에 대해 이런 종류의 견해를 허용하는 대목이 무척 많이 등장한다. 내가 위에서 언급한, 그의 저술을 무신론을 지지하는 것으로 해석하게 만드는 내용들은 동시에 그가 신의 존재를 믿었음을 보이는 근거로도 사용될 수 있다. 하지만 그가 믿는 신은 세계에 존재를 생성하고 난 후에는 오직 세계를 관리하기만 하는, 세계와 반쯤 분리된 창조자로서의 신이다. 그리고 데카르트가 신의 존재를 증명하려고 시도한다는 사실 자체가 이런 해석을 분명히 지지한다. 만일 세계를 자연주의적으로, 무신론에 따라 파악하는 것이 가능하지 않다면, 만일 자연의 사실들을 유신론적으로 해석하든 무신론적으로 해석하든 아무런 모호함이 없다면 왜 그는 굳이 신의 존재를 증명할 필요가

―――――――
있다고 주장한다―독일 호른하우젠(Hornhausen)의 우물에서 모든 병을 치료하는 '기적의' 물이 솟아오른 일에 대한 그의 언급 참조(엘리자베스에게 보낸 1646년 11월 10일 자 편지: IV.531-2).

있는가?[이 질문에 대한 나의 대답은 3.3.8 참조].

하지만 나는 사실상 데카르트가 이런 외부적인 창조자로서의 신을 인정하지 않을 것이며, 그가 생각하는 신은 우리를 둘러싼 세계와 훨씬 더 밀접하게 연결되어 있다고 생각한다. 데카르트와 그의 동시대인들이 신에 대해서 생각했듯이 생각한다면 신이 존재하지 않는다는 것은 문자 그대로 생각할 수조차 없을 정도이다. 그리고 이것이 17세기에 진정한 무신론자는 있을 수 없다고 말한 이유이며[3.3.7], 또한 데카르트의 증명이 보이려고 하는 바이기도 하다[3.5.5].

우리는 그가 일종의 대안으로 생각한 신의 개념을 이미 살펴보았다. 나는 3.3.4에서 신 존재 문제는 우리가 이미 아는 것과 같은 수준의 또 다른 무언가가 존재하는가 그렇지 않은가라는 문제가 아니라 전혀 다른 존재의 질서에 속하는 무언가의 존재를 믿을 필요가 있는가라는 문제 또는 세계를 전혀 다른 방식으로 이해하는 문제라고 주장했다. 3.3.6에서 나는 신 존재 문제가 단순한 의미에서 세계를 구성하는 부분들이 모두 존재하는가 그렇지 않은가를 묻는 문제라기보다는 모든 부분들에 더해 전체가 존재하는가 그렇지 않은가를 묻는 문제에 더욱 가깝다는 점을 암시했다. 그리고 3.3.5에서 나는 창조와 보존이 같은 것이라는 데카르트의 믿음을 설명했다. 세계의 창조는 태초에 이루어진 사건이 아니라 끊임없이 진행되는 과정이다. 이런 서로 다른 논점들을 한데 결합함으로써 이제 우리는 신과 세계 사이의 관계에 대해 오늘날 대부분의 사람들에게 익숙한 것과는 전혀 다른 방식의 설명을 시작할 수 있을 듯하다.

물론 데카르트는 신에 관해 그리 많이 언급하지 않는데 그 까닭은 한 편으로 신학적인 논쟁에 휘말려 자신의 전체 기획이 무너지는 일을 몹시 걱정했기 때문이며, 다른 한편으로 자신이 자연학과 형이상학의 영역에서 이룬 위대한 발견들에 더욱 집중했기 때문이다. 또한 그는 종교에 대한 자신의 생각이 대부분의 동시대인들에게 받아들여지지 않을지도 모른다는 점을 우려해 종교에 대해서도 많은 언급을 하지 않았다. 따라서 그가 자신의 신학적 태도를 그렇게 상세히 밝히지 않는 것은 별로 놀라운 일이 아니다.[26] 그가 신의 개념에 관해 논의하는 가장 중요한 대목은 『원리』 I.51-2에 등장하는데 여기서 그는 오직 신만이 진정한 실체라고 설명한다. 왜냐하면 오직 신만이 존재하기 위해 다른 어떤 것에게도 의존하지 않는 방식으로 존재하기 때문이다. 이 말은 무엇을 의미하는가?

나는 앞서 3.2.9에서 실체의 개념을 설명했다. 기본적으로 실체는 독립적인 존재로서, 예를 들면 속성이나 행위와는 반대되는 것이다. 이런 속성을 지니거나 행위를 수행하는, 진정으로 존재하는 무언가가 ─ 곧 실체가 ─ 없다면 속성이나 행위는 존재할 수 없다. 나는 3.2.4에서 우리는 세계의 진정한 실체가 ─ 곧 자연의 궁극적인 구성 요소가 ─ 원자와 원자를 구성하는 미립자들이라고 생각하는 반면 데카르트는 물질 전체가 하나의 실체이며 각각의 정신 또한 하나의 실체라고 생각한다고 말했다. 이런 배경 지식을 전제할 때 신이 유일한 진정한 실체라는 데카르트의 말은 무엇을 의미하는가? 또한 자연의 모든 것들은 정신과 물체에 의존하지만 정신과 물체는 존재하기 위해 오직 신에게 의존하므로 정신과 물체는 다른 의미의 실체라는 말은 무엇을 의미하는가?

---

26 종교의 영역에서 그가 이룬 개혁은 이미 존재하는 종교적 구조 위에 자신의 기계론을 세운 방식이라고 할 수 있다. 특히 신이 자연법칙에 관여하는 방식은 (아래 참조) 그가 가톨릭의 성체 성사에서 빵과 포도주의 형상은 그대로지만 본질은 그리스도의 살과 피로 완전히 변화한다는 이른바 성변화를 재해석해 신비주의적 요소를 제거하는 방법에서 잘 드러난다(메랑에게 보낸 1645년 2월 9일 자 편지: IV.163 이하).

대부분의 사람들은 이 대목을 순전히 인과적 의미로 해석한다. 곧 신이 정신과 물체를 창조했으므로 이들은 신에게 의존한다. 만일 신이 없다면 이들도 존재하지 않았을 것이다. 이런 주장은 물론 참이다. 하지만 이것이 전부는 아니다. 나는 창조된 실체들이 신에게 의존한다는 주장을 인과적으로뿐만 아니라 존재론적으로도 이해할 필요가 있다고 생각한다. 곧 신은 이들이 표현하는, 유일한 근원적인 실재이다.

이런 해석에 따르면 신과 창조된 세계 사이의 관계는 정신과 사고 사이의, 또는 물질과 구체적인 물질적 사물들 사이의—더욱 현대적인 용어로 표현하면 궁극적으로 세계를 구성하는 원자나 원자 내부의 입자들과 우리가 경험하는 세계 사이의—관계와 유사한 것으로 이해될 수 있다. 달리 말하면 신은 세계를 처음 만들어낸 창조자가 아니라 세계 안에 내재하는 실재이다. 우주는 신의 피조물 또는 생산물이 아니라 신의 계속되는 활동이다. 따라서 만일 신이 존재하지 않는다면 세계는 중심이 없는 기계론의 체계로 남는 것이 아니라 행위자가 없는 행위, 소유자가 없는 속성과 같은 것이 되어버릴 것이다. 이런 세계는 존재할 수 없으며 명확히 불가능한 것이 되고 말 것이다.

이것이 창조는 하나의 사건이 아니라 계속 진행되는 과정이라는—신으로부터 세계가 끊임없이 '유출'된다는—데카르트의 언급에서{『반박과 답변』 5, 369-70} 우리가 얻게 되는 그림이다. 이에 따르면 세계에 체계를 부여하고 그 후에는 그것에 따라 운행되도록 내버려둔다는 창조자로서의 신의 관념을 지지하는 듯이 보이는 결정론적인 기계론의 자연법칙조차도 지금까지와는 다른 의미를 지닌다는 점이 드러난다. 만일 세계가 신의 계속되는 활동이라면, 만일 세계가 순간마다 끊임없이 재창조된다면 자연법칙은 창조된 물질의 본질이 아니라 신의 창조 행위를 기술하는 것이 된다. 그리고 정확히 이것이 데카르트가 자연법칙에 대해 언급하는 바이기도 하다. 관성 법칙, 직선 운동 법칙, 보존 법칙은 신이 결코 이유 없이 행위하지 않는다는 사실을 기술하며, 우리가 주변 세계에서 마주치는 소란과 혼란은 단지 신의 행위의 항구성과 질서를 우리가 잘못 이해해 드러나는 현상일 뿐이다(『원리』, 2.36~42)[3.2.4].

위와 같은 모든 주장이 의미하는 바는 우리가 당연시하는 구별을 데카르트의 체계에는 그대로 적용할 수 없다는 점이다. 예를 들면 우리는 과학과 종교, 도덕을 서로 다른 영역이라고 여기며, 크게 볼 때 각각이 서로 무관하다고 생각한다. 무신론을 지지하는 현대의 과학자는 자연에 대해 완벽한 지식을 지닐 수 있지만 종교에 대해서는 어떤 암시도 하지 않는다―사실 우리들 대부분은 과학과 종교가 상반되는 영역임에 틀림없다고 여기며, 둘 중 하나에 대해 더욱 많이 알게 될수록 다른 하나에 대한 지식은 줄어든다고 생각한다. 그리고 도덕과 과학은 일반적으로 서로에게 부정적으로 작용하는 것처럼 보인다. 특히 도덕적 고려가 과학적 탐구를 방해하는 경우가 (예를 들면 인간 복제나 배아 연구에 관한 논쟁에서 드러나듯이) 자주 발생한다. 도덕과 종교는 서로 밀접하게 연결되는 듯하며, 이는 분명한 사실이다. 하지만 현대의 우리는 완벽하게 선한 사람이 무신론자인 경우도 얼마든지 가능하다고 생각한다. 반면 데카르트에게 이런 구별은 모두 인위적인 것이며 따라서 부적절한 것에 지나지 않는다. 그에게 과학을 통해 있는 그대로의 세계를 인식하는 것은 신의 계속되는 창조 활동을 인식하는 것과 완전히 동일한 일이다. 과학에 열중하는 것은 육체의 욕구에서 벗어나려 하는 것이며, 신 자신이 세계를 인식하듯이 세계를 비감각적으로 인식하는 것이다. 그리고 인간의 본질 및 인간과 신의, 인간과 자연의 관계를 인식하는 것은 우리 자신의 도덕적 의무를 인식하는 것이기도 하다.

그렇다면 지금까지 내가 한 이야기는 우리가 다음과 같은 내용을 제대로 이해한 이후에야 이 절에서 논의한 신 존재 증명을 제대로 평가할 수 있다는 것일 뿐이다.

1. 신 존재 증명이 어떻게 작동하는가[3.3.4].
2. 데카르트가 신을 어떤 종류의 존재로 이해하는가(그의 이해는 우리가 신이라는 단어를 보고 처음 생각하는 바와 전혀 다른 것일 수도 있다)[3.3.9].
3. 데카르트가 신은 어떤 방식으로 존재한다고 생각하는가[3.3.6].
4. 그의 신 존재 증명은 정확히 무엇을 의도하는가[3.3.8].

3.3.10 논의 16

신과 선함: 신인동형론과 종교적 언어

의인화는 인간이 아닌 것들을 인간과 관련되는 용어로 묘사함을—때로는 잘못 묘사함을—의미한다. 따라서 누군가의 코에 화난 반점이 생겼다는 말이나 잔인한 바다, 어머니 대지 등의 표현은 모두 의인화의 예이다. 신과 관련해서 의인화는 신인동형론으로 변화하는데 이는 인간의 속성들을 신에게 잘못 부여하려고 하는 태도나 사람들에게 완벽하게 적용되는 단어들이 신에게도 같은 의미로 적용될 수 있다는 생각을 지칭한다. 하지만 신인동형론의 문제점을 드러내는 명백한 예들을 다음과 같이 들 수 있다. 신은 (어디에나 존재하고 아무데도 존재하지 않으므로) 내가 버스 정류장에 있을 수 있는 것과 같은 의미에서 하늘에 있을 수 없다. 또한 신은 (성대가 없으므로) 내가 "피클을 얹은 달걀을 하나 먹어도 될까요?"라고 말할 수 있는 것과 같은 의미에서 "빛이 있으라!"라고 말할 수 없으며, 신은 완벽하게 선하지만 자신이 가진 돈을 모두 자선단체에 기부할 수 없다. 종교적 언어의 문제점은 신을 인간적인 용어로 묘사하는 것을 가능한 한 피해야 하는 동시에 여전히 신을 인간이 이해할 수 있는 용어로 표현할 수밖에 없다는 점이다.

현재 서구 문화에서 신은 데카르트의 시대에 비해 훨씬 덜 중요한 역할을 담당하므로 신인동형론의 문제는 특수한 방식으로 우리에게 영향을 미치는 듯하다. 현재 학교에서 종교적 언어를 배우는 사람의 수가 크게 줄어들었으므로 우리는 신을 지시하는 용어들에게 부여되어야 하는 특별한 의미를 (이는 의미가 아니라 무의미인가?) 제대로 이해하지 못하고 이런 용어들을 접할 때 이들이 지니는 개념을 너무 평범하게 받아들이는 위험에 자주 빠진다. 신의 존재를 증명하려는 데카르트의 시도를 보고 대부분의 사람들은 그의 증명이 그저 하찮은 것에 지나지 않으며 명백히 실패했다고 생각한다. 그 이유는 무엇인가? 그가 실제로 신의 존재를 믿지 않았기 때문인가 아니면 교회의 권위자들을 만족시키기 위해 그저 허울 좋은 증명을 제시했기 때문인가[3.3.9]? 그것도 아니면 그가 실제로 다소 우둔해서 좋은 논증과 나쁜 논증을 구별하지 못했기 때문인가? 혹시 당시 사람들의 정신이 무지와 미신으로 흐려져 심지어 가장 똑똑한 사람조차도 현재 우리가 생각하듯이 신에 대해 명확히 생각하지 못했기 때문은 아닌가? 어쩌면 그럴지도 모른다. 하지만 어쩌면 신 존재 증명의 실패는 데카르트의 실패일 뿐만 아니라 우리의 실패인지도 모른다. 우리는 그의 저술을 지나치게 현대적으로, 너무 단순하게, 단지 신인동형론의 관점에서 해석해 데카르트가 실제로 시도하지도 않은 바를 두고 그가 실패했다고 비난하는지도 모른다.

나는 3.3.9에서 데카르트가 신인동형론적이라기보다는 형이상학적인 신의 개념을 제시했다는 점을 설명했으며, 3.3.7에서는 사실상 현대의 많은 무신론자들이 데카르트가 신이 존재한다는 말을 통해 의미한 바에 크게 동의하리라고 주장했다. 또한 3.3.4에서 나는 제3성찰의 '신 존재 증명'이 초자연적인 존재의 관념은 우리가 자연적으로 획득할 수 있는 것이 아니라 데카르트가 우리 안에 '본유적으로' 존재한다고 부른 바여야만 한다는 점을[3.3.2] 드러냄으로써 실제로 상당한 힘을 지닌다는 점을 보이려고 노력했다. 이제 내가 던지려는 질문은 다음과 같다. 만일 데카르트가 유일하고 무한한 실체가―달리 말하면 자연세계가 존재하는 전부는 아니며 유일하고 무한한 창조적 능력을 지닌 무언가가, 곧 자신은 시간과 공간 안에 존재하지 않으면서도 시간과 공간 안에 존재하는 모든 것을 설명해주는 무언가가―존재한다는 점을 믿게 만드는 어떤 근거를 제시했다고 인정한다면 이 무한한 실체를 신이라고 여겨야 하는 그 어떤 근거라도 존재하는가?

이는 매우 복잡한 질문이므로 여기서는 가능한 한 간략하게 다루려 한다. 나는 자주 신에게 속한 것으로 여겨져 왔던 세 가지 성질을 선택한 후 이들이 어떤 의미에서 데카르트가 주장하는 듯이 보이는 더욱 형이상학적인 신의 개념에 적용될 수 있는지를 검토하려 한다.

신은 자주 전능한, 무엇이든 할 수 있는 존재로 여겨진다. 존재하는 모든 것의 근거로 작용하는 유일한 실체가 전능할 수 있는가? 어쨌든 우리는 전능함을 신인동형론적으로, 곧 원하는 바를 무엇이든 할 수 있는 능력을 지닌 것으로 여겨서는 안 된다. 이 무한한 실체는 아무것도 원하지 않는다. 이 실체는 일시적 기분이나 선호, 욕구 등을 전혀 지니지 않으며 그저 **존재할** 뿐이다. 하지만 일어나는 모든 일들을 궁극적으로 설명할 수 있기 위해서 신은 모든 것을 행할 수 있어야 하며, 바로 이런 의미에서 신은 전능하다. 그리고 만일 세계의 기초에 놓여있는 실체가 왜 어떤 일은 일어나고 다른 일은 일어나지 않는지에 대한 근거라면 일어나는 모든 일은 곧 모두 일어날 가능성이 있는 일이기도 하다—따라서 무한한 실체는 가능한 모든 일을 할 수 있으며, 이런 의미에서 전능하다.[27]

전지함 또는 모든 것을 아는 상태는 어떤가? 이 무한한 실체는 전지한가? 이 전지함 또한 신이 차와 무엇을 함께 먹는 것이 좋은지, 내가 열쇠를 어디서 잃어버렸는지, 밤중에 가끔 들리는 이상한 소음이 무엇인지를 모두 안다는 식으로 생각해서는 안 된다. 오히려 만일 신이 모든 것의 설명 근거라면, 모든 존재의 근원이라면 신은 어떤 의미에서 궁극적인 진리이다. 따라서 우리는 신을 자신 안에 알려질 수 있는 모든 것을 포함하는 존재로 생각할 수 있으며, 바로 이런 의미에서 신은 전지하다.

어쩌면 이런 설명이 일종의 속임수처럼 보일지도 모르며, 내가 행하는 바를 종교적 용어들을 신이 아닌 다른 무언가에게 어떻게 적용할 수 있는지를 보임으로써 그저 다시 정의하려는 것으로 여기는 사람도 있으리라 생각된다. 하지만 나는 내가 이것 이상의 무언가를 한다고 생각한다. 나는 지금 우리가 신의 관념을 제대로 파악하지 못한 채 신을 천상

---

27   전능함에 대한 설명 대부분은 신이 무엇이든 할 수 있다고 말하지 않고 신이 가능한 무엇이든 할 수 있다고 말한다. 예를 들면 신은 둥근 사각형을 만들 수 없다. 하지만 이런 사실이 신의 능력 부족을 드러내지는 않는다. '둥근 사각형'이라는 표현 자체가 무의미하므로 이것이 신이 만들어낼 수 없는 사건의 상태는 아니다. 이에 관해서는 대표적으로 아퀴나스, 『신학대전』 Ia.25, 3 참조. 데카르트는 신이 불가능한 것을 가능하게 만들 수도 있었으리라고 주장하는 몇 안 되는 철학자 중 한 사람이다(메르센에게 보낸 1630년 5월 6일 자 편지; I.151-4).

에 사는 초자연적인 노인과 같은 어떤 존재로 생각하는 일을 막기 위해 신에게 적용되는 이런 용어들이 무엇을 의미하는가를 설명하고 있다.

어쩌면 신의 절대적인 선 또는 선함의 개념을 통해 이런 방식의 접근을 제대로 검토할 수 있을 듯하다. 오직 인간과 같은 존재만이 선할 수 있음은 분명하다―최소한 신은 선하다고 말할 때와 같은 도덕적 의미에서 그렇다. 과연 신의 선함을 신인동형론적이 아닌 방식으로 생각할 수 있는가?

글쎄, 잘 생각해보면 그런 방식들이 있는 듯하다. 악이 실재하지 않는다는 생각에서 출발해보자. 이런 방식의 접근에 따르면 인간의 악 또는 도덕적 결함은 문자 그대로 결함이다―곧 실패이며, 나약함이고, 부족함이다. 우리는 두렵기 때문에, 상황을 받아들일 용기가 부족하기 때문에 화를 낸다. 우리는 상처받고 복수하려 들기 때문에 아니면 자신의 부족함을 만회하기 위해 다른 사람들에게 권력을 휘두르기 때문에 잔인해진다. 우리는 의지가 나약해 탐욕이나 질투, 욕정에 지배당하기 때문에 아니면 처한 상황을 적절히 파악하는 데 실패하기 때문에 나쁜 짓을 저지른다. 우리가 사용하는 도덕적 언어는 매우 강력한 경향을 드러낸다. 달리 말해 우리는 비도덕적이라고 여기는 것을 지극히 부정적인 용어로 표현한다. 하지만 만일 신이 모든 현상의 기초에 놓인 유일한 실체라면 그리고 마치 태양에서 빛이 발산되듯이 창조된 우주가 순간마다 신으로부터 흘러나오거나 '유출'된다면 신은 모든 실재이며 아무것도 부족할 수 없다. 그리고 이로부터 신은 절대적으로 선하다는 점이 도출되는 듯하다. 그리고 우리가 신은 완벽하게 선하다는 말을 통해 의미하는 바는 신이 결코 평정을 잃지 않는다든지 악의에서 행위하지 않는다는 점이 아니라 이런 일들을 행하는 사람들은 신의 무한한 전체성과 완전성에 비추어볼 때 자신들의 나약함과 유한함을 증명할 뿐이

라는 점이라고 할 수 있다.[28]

* * *

　나는 이 절에서 무신론자들을 종교인으로 바꾸려는 시도를 결코 하지 않았다. (나 자신은 무신론자이지만 이 사실이 큰 의미를 지니지는 않는다.) 대신 나는 다음 두 가지를 설득하려고 시도했다.

1. 17세기에 정교한 사상을 전개했던 유신론자들은 자신들이 '신은 존재한다'는 주장을 통해 표현하려는, 풍부하고 복잡하고 서로 연결된 일련의 믿음들을 제시했다. 하지만 우리는 이들이 그저 현대의 무신론자들이 부정하는 바를 믿는 수준에 그친다고 생각해서는 안 된다.
2. 따라서 우리는 신의 존재를 증명하려는 데카르트의 시도를 주일 학교 그림책에 나오는 무언가의 존재를 증명하려는 시도 정도로 여겨서는 결코 안 된다.

연결고리

• 신의 선함에 관한 문제는 3.4.1과 3.6.3에 등장한다.

28　악은 순전히 소극적인 것일 뿐이라는 주장에 반대하는 견해로 '마니교'를 들 수 있다. 마니교는 세계를 설명하면서 선한 신뿐만 아니라 신과 같은 수준이지만 정반대로 사악한 악마를 전제하고—악한 쪽과 선한 쪽이 끊임없이 전쟁을 벌인다고 생각한다. 정통 기독교도들은 마니교를 이단으로 규정하면서 악마는 타락한 천사이며 이 또한 신의 피조물이라고 여겼다. 기독교도들은 자신들의 견해가 우월하다는 점을 드러낸다는 명목으로 13세기에 알비 십자군(Albigensian Crusade)을 결성해 마니교도들을 무자비하게 고문하고 학살했다.

4부

지식의 가능성

3.4.1 제4성찰, 1절. (52-4)

회의주의 반박

개관

이제 나는 이전에 생각했던 것과 반대로 내가 내 주변의 세계를 매우 잘 인식하지는 못한다는 점을 깨달았다. 나는 주변 세계보다 나 자신의 정신을 훨씬 더 잘 인식하며, 모든 것을 통틀어 신을 가장 잘 인식한다. 이제 나는 이 문제를 해결했으므로 더욱 앞으로 나갈 길을 찾았다고 생각한다(52-3).

신은 정의상 나를 속일 수 없다. 따라서 신은 내가 판단 능력을 올바르게 사용할 때조차도 잘못을 저지르는, 그런 능력을 내게 부여할 수 없었을 것이다(53-4).

주석

이 짧은 대목은 간과하기 쉽지만 결정적인 전환점을 제공한다. 바로 여기서 사고하는 자가 제기했던 가장 깊은 회의는 결국 멈추게 된다. 설령 데카르트가 여기서 제시한 논증을 받아들이더라도 우리에게는 여전히 해야 할 일이 많다(무엇보다도 우리는 물리적 세계의 존재를 믿을 만한 근거를 아직 확보하지 못했다[3.5.1]). 하지만 여기서 우리는 가장 극단적인 회의주의의 관점이 반박되었으며, 우리가 객관적 지식을 지닐 수 있다는 점을 인정해야 한다. 코기토는 우리가 회의할 수 없는 것들이 존재한다는 점을 보여주었다[3.2.1]. 우리는 이를 일반화해 우리가 명석 판명하게 지각할 수 있는 모든 것은 회의할 수 없다고 주장했다[3.3.1]. 하지만 설령 우리가 회의할 수 없을지라도 명석 판명한 관념도 거짓일 수 있다는, 더욱 깊은 '과장된' 회의로 들어서는 문은 열려있었다. 이는 우리가 사물들이 그 자체로 어떻게 존재하는지를 진정으로 파악할 수 없다는 점과 우리가 주장하는 모든 지식은 사실상 일종의 증명되지 않은 본능에 기초한 것만큼이나 안전하지 않다는 점을 의미한다[3.3.1].

따라서 위의 짧은 논증에 많은 것이 달려있다. 이 논증은 제대로 작동하는가? 이에 대해 두 가지 질문을 제기할 수 있다. 절대적으로 선한 신이 우리를 속이지 않으리라는, 사고하는 자의 생각은 정당한가? 그리고 (현재 사고하는 자가 신의 존재를 증명했다고 가정하고) 사고하는 자는 신이 절대적으로 선하다고 말할 자격이 있는가?

첫 번째 질문에는 쉽게 답할 수 있다. 만일 신이 우리를 창조했다고 생각한다면 그리고 만일 신이 절대적으로 선하다고 생각한다면 과연 우리는 진리를 발견하는 일이 아무리 어렵더라도 신이 우리를 결코 진리를 발견할 수 없도록 창조했다고 생각할 수 있겠는가? 신이 우리에게 필연적으로 항상 속임을 당할 수밖에 없는 본성을 부여했다고 생각할 수 있겠는가? 사물들이 사람들에게 나타나는 방식과 그 자체로 존재하는 방식 사이의 구별을 받아들인다면[3.3.1] 데카르트가 신이 인

간의 본성을, 과장된 회의가 우리에게 보여주듯이, 진리를 발견할 희망
이 전혀 없도록 창조했을 수는 없다고 말한 이유를 알 수 있을 듯하다
{『원리』, 1.30}.

하지만 그 다음 단계는 어떤가? 만일 제3성찰에 등장하는 신 존재 증
명을 받아들여 사고하는 자가 신이 존재한다는 점을 정당하게 확보했
다고 한다면 그는 신이 절대적으로 선하다는 주장 또한 정당하게 확보
할 수 있다고 생각되는가?

이 질문에 대한 대답은 신의 본성 및 선한 본성이라는 문제 전체와
관련된다. 나는 3부에서 데카르트의 증명을 모든 자연 현상을 설명해
주는 유일한 실재가 존재해야 한다는 점을 보여주는 시도로 여긴다면
이 증명이 실제로 상당한 힘을 발휘하리라고 주장했다[3.3.4]. 그리고
3.3.10에서 나는 17세기 사람들이 생각했던 실재와 선함 사이의 관계
를 설명하려 했다. 곧 이들은 악은 단지 선의 부재이므로 모든 것의 실
재가 악할 수는 없고 따라서 절대적인 선이 존재해야 한다고 생각했다.
이제 우리가 던져야 하는 질문은 선에 대한 이런 '형이상학적' 개념이
신으로부터 영원히 멀어진 인간이라는 비관적 견해를 압도할 만큼 충
분히 강력한가라는 것이다. 혹시 이 논증은 신의 선함을 매우 신인동형
론적인 방식으로 해석한 것에 기초하지 않는가?

3.4.2 제4성찰, 2절. (54-62)

오류 그리고 그것을 피하는 방법
개관
이제 신이 나의 사고를 보증해준다면 도대체 나는 어떻게 잘못을 저지를

수 있는가? 오류는 실재하는 무언가가 아니라 무언가의 부족이다. 하지만 왜 신은 나를 이렇게 부족하고 결함을 지니는 존재로 창조했는가(54)?

오류는 지성과 의지의 결합에서 생겨난다. 나의 지성은 나에게 관념들을 제공하며, 나의 의지는 그들이 참인지 거짓인지를 결정한다. 따라서 지성은 내가 범하는 오류의 원인이 아니다 — 지성은 단지 내가 고려해야 할 관념들을 제공할 뿐이다. 나는 모든 것을 이해할 수는 없지만 적어도 이해하는 것들은 올바르게 이해한다. 하지만 의지는 이와 정반대이다. 나는 무엇이든 원할 수는 있지만 자유롭기 때문에 잘못 원할 수도 있다. 오류는 내가 오류에 빠지기 쉽지만 제한되지 않는 나의 의지를 사용한다는 사실에서 발생한다. 곧 나의 명석하고 제한된 지성의 영역 밖에 놓인 것들을 의지가 믿으려 하기 때문에 발생한다(56–9).

따라서 이제 나는 만일 내가 명석 판명하게 지각할 수 없는 것들에 대한 판단을 보류한다면 내가 결코 잘못되지 않으리라는 점을 깨닫는다(59–62).

주석

나는 최종 원인과[1] 자유에 관한 흥미로운 주장의 내용을 위의 요약에서 제외했다. 데카르트가 전개한 주장에 의미를 부여하려면 다음 두 가지를 여기서 살펴보아야 한다.

---

1   최종 원인을 통한 설명은 (그리 엄밀하지 않게 말해 무언가의 역할을 그것이 속한 체계와, 자주 그것의 목적으로 표현되는 체계와 관련해 설명하려는 시도는) 아리스토텔레스 자연학의 핵심 요소였는데 데카르트는 이를 신을 인정하는 수학적 기계론으로 대체하려 했다[3.1.11: 3.2.4].

1. 오류와 의지

혹시 무언가를 믿는 것과—어떤 명제가 참이라고 생각하는 것과—그 저 그것을 이해하는 것 사이의 차이가 무엇인지 자문해본 적이 있는가? 예를 들면 우리는 (그리 엄밀하지 않게 말해) 카이사르(Julius Caesar) 가 누구인지 알며, 낙타 타기가 무엇인지도 한다. 따라서 우리는 '카이 사르는 낙타를 탄 적이 있다'는 명제를 이해한다. 하지만 이 명제가 참 인지 거짓인지에 대해서는 아마 (나도 그렇듯이) 어떤 판단도 내리기 어려울 것이다. 그런데 만일 카이사르가 언젠가 실제로 낙타를 탔다는 사실을 발견했다면 무엇이 달라지는가? 우리 정신 안에서 명제 자체는 그대로 유지되지만 우리는 그 명제를 다른 방식으로 생각하게 된 다—곧 이전에는 단지 그것에 대해 숙고하고, 그것을 궁금해하고, 일 종의 가능성으로만 여겼다면 이제는 그것을 긍정하고, 참이라고 생각 하고, 세계에 적용하고, 그것에 동의하게 된다.

데카르트는 이런 차이를 정신이 할 수 있는 두 종류의 사고와—곧 이해력(그는 이를 일종의 지각 능력으로서의 지성이라고 부르기도 하 는데) 및 의지와—관련해 설명한다. 위의 명제가 참이라는 점을 발견했 다고 해서 우리가 이 명제를 이전보다 더 잘 이해하는 것은 아니다. 우 리가 한 일은 발견한 증거에 비추어 그 명제에 동의하거나 그것을 긍정한 것뿐이다. 그런데 이는 판단, 결정, 선택 또는 의지의 문제에 속한다.

이런 주장이 일종의 그럴듯한 심리학처럼 보이는가?

이런 주장은 우리가 자신이 믿는 바에 대해 항상 어떤 선택을 하지는 않는다는 반박을 받을 수 있다. 내가 산책 중에 구름이 몰려오고, 번개 가 치고, 몸이 젖기 시작했는데 마치 다른 선택지가 있다는 듯이 나는 비가 온다고 믿기로 선택했다고 말한다면 이는 얼토당토않은 듯이 보 일 것이다. 하지만 우리가 무언가를 하지 않을 수 없는 (예를 들면 돌

진하는 코뿔소를 피하기 위해 뛰어 도망친다든지, 맛있는 파이를 너무 많이 먹는다든지, 모욕당한 일을 오래 기억하는 등의) 경우에도 여전히 우리가 이를 의도적으로, 곧 우리 스스로 선택해서 하는 경우가 자주 일어난다.[2] 그리고 믿음이 판단을 포함하는 한 믿음은 결정을 포함하는 듯하며 따라서 판단 작용을 일종의 행위로, 곧 의지의 작용으로 보는 것은 그리 불합리하지 않은 듯하다.

데카르트의 이론이 참이든 거짓이든 간에 그가 이를 자신의 체계에 적절히 들어맞게 도입한 방식은 칭찬하지 않을 수 없다. 의지가 등장하면서 신은 더 이상 나의 비도덕적인 행위뿐만 아니라 거짓인 나의 믿음에 대해서도 책임질 필요가 없게 된다. 신은 진리와 정의 추구를 위해 내게 필요한 모든 것을—곧 진리를 발견할 수 있는 지성과 자유의지를—부여했다. 하지만 이런 도구들을 어떻게 사용하는가는 내게 달려 있다.[3] 그리고 이것이 바로 그가 이 두 '능력'이 각각 자신의 방식에서는 완벽하다고 강조하는 이유이기도 하다. 지성은 본성상 완벽하지만 범위가 제한된다—나는 사물들을 올바르게 이해할 능력을 지니지만 (사고하는 자가 바로 앞 절에서 발견했듯이 명석 판명한 관념들은 객

---

2   어쩌면 자유의지가 성립하지 않으므로 진정한 선택은 이루어질 수 없다고 생각하는 사람이 있을지도 모른다. 물론 이런 생각이 참일 수도 있지만 현재의 논점에 영향을 미치지는 못한다. 위에서 내가 예로 든 경우와 강요당하는 경우 (예를 들면 코뿔소를 보지 못해서 충돌한다든지, 파이를 억지로 먹도록 강요당한다든지, 모욕당한 기억을 잊도록 세뇌당하는 경우) 사이에는 분명히 어떤 차이가 있다. 차이점이 무엇이든 간에 나는 바로 이 차이점을 선택이라고 부를 뿐이다.

3   전지전능한 신은 내가 무엇을 해야 할지를 알도록 나를 창조했으며 내가 나쁜 결정을 내리는 것을 막을 능력이 있기 때문에 내가 내린 나쁜 결정에 대한 책임에서 벗어날 수 없다고 생각하는 사람이 있을지도 모른다. (이것이 바로 유명한 악의 문제이다.) 하지만 여기서 나는 이런 문제에는 관여하지 않고 오직 판단의 진리성 영역에서 데카르트의 입장이 행위의 옳음의 영역에서 기독교 정통설의 입장만큼이나 단호하다는 점을 말하려 할 뿐이다.

관적으로 참이다) 우리 인간은 단지 유한한 존재이므로 나는 모든 것을 이해할 수는 없다. 이와 대조적으로 의지의 사정은 지성과 정반대이다. 의지의 적용 범위는 제한이 없지만 의지의 본성에는 결함이 있다. 곧 내가 원할 수 (바라거나 선택할 수) 없는 것은 아무것도 없지만 나는 인간이므로 자주 잘못된 선택을 한다. 따라서 내가 명석 판명하게 이해하지 못한 것들에 동의하게 될 때 오류가 발생한다.

그렇다면 우리는 최소한 언뜻 보기에 경험적 사실과도 일치하는 듯이 보이고 정신 및 지식의 본질과 가능성에 대한 데카르트의 설명과도 완벽하게 맞아떨어질 뿐만 아니라 전통적인 기독교 교리와도 완벽하게 조화를 이루는 이론에 도달하게 된다. 나는 3.3.9에서 데카르트의 과학과 종교, 도덕이 오늘날 우리가 생각하는 것과는 달리 서로 분리된 탐구 영역이 아니라 하나의 영역에 속한다고 주장했는데 여기서 다시 같은 이야기를 듣게 된다. 이성적이고 과학적인 판단을 내리는 것이 올바른 일인 까닭은 단지 우리를 진리에 이르게 하기 때문만이 아니라 이를 통해 동시에 신의 창조를 더욱 잘 인식하게 함으로써 신을 제대로 숭배하게 만들고, 신이 순전히 지적으로 창조한 세계를 나 자신의 소박한 방식으로 이해하도록 인도하기 때문이다. 그리고 나는 감각이 일으키는 혼란을 넘어서서 나의 자유의지를 사용함으로써 나의 도덕적 의무를 다한다.

2. '내가 오류에 빠지는 일은 결코 불가능하다'

제4성찰의 끝부분에서 데카르트는 자신이 생각하는, 회의주의를 반박할 수 있는 방법을 제시하며 또한 어떻게 하면 결코 오류가 일어나지 않는지를 설명한다. 하지만 사고하는 자가 결국 도달한 마지막 지점은 지나치게 강한 듯이 보인다. 그는 오직 자신이 명석 판명하게 이해한 것들에 대해서만 동의해야 한다는 점을 기억한다면 '내가 오류에 빠지는 일은 결코 불가능하다'(non potest ut errem/il ne se peut faire que je me trompe, 62)고 말한다.

하지만 이 주장은 터무니없는 듯하다. 과연 데카르트는 자신이 이후 평생 동안 결코 다른 오류에 빠지지 않으리라고 생각하는가? 만일 그의 추론에 따른다면 우리도 영원히 오류에서 벗어나는가?

나는 이런 이상한 견해를 그의 탓으로 돌려서는 안 된다고 생각한다. 우리가 택할 수 있는 방안은 두 가지이다. 하나는 그가 의미한 바를 우리가 오류에 빠지는 일이 결코 필연적이지는 않다고 해석하는 것이다. 우리는 항상 선택을 할 수 있으므로 죄를 저지르는 것이 결코 필연적이지 않듯이 우리가 오류에 빠지는 일 또한 결코 필연적이지 않다. 왜냐하면 방금 살펴본 대로 오류는 죄와 마찬가지로 우리의 잘못된 선택에서 발생하기 때문이다. 이런 해석에 따르면 오류에 빠지지 않는 삶은 설령 실제로 누리기는 어렵다 할지라도 우리는 충분히 그런 삶을 열망할 수 있다.

하지만 이런 해석조차도 너무 강한 것임에 틀림없다. (어쩌면) 결코 죄를 저지르지 않는—결코 화내지 않고, 결코 음탕한 생각을 하지 않으며, 결코 이웃의 나귀를 탐내지 않는—사람을 상상할 수 있을지 몰라도 결코 오류에 빠지지 않는 사람은 상상할 수조차 없다. 이런 사람은 둥근 탑을 멀리서 보고 사각형 탑이라고 생각하는 일이 결코 없으며, 층계에서 다음 계단이 있다고 잘못 생각해 발을 내디뎌 떨어지는 일이 결코 없으며, 누군가가 '그레이트 에이프'(great ape)라고 말했는데 이를 '그레이 테이프'(grey tape)라고 잘못 알아듣는 일이 결코 없는 사람일 것이다. 나는 어쩌면 이런 기막힌 행운을 얻은 사람을 상상할 수 있을지 모른다—하지만 이는 타자기를 가지고 노는 원숭이들이 무한한 시간이 흐른 뒤에 결국 셰익스피어의 작품을 타자기로 쳐내는 일을 상상할 수 있으므로 언젠가는 판단할 때마다 항상 올바르게 생각하는 사람이 태어나는 일도 상상할 수 있다고 여기는 수준이다. 하지만 이런 결과를 보장해주는 방법을 발견할지도 모른다는 생각은 아무래도 성립할 수 없는 듯하다.

그렇다면 왜 데카르트는 이렇게 말하는가? 무엇보다도 우선 데카르트의 전체 기획이 처음부터 이렇게 구성되어 있었다는 점을 기억해야 한다. 그는 '학문에서 확고하고 불변하는 무언가를 세우려 한다'(17). 이는 그가 애초부터 생선 값이나 다음 버스가 오는 시간, 층계에 다음 계단이 있는지 없는지 따위에는 아예 관심이 없었음을 의미한다 [3.1.2]. 그러므로 여기서 우리는 결코 잘못된 길로 나아갈 필요가 없다고 말하면서 그는 우리가 이와 같은 수준의 것들에서 잘못을 피할 수 있음을 의미하지 않는다. 어쨌든 이들은 우리가 명석 판명하게 지각할 수 있는 것들이 아니다. 해가 빛난다는 사실이 아무리 명백하다 할지라도 나는 이를 명석 판명하게 지각하지는 않는다―나는 그저 해를 볼 뿐인데 감각적 지식은 명석 판명하지 않다. 나는 내가 어제 한 일에 대해 조금도 회의하지 않지만 그것을 명석 판명하게 지각하지 못한다―그것은 단지 기억에 의한 인상일 뿐이다. 나는 헤이스팅스 전투가 벌어진 날짜를 명석 판명하게 지각하지 못한다―그것은 단지 내가 배워서 기억하는 것에 지나지 않는다. 그렇다면 내가 실제로 명석 판명하게 지각하는 것은 무엇이며, 내가 결코 오류에 빠질 수 없는 것들은 과연 무엇인가?

그 대답은 바로 내가 이성적 탐구를 통해 확립한 자연의 불변하는 사실들 또는 과학적으로 증명되었다고 말할 수 있는 것들―곧 자연법칙이나 신과 인간 그리고 세계의 본질에 관한 기본적인 형이상학적 진리들이다. 우리가 이런 것들에 대한 정보를 수집하고, 필요한 실험을 하고, 관찰된 바가 함축하는 내용을 심사숙고한다면 우리가 내리는 판단은 감각적이 아니라 이성적인 것이다. 이는 바로 논리적 판단이다. 그리고 논리적 판단은 명석 판명한 관념이다[3.3.1; 3.4.5].

그렇다면 데카르트가 말하려는 바는 『성찰』을 읽으면 우리가 전지해지고 결코 오류에 빠지지 않게 된다는 것이 아니라 우리가 과학적 방법을 적용한다면 우리 주변의 자연 세계에 대한 객관적 지식에 도달할 수 있다는 것이다. (물론 이런 지식을 획득하면 우리는 이 세계가 데카르트가 말한 바대로 존재한다는 점을 발견하게 될 것이다.) 후에 그는 우리가 일상적인 문제에서도 신뢰할 만한 (물론 전혀 오류가 없는 것은 아니지만) 지식에 도달할 수 있는 방법을 계속 설명한다[3.6.4].

여전히 그의 주장이 너무 강하다는 생각이 드는가? 우리는 과학에서 진정 객관적 지식에 도달할 수 있는가[3.4.5]?

연결고리
- 과학적 지식에 관한 데카르트의 견해는 3.4.5에서 논의된다.
- 일상적 지식에 대한 그의 설명은 3.6.4에 등장한다.

* * *

제1성찰의 회의, 제2성찰의 코기토, 제3성찰의 신 존재 증명에 비하면 제4성찰은 그리 극적이지 않은 듯하다. 하지만 여기서는 아무 일도 일어나지 않는다고 잘못 생각하지 않도록 주의해야 한다. 제4성찰의 끝부분에서 사고하는 자는 다음과 같은 단계에 도달한다.

1. 마침내 제3성찰에서 등장했던 과장된 회의를 논박함으로써 회의주의를 반박한다. 그리고
2. 우리가 이성의 길에, 달리 말해 과학의 길에 따를 경우 그리고 오직 그럴 경우 어떻게 객관적인 지식이 가능한지를 보인다.

3.4.3 논의 17

'데카르트적 순환 논증'

데카르트의 회의주의 반박을 요약하면 다음과 같다.

제3성찰에서 그는 신 존재 증명을 시도한다. 그는 코기토의 경우를 일반화해 나는 내가 명석 판명하게 지각할 수 있는 것을 회의할 수 없다고 말하며, 이어서 만일 신이 진정으로 존재하지 않는다면 나는 현재 내가 지닌 신의 관념을 지닐 수 없으리라는 점을 명석 판명하게 지각한다는 사실을 보이려고 노력한다. 뒤이어 제4성찰에서 그는 신이 존재하며 선하다는 사실이 명석 판명한 나의 관념은 참이라는 점을 증명해 준다고 주장한다.

여기에 어떤 문제가 있다는 생각이 들지 않는가? 어쨌든 이는 일종의 순환 논증이라는 생각이 들지 않는가?

지금까지 많은 사람들이 이렇게 생각해왔다. 『성찰』이 출판되자마자 아르노(Antoine Arnauld) 같은 학자는 데카르트가 명백히 순환 논증의 오류를 범했다고 반박했다(『반박과 답변』 4, 214). 우리는 신이 존재한다는 사실을 어떻게 아는가? 우리가 신을 명석 판명하게 지각하기 때문이다. 그런데 우리는 명석 판명한 관념이 참이라는 사실을 어떻게 아는가? 신이 존재하며 우리를 속이지 않기 때문이다. 하지만 만일 우

리가 명석 판명한 관념이 참이라는 사실을 알지 못한다면 우리는 신이 존재한다는 사실 또한 알지 못함이 분명하다. 그리고 만일 신이 존재한다는 사실을 알지 못한다면 우리는 명석 판명한 관념이 참이라는 사실도 알지 못한다.

아르노의 반박은 1641년 이래 상당한 논쟁을 불러일으켰다. 하지만 나는 이들 대부분이 소모적인 것에 그친다고 생각한다. 나는 아르노와 같은 반박은 『성찰』의 전체 구조와 데카르트의 치밀한 논증을 제대로 파악하지 못했음을 드러내는 것일 뿐이라고 생각하기 때문이다. 그렇다고 해서 내 주장이 데카르트의 논증에 아무런 문제도 없음을 의미하지는 않는다.

지금까지 이 책에서 내가 주장한 바에 비추어보면 사고하는 자는 명석 판명한 관념이 참이라고 가정하는 것이 아니라 명석 판명한 관념은 의심할 수 없는 것이므로 참임에 틀림없다는 점을 보이려 한다. 달리 말하면 사고하는 자의 사고는 아래의 논증 A가 아니라 논증 B와 같이 전개된다.

논증 A

1. 나는 신이 존재하며 우리를 속이지 않는다는 데 대한 명석 판명한 관념을 지닌다.
2. 따라서 신이 존재하며 우리를 속이지 않는다는 점은 참이다.
3. 따라서 명석 판명한 관념은 참이다.
   ─이 논증은 순환적으로 보인다.

논증 B

1. 나는 내가 지닌 명석 판명한 관념을 회의할 수 없다.

2. 나는 신이 존재하며 우리를 속이지 않는다는 데 대한 명석 판명한 관념을 지닌다.

3. 따라서 나는 신이 존재하며 우리를 속이지 않는다는 점을 회의할 수 없다.

4. 따라서 내가 회의할 수 없는 바는 객관적으로 참임에 틀림없다.

논증 A의 문제점은 3을 미리 확보하지 못한다면 1에서 2를 도출할 수 없다는 점이다—우리는 우리의 명석 판명한 관념이 참이라는 점을 알지 못하면 신이 진정으로 존재하며 우리를 속이지 않는다는 점을 알 수 없다. 그런데 우리는 오직 1과 2로부터 3을 얻을 수 있으므로 순환 논증에 빠지게 된다.

논증 B에서는 이런 문제가 발생하지 않는다. 단계 1-3은 명석 판명한 관념이 참이라는 점을 전제하지 않으며 따라서 순환 논증에 빠지지 않는다.

물론 이 말이 이 논증이 아무 문제없이 작동함을 의미하지는 않는다. 내가 말하려는 바는 설령 이 논증이 작동하지 않더라도 단순히 일종의 순환 논증이기 때문에 작동하지 않는 것은 아니라는 점이다. 어쩌면 우리는 선한 신도 여전히 우리를 속일 수 있기 때문에, 아니면 데카르트가 신이 존재하며 선하다는 점을 제대로 증명하지 못했기 때문에 이 논증이 작동하지 않는다고 생각할 수도 있다[3.4.1]. 설령 데카르트가 이런 문제를 모두 극복할 수 있다 할지라도 더욱 심각한 구조상의 질문이 다시 제기된다. 논증 B에서 과연 4는 1과 2, 3으로부터 도출되는가?

어쩌면 1과 2, 3은 4가 아니라 다음과 같은 5를 제시할 뿐인지도 모른다.

5. 나는 내가 지닌 명석 판명한 관념이 참이라는 점을 회의할 수 없다.

내가 말하는 바를 이해하겠는가? 어쩌면 내가 회의할 수 없는 것은 곧 실제로 참이라는, 정당화되지 않은 비약을 통해서만 우리는 순환 논증에서 벗어나는지도 모른다. 그렇다면 정확히 이 비약이 이 논증에서 반드시 연결되어야 하는 간격이 아닌가?[4]

　나는 이런 논의가 일반적인 문제, 곧 정당화 문제의 특수한 한 경우라고 생각한다. 데카르트는 원래 본성에 기초한 논증 때문에[3.1.5; 3.3.1] 등장한 회의에 답하려고 시도하는데 이를 위해 그는 최선의 인간 지식이 참이라고 알려주는 바와 실제로 참인 바, 또는 사물들이 우리에게 어떻게 나타나는가와 사물 자체가 실제로 어떻게 존재하는가 사이에 간격이 없음을 보이려 한다. 문제는 데카르트도 다른 사람들에게 보이기 위해 글을 쓰는 한 인간이므로 그가 지닌 전달 도구는 오직 인간의 추론이라는 도구—곧 논증과 증명 그리고 설득이라는 도구—뿐이라는 점이다. 유감스럽게도 바로 이런 도구를 사용하는 과정이 얼마나 신뢰할 만한가가 중요한 문제이다. 데카르트는 인간과 무관한 관점, 곧 신의 객관적인 관점에 호소함으로써 문제를 해결하려 한다. 하지만 어쩌면 신은 인간 지식의 정당화 문제를 해결할 수 있을지 몰라도 나는 사고하는 자가 (아니면 다른 어느 누구라도) 지닌 신에 대한 지식이 어떤 지점에서 어떤 형태로든 데카르트적인 순환 논증을 포

4　어쩌면 데카르트에게 필요한 것은 오직 단계 5일지도 모른다. 곧 그는 만일 내가 나의 명석 판명한 관념이 참이라는 점을 진정 회의할 수 없다면 나는 확실하다는 점을 필요로 한다. 하지만 이는 과장된 회의, 정확히 의심할 수 없는 것과 객관적으로 참인 것 사이에 차이가 있는가 그렇지 않은가라는 문제를 간과한 것일 수도 있다. 만일 과장된 회의가 의미를 지닌다면 회의 불가능성은 결코 이 문제에 대한 만족스러운 대답이 될 수 없다. 3.1.3; 3.4.4 참조.

함하지 않고서는 이 정당화 문제를 해결할 수 없다고 생각한다. 그리고 바로 이것이 데카르트가 우리에게 제시하는 확실성이 어떤 종류인가에 대해 내가 고찰하는 이유이며 또한 많은 사람들이 우리가 회의주의적인 절망을 피하기 위해 필요한 바에 결코 도달할 수 없다고 생각하는 이유이기도 하다.

설령 제대로 의미를 지니지 못할지라도 이 논증에 대해서는 3.4.4에서 더욱 상세히 검토하려 한다.

연결고리

- 명석 판명한 관념에 대해서는 3.3.1 참조.
- 과장된 회의와 그것에 데카르트가 답하는 방식은 3.3.1과 3.4.1에서 논의된다.
- 객관주의에 반대하는 논증은 3.4.4에서 설명된다.

3.4.4 논의 18

회의주의, 객관주의 그리고 확실성

데카르트는 자신이 명석 판명한 관념이라고 부르는 바가 의심할 수 없는 것일 뿐만 아니라 절대적으로 확실하고 객관적으로 참이라는 점을 증명함으로써 객관성의 문제를 해결하려 한다[3.3.1]. 이런 시도에 대해 서로 다른 여러 해석이 등장한다는 사실이 최종의 대답을 결코 발견할 수 없다는 실망으로 이어져서는 안 된다[2장; 3.1.2]. 우리를 잘못 인도하는 감각적 현상에서 벗어난다면 우리는 현재 과학이라고 불리는, 경험에 대한 이성적 탐구를 통해 우리 모두가 동의하는 확고하고 불변하는 지식을 발견할 수 있을 것이다[3.4.5]. 그리고 이런 과학적 판단은 단지 우리의 판단, 곧 우리의 기준과 척도에 따라서만 상대적으로 참인 것이 아니라 객관적으로 확실할 것이다[3.3.1].

데카르트가 우리의 명석 판명한 관념이 객관적으로 참이라는 점을 증명하기 위해 사용하는 방법은 신이 우리가 내리는 최선의 판단을 보증한다는 점을 보이는 것이다. 이 증명은 3.4.1에서 논의했으며, 이 증명과 신 존재 증명 사이의 관계는 3.4.3에서 검토했다. 여기서는 반회의주의적이고 객관주의적인 데카르트의 기획 전체가—곧 인간의 사고를 하나의 전체로서 정당화하려는 시도가—과연 실제로 납득할 만한 것인가라는 더욱 폭넓은 질문을 다루려 한다.

1. 데카르트에 반대하는 논증

데카르트가 행하려는 바를—곧 인간의 사고가 객관적 진리에 이를 수 있음을—보이려는 어떤 시도도 반드시 실패할 수밖에 없다. 그 이유는 매우 단순하다. 이런 작업을 위해 우리가 동원할 수 있는 도구는 오직 인간의 사고 자체뿐이기 때문이다. 인간이 지닌 기준이 작동함을 보이려면 이런 기준을 평가하기 위한 어떤 독립적인 관점이 필요하다. 곧 우리는 인간의 사고 전체에서 벗어난 어떤 관점을 필요로 하며 이 관점에서 인간의 사고가 실재나 세계 자체와 연결될 수 있는지, 어떻게 연결될 수 있는지를 자문할 필요가 있다. 하지만 우리는 절대 이런 관점에 설 수 없다. 인간으로서 우리는 결코 인간의 사고 체계를 벗어나 그것을 정당화할 수 없기 때문이다. 어쩌면 내가 3.1.10에서 예로 들었던 외계인들이라면 이런 일을 할 수 있을지도 모른다. (어쩌면 외계인들은 자신들이 사는 곳에서 인간이 실재로 여기는 바와 객관적인 실재 자체가 전혀 일치하지 않음을 발견하고 자신들의 방식으로 깔깔대며 비웃을지도 모른다.) 그리고 신은 당연히 이런 일을 할 수 있을 것이다. 그리고 바로 이것이 데카르트가 회의주의를 반박하면서 신에게 호소한 이유이기도 하다. 그는 우리가 하는 최선의 사고가 우리 자신의 기준뿐만이 아니라 신의 객관적인 관점에서도 옳다는 점을 보이려 한다. 하지만 이런 방식의 전략은 결코 성공할 수 없다. 데카르트는 신의 관점에 대해 단지 한 인간으로서 자신이 생각하는 바만을 제시할 수 있는데 이는 독립적인 관점이 결코 아니다[3.4.3].

　더욱 일반적인 용어를 사용하면 이 논증을 다음과 같이 제시할 수 있다. 인간 지식을 보증하여 정당화하는 데 도움이 되는 바는 무엇이든 간에 인간 지식에 속하거나 아니면 속하지 않음에 틀림없다. 만일 그것이 인간 지식에 속한다면 그것은 정당화 작업을 할 수 없다. 왜냐하면 순환 논증에 빠지기 때문이다. 이 경우 우리는 우리의 지식을 정당화하기 위해 그 지식 자체를 사용하게 될 것이다. 하지만 정당화 근거 자체가 인간 지식에 속하지 않는다 해도 정당화 작업은 여전히 이루어질 수 없다. 왜냐하면 그 근거는 인간 지식이 아니므로 우리가 알지 못하는 것이기 때문이다. 따라서 어떤 경우든 인간 지식의 정당화 근거는 주어지지 않는다. 그 근거가 우리가 아는 무언가라면 정당화 작업을 수행하지 못하며, 우리가 모르는 무언가라면 우리에게 도움이 되지 않는다. 따라서 데카르트의 전략은 반드시 실패할 수밖에 없으며, 회의주의는 결코 논박되지 않는다.

　이런 생각이 옳은가? 내게는 매우 강력한 듯이 보인다. 이런 생각으로부터 깊은 인상을 받았다 하더라도 다음과 같은, 정반대되는 방향으로 나아가는 전개 또한 가능하다.

2 . 회의주의에 반대하는 논증

우리가 객관적 지식을 지닌다는 점을 부정하려는 어떤 시도도 항상 실패할 수밖에 없다. 무엇보다도 우리가 객관적 지식을 지닌다는 점을 부정하는 것은 인간의 사고가 제대로 작동하지 않는다는 말이며, 인간이 진리에 결코 도달할 수 없다는 말이며 따라서 인간이 실재로부터 영원히 단절된다는 말이다. 하지만 과연 어떤 인간이 이런 결론을 이끌어낼 위치에 설 수 있는가? 신이나 외계인이라면 그럴 수 있을지 몰라도 인간은 그럴 수 없다. 인간이 실재를 인식할 수 없다는 데 대한 근거 또한 어떤 것이든 간에 인간 지식에 속하거나 속하지 않는다. 그 근거가 인간 지식에 속한다면 그것은 인간 지식이 제대로 작동하지 않는다는 점을 보일 수 없다. 만일 보인다면 그것은 필연적으로 자기 자신을 파괴함에 틀림없기 때문이다. 만일 이런 결론을 (곧 인간 지식이 성립하지 않는다는 점을) 받아들인다면 우리는 전제—이런 결론을 받아들이는 근거로 작용한 지식—또한 부정하지 않을 수 없다. 다른 한편으로 만일 회의주의를 받아들이는 근거 자체가 인간 지식에 속하지 않는다면 그것은 우리의 신념 체계를 무너뜨리는 작업을 결코 수행할 수 없다. 그것은 우리가 알지 못하는 것에 틀림없기 때문이다. 어떤 방식을 통해서도 회의주의를 옹호하는 일은 불가능하다[3.1.9].

이런 주장을 확신하는가?

위의 두 논증은 정확하게 평행을 이루는 듯이 보이므로 둘 모두 성립하거나 아니면 둘 모두 실패해야 하는 듯하다. 이제 우리는 어떤 지점에 남겨지는가?

내 생각에 이는 회의주의와 확실성이 정확히 함께 나아가므로 어느 하나가 의미를 지니면 상대편도 의미를 지닌다는 점을 보여주는 듯하다.[5] 그 이유는 둘 모두가 세계가 그 자체로 존재하는 방식, 곧 사람들에게 나타나는 방식과 반대되는 방식에 대해 지적으로 언급할 수 있는 우리의 능력에 의존하기 때문이다. 우리가 진정한, 객관적인 확실성의 관념에 의미를 부여하려면―곧 만일 우리가 참이라고 주장하는 바가 단지 우리의 기준에서만 참이 아니라 객관적이고 절대적으로 또는 최종적으로 참이라는 점을 확신하려면―우리는 위의 두 방식 사이의 구별에도 의미를 부여할 수 있어야만 한다. 하지만 이런 종류의 확실성에 의미를 부여할 수 있기 위해서 우리는 결코 도달할 수 없는 결론의 존재를 인정하지 않을 수 없다.

이를 달리 표현하면 오직 우리에게 나타나는 것으로서의 실재와 그 자체로서의 실재 사이의 구별을 부정함으로써만 우리는 회의주의를 궁극적으로 반박하려는 데카르트의 목표에 도달할 수 있다. 하지만 이렇게 함으로써 우리는 그가 추구했던 종류의 확실성을[3.1.2] 확보할 모든 가능성을 제거하게 된다.

연결고리

• 과장된 회의와 이에 대한 데카르트의 대답에 대해서는 3.3.1과 3.4.1 참조하라.
• 이 절에서 다룬 회의주의에 반대하는 논증과 객관주의에 반대하는 논증은 3.1.9와 3.1.10 그리고 3.4.3에도 등장한다.

---

5   흄 또한 이와 유사한 근거에서 유사한 결론을 이끌어낸다. 『인간 본성에 관한 논고』 1.4.1, 마지막 문단 참조.

3.4.5 논의 19

데카르트와 과학: 이성, 경험 그리고 과학적 지식의 가능성

내가 이 책에서 말하려는 바는 우리가 '과학적' 지식이라고 부르는 바가 다음과 같은 특징을 지닌다는 점을 증명하는 것이 『성찰』의 목적이라는 사실이다. 곧 과학적 지식은

1. 가능하다
2. 확실하다
3. 이 세계에 대한 안전한 지식에 이르는 유일한 길이다
4. 신에 대한 지식 및 숭배와 양립할 수 있으며, 사실상 결코 분리될 수 없다.

이런 주장에 대해 현대의 데카르트 학자들은 전혀 일치된 의견을 보이지 않는다. 데카르트의 과학과 관련된 논의는 오랫동안 그의 철학을 다룬 저술에서 무시되었으며, 가장 유력한 견해는 데카르트가 과학적 지식의 중요성을 경시하고 심지어 이런 지식이 불가능하다고 주장했다는 것이다. 이런 이상한 견해는 (어쨌든 데카르트는 해부학, 동물의 생식, 우주론, 광선, 기상학, 광학, 생리학에 관한 책을 실제로 썼던 인물이며, 그의 가장 위대하고 유명한 저술은 자연학에 관한 것이었다) 영미권의 철학사에 깊이 뿌리 박혀 있다[4.2]. 하지만 이런 견해를 지지하는 듯이 여겨질 수 있는 두 가지 특징을 『성찰』에서 발견할 수 있다. 이제 『성찰』이 진정으로 무엇을 다룬 책인지를 살펴보려 한다면 이들에 대해 설명할 필요가 있다.

1. 『성찰』 전반에 걸쳐 데카르트는 우리가 감각적 지식으로부터 주의를 돌려야 하며, 아프리오리한 확실성에―곧 명석 판명한 관념에―기초한 지식만이 진정으로 회의에서 벗어날 수 있는, 문자 그대로 진정한 지식이라는 점을 설득하기 위해 무척 노력한다. 하지만 우리 모두가 알듯이 과학은 관찰에 기초한 감각적 지식이다. 이는 데카르트가 과학적 지식을 매우 낮게 평가했음을 의미하지 않는가?

2. 『성찰』의 전체 목표는 확실성을―곧 회의를 넘어선 확고하고 불변적인 지식을―발견하는 것이다. 하지만 과학은 이런 주제를 다루지 않는다. 과학의 주제는 불변하는 지식이 아니라 현재 진행되는 일의 탐구이다. 최선의 이론들은 우리가 획득한 지식을 설명해준다. 하지만 이런 지식은 변화와 확장에 기초하므로 이론들 또한 적절하게 개선되고, 변화되고, 포기되어야 한다. 따라서 과학적 지식은 항상 수정될 수 있어야 하는데 데카르트가 생각한 지식 모델은 이런 일을 허용하지 않는다.[6]

1. 과학과 이성

나는 3.4.5에서 과학적 지식이 관찰과 더불어 시작된다는 사실을 데카르트가 완벽하게 잘 알고 있다고 주장했다. 하지만 정확하게 그의 논점은 지식이 거기서 시작된다는 점이다. 이 지식이 과학적이 되려면 관찰을 훨씬 넘어서야 한다. 데카르트는 자신의 논적인 아리스토텔레스주의자들이 바로 이 점에 실패했다고 생각한다. 그들은 단지 관찰 결과를

---

6 나는 여기서 과학적 활동에 (이런 것이 존재한다면) 대해 내가 설명한 견해가 옳다고 말하려는 것이 아니다. 하지만 이런 견해는 폭넓게 받아들여진다. 나는 설령 이런 견해가 참이라고 할지라도 이것이 내가 제시한, 데카르트에 관한 설명과 상충하지 않는다는 점을 보이려 할 뿐이다.

수집하고 분류했을 뿐 진정으로 어떤 일이 진행되는지를 알기 위해 현상을 넘어선 더욱 깊은 수준의 실재를 탐구하려 하지 않았다. 따라서 이들이 순수한 관찰에서 얻은 지식이 아무리 '정밀하다' 할지라도 이들은 참되고 불변하는 지식에 결코 이를 수 없었다. 이들의 탐구에서 빠진 요소, 곧 과학적 지식의 진정한 기초는 경험에 포함된 것이 아니라 관찰을 과학으로 바꾸는 요소인데 이 요소가 바로 이성이다.

데카르트는 과학적 지식의 발전에서 이성과 경험 사이의 상호관계에 대해 어떤 자세한 설명도 제공하지 않는다. 하지만 이런 관계를 잘 보여주는 단순한 모델이 있는데 이는 비록 훨씬 이후에 정교하게 제시되고 이런 이름이 붙었지만 이 문제에 관한 데카르트의 이론뿐만 아니라 실제 활동과도 잘 들어맞는다. 이는 바로 과학적 추론에서 가설 연역적 모델로서, 최소한 19세기 이래 많은 사람들이 과학적 사고와 과학적 방법의 기본 형식으로 여겨온 것이다.

가설 연역적 방법에 따르면 과학자가 하는 일은 우선 그의 탐구 영역에서 관찰을 시도하는 것이다. (나는 여기서 과학자를 '그'라는 남성 대명사로 표시했는데 그 까닭은 이 모델이 발명되었을 때 과학자는 모두 남성으로 여겨졌고 또 사실상 대부분이 남성이었기 때문이다.[7]) 그 후에 관찰을 설명해주는 일종의 가설로서의 이론을 형성한다. 예를 들면 핼리(Edmund Halley)는 오랜 시간에 걸쳐 혜성의 관찰 기록을 수집한 후 1705년 혜성들이 뉴턴의 법칙에 따라 매우 긴 타원형의 궤도를 운동하는 대상이라는 가설을 제시했다. 당시에는 이를 검증할 과학이 없었으며, 단지 관찰 결과와 전문가들의 추측만이 있었다. 과학은

---

7 [옮긴이 주] 저자는 '사고하는 자'를 비롯한 많은 경우에서 '그녀', '그녀의' 등의 여성형 인칭대명사를 사용한다. 하지만 우리말로 이렇게 직역할 경우 오히려 어색하므로 옮긴이는 '그', '그의' 등으로 번역했다.

그가 자신의 이론에 기초해 가설과 그것의 검증 방법을—곧 만일 자신의 이론이 참이라면 어떤 관찰 결과가 뒤따를 것인가를 (또는 위의 모델 이름을 사용해 표현하면 자신의 '가설'로부터 '연역'할 수 있는 바를)—제시한 순간 시작되었다. 구체적으로 그는 만일 자신이 옳다면 혜성이 1758년에 돌아오리라는 결론을 제시했다. 만일 혜성이 돌아오지 않는다면 그의 이론은 거짓이었음이 드러났을 것이다. 하지만 혜성이 실제로 돌아와 그의 이론은 확증되었고, 이후 그 혜성은 핼리 혜성으로 불리게 되었다. (유감스럽게도 운이 따라주지 않아 핼리는 자신의 이름이 역사에 영원히 기록되기 전인 1742년 세상을 떠났다.)

내가 보기에 데카르트의 인식론은 후에 가설 연역적 모델이 제공하는, 과학적 사고에 대한 설명과 일치하는 듯하다. 제4성찰의 끝부분에서 그는—최소한 자신의 입장에서는 만족스럽게—자신의 탐구에 포함된 것과 같은 종류의 이성적 판단이 진리에 이르는 것을 보장해주며, 따라서 우리가 과학적 추론의 길을 따른다면 (오직 명석 판명한 관념에만 동의한다면) 우리는 결코 잘못된 길로 빠지지 않을 것임을 증명했다고 말한다.

2. 과학과 확실성

이 문제와 관련해 가설 연역적 모델에 따르는 과학자들이 거짓 이론을 반박할 수는 있지만 참인 이론을 증명하지는 못한다는 지적이 계속 이어져 왔다. 이는 매우 단순한 논리적 논점이다. 내가 나의 이론으로부터 X가 발생하리라는 사실을 연역했는데 X가 발생하지 않았다. 그렇다면 내 이론은 잘못임에 틀림없다. 내 이론은 반증되고 반박된다. 하지만 설령 X가 실제로 발생한다고 해도 나는 단지 내 이론이 참일 수도 있음을 보였을 뿐이다—곧 X가 어떤 다른 이유로 발생할 수도 있는 외부적인 기회가 항상 존재하며 나는 단지 운이 좋았을 뿐이다. 나의 가정은 확증될지는 몰라도 결코 증명될 수는 없다.[8] 그렇다면 이는 데카르트가 절대적으로 확실한 지식을 추구하기 때문에 가설 연역적 모델에 따라 등장하는 자연과학을 옹호할 수 없음을 의미하는가?

그렇지 않다. 데카르트가 신이 우리의 명석 판명한 관념을 보증하므로 명석 판명하다고 생각되는 관념들에만 동의한다면 우리가 오류에 빠질 수 없다고 주장할 때 그는 과학 이론이 아니라 과학적 추론에 대해 말하고 있다. 내가 든 위의 예에서 명석 판명한 관념은 혜성이 타원형의 궤도를 돈다는 핼리의 주장이 아니라 만일 자신이 옳다면 혜성이 1758년에 돌아오리라는 결론에 이르기 위해 그가 한 추론에 포함되어 있다. 만일 예측대로 혜성이 돌아온다면 그의 이론은 확증될 것이고, 만일 돌아오지 않는다면 그의 이론은 반증될 것이다. 데카르트가 주의 깊게 적용된다면 진리의 발견을 보장해주리라고 믿었던 것은 바로 이런 이성적 추론을 할 수 있는 능력이다.

이는 이 주제에 대한 비교적 자연스럽고 논쟁의 여지가 없는 설명인 듯이 보인다. 또한 이는 핼리가 잘못 생각했을 수도 있다는 점과도 완벽하게 양립할 수 있다. 만일 후에 혜성은 단지 지구의 대기 중에서 발생하는 기상학적인 사건이라는 점이라든지 1758년의 혜성 출현은 혜성이 돌아온 것이 아니라 외계인의 우주선이 방문한 것이라는 점이 밝혀졌다면 우리는 핼리가 잘못 생각했다고 얼마든지 말할 수 있다. 하지만 그가 잘못 생각한 이유는 자료가 잘못되었거나 그가 생각하지 못했던 다른 대안이 있었기 때문이지 그를 결론으로 이끈 이성적 판단

---

8   형식 논리의 관점에서 보면 'P→Q, ~Q, 따라서 ~P'는 후건 부정의 타당한 추론 유형에 속한다. 반면 'P→Q, Q, 따라서 P'는 후건 긍정 오류의 예이다. 포퍼(Popper)가 제시한 '반증주의' 과학 모델은 바로 이런 단순한 비대칭에서 시작된다.

이 ― 곧 명석 판명한 관념이 ― 그 자체로 잘못되었기 때문이 아니다. 이런 추론 자체는 적절하게 적용하기만 한다면 결코 잘못될 수 없다. 과학적 탐구에서 이런 추론의 중요성과 더불어 바로 이런 명확한 사실이 데카르트가 우리에게 확신시키려 하는 점이다.

  그렇다면 데카르트는 '아프리오리적인', 반경험적인, 반과학적인, '이성주의적' 인식론을 지니고 있지 않다는 점이 드러난다.[9] 그는 우리와 마찬가지로 자연의 사실들이 난로로 덥혀진 방 안에 앉은 철학자가[10] 아프리오리하게 발견할 수 있는 것이 아니라 경험적 증거들로부터 도출되고 검증되는 것임을 잘 알고 있다. 또한 그는 우리와 마찬가지로 과학적 사고에 포함된 논리적 추론 자체는 의심의 여지가 없는 것이지만 이런 추론을 통해 도출된 결론은 이 추론과 같은 정도의 확실성을 지니지 않는다는 점도 잘 알고 있다. 하지만 나는 독자들에게 이런 문제들에 대한 데카르트의 태도가 현재 우리의 태도와 똑같다는 인상을 주려하지는 않을 것이다. 데카르트의 입장과 현재 가설 연역 모델을 옹호하는 사람들 사이에는 최소한 세 가지의 차이점이 있으며, 이들은 오랫동안 데카르트의 입장을 오해하게 만드는 주요 원인으로 작용해왔다.

1. 많은 현대인들은 과학이 '경험적 사실' 또는 '경험적 자료'에 기초하는데 이들은 논란의 여지 없는 기본적인 어떤 지위를 지닌다고 말한다. 반면 데카르트는 모든 경험적 증거들은 표면적이며 우리를 잘못 인도할 가능성이 있으므로 지성에 의해 해석되어야 한다고 생각

---

9 이는 데카르트가 가상디에게 동물의 사고 문제에 대해서는 아프리오리하게 답할 수 없으며 오직 동물의 행동을 탐구함으로써만 답할 수 있다고 말하는 점에서도 잘 드러난다(『반박과 답변』 5: 358).
10 데카르트는 '난로로 덥혀진 방 안에서' 하루를 보내면서 (1619년 11월 10일로 추정되는데) 중요한 발견을 한 것으로 널리 알려져 있다(『방법서설』, 2: VI.11).

한다. 그는 제1성찰에서 등장한 회의가 어떤 경험도 절대적으로 확실하지는 않다는 점을 보임으로써 이런 주장을 증명했다고 생각한다. 그의 생각은 옳은가? 아니면 경험적 사실들이 존재한다고 생각하는가?[11]

2. 데카르트는 자신이 만들어낸 과학 이론들이 그 자체로 명석 판명한 관념은 아니지만 충분히 확증되고 충분히 지지되므로 이들은 거의 자신이 이런 이론들에 이르기 위해 사용했던 논리만큼이나 확실하다고 생각한다. 그는 이런 이론들이 비유하자면 암호로 쓰인 긴 글을 앞에 두고 마침내 글 전체를 완벽하게 해독할 수 있는 열쇠를 발견한 것과 같은 지위를 지닌다고 말한다. 이런 상황에서 우리가 잘못된 열쇠를 지니는 일은 항상 논리적으로 가능한데 그런데도 글의 모든 단어를 이해한다면 이는 단지 우연의 결과일 것이다. 하지만 우리의 이론은 실천적으로(moraliter/morale) 확실하며, 올바른 정신을 지닌 사람이라면 어느 누구도 우리가 올바른 대답을 발견했다는 사실을 의심하지 않을 것이다(『원리』, 4.205).[12]

그렇다면 데카르트에게 세계의 본질과 그 안에서 우리가 차지하는 위치는 아직 닫혀있는 지식의 체계인데, 그는 자신이 이를 열 수 있는 열쇠를 발견했다고 생각한다. 우리 또한 세계를 이렇게 이해하

---

11   많은 학자들이 경험적 사실은 관찰된 바가 아니라 그것에 대한 우리의 관찰 안에 위치한다는 점을 보이려고 노력해왔다. 곧 나는 리트머스 용지가 빨간지 그렇지 않은지는 회의할 수 있지만 내가 빨간색을 경험한다는 사실은 회의할 수 없다. (램프는 회의할 수 있지만 램프를 보는 경험을 지닌다는 사실은 회의할 수 없다는 데카르트의 언급(28-9)[3.2.3] 참조.) 그렇다면 사적인 확실성을 느끼는 이 순간이 — 이런 것이 존재한다면 — 객관적인 경험적 자료를 제공하는가?
12   데카르트는 계속해서 자신의 결론들이 인간 지식의 가장 단순한 원리로부터 모두 증명될 수 있기 때문에 수학적 증명과 동등한, 단지 실천적 확실성 이상의 무언가를 지닌다고 말한다(『원리』, 4.206).

는가?

나는 우리가 오랫동안 세계에 대해 이런 방식으로 말해왔다고 생각한다. 우리는 과학적 '지식'과 과학적 '증명'에 대해 언급하며, '현대 과학이 …을 밝혔다'거나 '이제 우리는 …을 발견했다'고 말한다. 그리고 많은 사람들은 예를 들면 진화론이나 빅뱅, 유전자 이론 등을 데카르트가 묘사한 것과 같은 방식으로 받아들인다. 이제 우리가 자연의 암호를 풀 수 있는 방법을 얻었다고 생각한다. 이들은 이론상 오류를 포함할 수 있다. 하지만 실천적인 목적에 비추어 우리는 이들을 알려진 사실로 여긴다.

하지만 동시에 우리는 이 문제에 대해 전혀 다른 견해를 드러내는 듯도 하다. 우리는 과학이 결코 끝나지 않는 모험이며, 끊임없이 변화하고 항상 수정될 수 있는 이론들의 체계이며, 우리의 이해가 증가함에 따라 진화하고 발전하는 것이라고 말하기도 한다. 이런 생각에 따르면 영원히 참인 과학 이론 같은 것은 존재하지 않으며, 우리는 단지 현재 최선인 이론만을 지닐 뿐이다. 더욱 엄밀히 말하면 지식이 현재 우리가 믿는 바를 의미하지 않는 한 과학적 지식과 같은 것은 존재하지 않는다—우리가 실제로 지니는 바는 단지 현재 상태에서 서로 밀접히 관련된 이론과 실천의 집합일 뿐이며, 우리는 어떤 이론이 다른 경쟁 이론에 비해 더 우세하다고 말할 수는 있지만 그것이 최종의 이론이라고 말할 수는 없다.

내가 보기에 이 두 입장은 서로 전혀 양립할 수 없는 듯하다. 이에 동의하는가? 만일 동의한다면 어떤 쪽이 옳다고 생각하는가? 우리는 데카르트주의자가 될 것인가 아니면 과학적 지식에 대한 믿음을 기꺼이 포기할 것인가?

3. 세 번째 차이점은 데카르트가 과학적 탐구를 신의 목적과 인간의 진

정한 본성 및 의무를 이해하는 일과 서로 분리될 수 없는 것으로 생각한다는 점이다[3.3.9]. 하지만 현대의 우리는 종교와 도덕이 과학의 진보에 방해가 된다고 생각한다. 어떤 쪽이 옳은가?

연결고리

• 데카르트가 거부하는 아리스토텔레스적인 과학의 유형에 대해서는 3.1.11에서 설명된다.

• 과학적 지식의 문제는 객관성의 문제와 밀접하게 관련된다—2장 및 3.6.5 참조하라.

5부

물체의 본성 그리고
신의 확실성

3.5.1 제5성찰, 1절. (63-5)

물체에 대한 지식

개관

이제 나는 진리에 이르기 위한 수단을 확립했으며, 무엇이 오류인지 그리고 이를 어떻게 피할 수 있는지를 이해했다. 아직도 해결해야 할 것이 많지만 가장 급박한 임무는 내가 물질세계에 대한 회의를 해소할 수 있는지를 검토하는 것이라고 생각한다. 물질이 존재하는가라는 질문에 답하기에 앞서 나는 지금 내가 과연 무엇에 관해 언급하는지를 정확하게 해명할 필요를 느낀다(63).

내가 주변 세계를 오직 형태와 크기, 수, 운동 및 지속과 관련해서 생각할 때 나는 세계를 명확하게 파악한다. 그리고 세계를 수학적 관점에서 파악하는 것은 내게는 자연스러운 일이다(63-4).

그리고 더욱 중요하게 내가 세계를 파악하면서 사용하는 범주들은—삼각형의 관념의 예에서와 마찬가지로—설령 그런 것들이 자연에는 존재하지 않는다 할지라도 내가 그들에 대해 확실한 지식을 지닐 수 있는 것들이다. 나는 이런 개념들을 경험에서 획득하지 않았으며 나 자신이 형성하지도 않았다(64–5).

주석

『성찰』의 끝에 이르러 사고하는 자는 지식의 전당을 기초부터 완전히 새로 세우며(『방법서설』, 2: VI.13–4), 자신이 지닌 믿음의 바구니에서 썩은 사과를 골라내 버리고 신선한 것들만을 다시 담는다(『반박과 답변』 7, 481)—달리 말하면 그는 자신의 잘못된, 상식 수준의 믿음과 그저 물려받은 의견들을 모두 제거하고, 이들을 신과 자기 자신 그리고 세계에 대한 확고하고 불변적인 지식으로 대체했다. 이 때문에 『성찰』을 읽은 후 사고하는 자가 결국 자신이 출발했던 지점으로 다시 돌아왔다는 인상을 받기 쉽다. 말하자면 그는 자신이 제기했던 회의주의적 의심에 맞서 싸워 자신의 (그의 주장을 받아들인다면 우리 자신의) 존재를 다시 확립했고, 결국 지난 엿새 동안의 성찰에서 벗어나 다시 우리에게 익숙한 세계로 돌아와 세계에 대한 우리의 지식이 꿈이나 환상이 결코 아님을 재확인했다고 생각하기 쉽다.

하지만 이것은 데카르트가 목표 삼았던 결과가 결코 아니다. 성찰을 성공적으로 마쳤다면 우리는 무엇보다도 돌아가서 새로워진 세계를 발견하고, 그것을 이전과는 다른 눈으로 바라보고, 사물들에 대해 이전과는 완전히 다른 관점을 지녀야 한다. 그리고 데카르트는 우리가 『성찰』을 읽은 후에 바로 이런 모습으로 변하기를 원한다. 그는 우리가 손상되고, 오류에 물들고, 신뢰할 수 없고, 단지 어린아이의 눈으로 보는 것 같은 감각적인 세계관에서 벗어나 순수하고, 지적이고, 안전하고, 객관적이고, 거의 신에 가까운 관점에서 세계를 이해하는 이성적 인간 또는 과학적 인간이 되기를 바라며, 이런 인간은 세계를 육체의 눈이 아니라 정신의 눈으로 인식하리라고 생각한다. 그리고 우리가 이렇게 할 수 있다면 그가 먼 길을 돌아 마침내 제6성찰에서 물질의 존재를 증명한 후에 우리에게 다시 제시하는 세계는 우리가 제1성찰에서 회의하면서 떠났던 세계와는 매우 다른 위치를 차지하게 될 것이다. 그리고 이제 제5성찰에서 바로 이런 차이점을 설명하기 시작한다.

1. 물체의 본성

제1성찰에서 그것의 존재가 회의의 대상이 되었던 물질세계는 우리에게 익숙한 일상적 경험의 —곧 나무와 풀들, 사람들과 산과 강 그리고 우리의 손톱에 낀 먼지의 —세계였다. 이제 데카르트가 우리에게 다시 제시하는 세계는 이전의 세계와는 전혀 다른 장소이다. 새로 제시된 세계는 그가 제시한 기계론적 과학을 통해, 곧 기계론적 상호작용을 규정하는 세 개의 결정론적 법칙을 통해 모든 물리적 현상이 설명되는 물질적 연속체이다[3.2.4]. 이는 새로운 세계가 경험 세계와는 달리 분리된 물리적 대상이나 우연 또는 빈 공간이 전혀 없는 세계임을 의미한다. 이 세계에는 색도, 맛이나 가치도 없으며, 소리나 아름다움 또는 중요성도 없다. 이 세계는 물론 우리가 모두 다른 방식으로 지각하는 세계이지만 이런 방식들을 언급하지 않고도 세계 자체를 완벽하게 기술할 수 있다. 말하자면 오직 기계론적인 '제1성질'과 —곧 형태, 크기, 수, 운동과 —관련해서 기술할 수 있는데 이들은 모두 순전히 수학적인 용어로 표현될 수 있고 또 그래야 한다[3.2.5; 3.6.5].

2. 물체에 대한 지식

여기서는 두 가지를 지적하려 한다. 첫째, 앞서 살펴보았듯이 물질세계에 대한 우리의 감각적 지식은 비감각적인, 순전히 지성적인, 수학적인 이해로 대체되어야 하는데 이런 이해를 통해 우리는 시간을 넘어서서 계속 진행되는 신의 창조 활동에 대한 이해에 가능한 한 가까이 다가갈 수 있다. 둘째, 물질세계에 대한 우리의 확실한 지식은 그런 세계가 실제로 존재하는가 그렇지 않은가라는 질문과 전혀 상관없다는 상당히 놀라운 주장을 펼 수 있다.

특히 두 번째 논점은 데카르트의 관점이 지닌 중요한 특징인데 이를 간과하기 쉽다. 그렇지만 데카르트가 제4성찰에서 신이 우리를 속이지 않는 본성을 지닌다는 점을 증명함으로써 [3.4.1] 회의주의를 논박했는데, 우리는 제6성찰의 끝부분에 이르러서도 여전히 물질세계의 존재를 확신하지 못한다는 말은 매우 이상하게 들린다. 하지만 이것이 분명히 데카르트가 전개하는 사고 과정의 구조이고, 또한 그가 우리에게 발견하기를 기대하는 바이기도 하다. 이런 구조는 어떤 방식으로 작동하는가? 물론 우리를 둘러싼 진정한 세계의 존재는 우리가 사물과 우리 자신을 이해하는 데 가장 명확하고 기본적인 것이다. 만일 이를 확신할 수 없다면 과연 무언가라도 확신할 수 있겠는가?

하지만 다시 생각해보자. 현 단계에서 우리는 어떤 지점에 도달했는가? 설령 현재 지점까지 전개된 사고 과정을 받아들이고, 우리의 명석 판명한 관념은 참임에 틀림없다는 데 대한 데카르트의 증명을 확신한다고 해도 물질세계가 존재한다는 점을 보여주는 명석 판명한 관념들의 어떤 결합도 아직 발견하지 못한 것이 아닌가? 물질세계에 대해 우리는 과연 무엇을 알 수 있는가?

여기서 기본 논점은 우리가 제1성찰에서 발견했듯이 아프리오리한 지식은 꿈을 통한 회의를 견뎌내고 유지될 수 있다는 점이다. 거기서 사고하는 자는 자신이 여전히 수학 전반과 사물의 본성에 관한 모든 개념적인 진리를 신뢰할 수 있다는 결론에 도달했다[3.1.4]. 하지만 이제 우리는 사물의 본성을 해명했고 그것의 기초를 확보했다. 그렇다면 이런 개념적 지식을 통해 우리는 얼마나 멀리 나아갈 수 있는가?

이 질문에 대한 데카르트의 대답은 놀랍게도 우리가 자연과학 전체에 이를 수 있다는 것인 듯하다. 도대체 과학은 무엇을 알려 하는가? 당연히 사물의 본성을 알려 한다. 예를 들면 물리학은 물질의 본성을, 곧 물질 자체가 무엇이며 어떻게 작용하는지를 밝히려 한다. 하지만 물질의 본성은 물질 자체가 실제로 존재하는가 그렇지 않은가와 상관없이 우리가 인식할 수 있는 무언가이다. 이는 우리가 실제로 어떤 삼각형이라도 존재하는지를 알지 못하면서도 삼각형의 본성을 인식할 수 있는 것과 마찬가지이다.

"하지만 명백히 두 경우는 서로 같지 않다." 독자들의 불평이 여기까지 들리는 듯하다. 삼각형의 본성은 우리가 아프리오리하게 인식한다고 말할 수 있다. 우리가 삼각형의 개념을 이해할 정도로 세계에 대해 충분한 경험을 쌓았다면 우리는 실제로 어떤 삼각형이라도 존재하는지를 검사하지 않고도 오직 추론 과정을 통해 삼각형의 많은 속성들을 밝혀낸다. 하지만 물리학은 단지 물질의 관념과 이로부터 도출할 수 있는 바만을 다루지 않는다. 설령 한 조각 밀랍의 경우와 같은[3.2.3] 사고실험을 통해 기본적인 본성상 물질이 오직 연장성을 지닌 덩어리이며 제1성질을 통해 완벽하게 기술될 수 있다는 점이 드러난다는 데카르트의 주장을 인정하더라도 이는 단지 출발점에 지나지 않는다. 물리학은 이것 외에도 물질의 작용 방식에 관한 명확한 경험적 사실들을—그 자신이 제시한 세 가지 운동 법칙이나 그의 광학이나 기상학 저술에서 등장하는 것과 같은—필요로 한다. 물리학은 물질의 정의만 가지고는 성립되지 않으며 물질세계 자체에 대한 현실적 관찰에 의존한다!

틀림없이 맞는 이야기이다. 자연과학이 우리가 아프리오리하게 탐구할 수 있는 바 이상의 것을 알려 한다는 점에는 의심의 여지가 없으며, 자연과학은 경험과 관찰로부터 결론을 이끌어내어야 한다. 따라서 우리가 물질세계를 경험하기 위해 그 세계가 실제로 존재할 필요가 없다는 주장은 무척 이상하게 들릴 수밖에 없다.

이런 주장은 제1성찰에서 사고하는 자가 꿈 논증을 받아들여 물질세계가 존재하지 않을 수도 있음을 인정하면서 직면했던 상황과 동일하다. 곧 내가 물질세계를 경험한다는 사실이 그런 세계가 존재한다는 점을 증명하지는 않는다는 것이다. 하지만 이런 주장이 참이라면 이는 내가 물질의 존재에 대한 나의 지식과 전혀 무관하게 나의 경험에 대한 지식을 지닐 수 있음을 의미한다. 이는 또한 내가 물질세계에 대한 완전한 과학을 형성하기 위해 필요로 하는 모든 관찰이 설령 그런 세계가 실제로 존재하지 않더라도 내게 주어질 수 있음을 의미한다.[1]

만일 이런 주장이 무의미해 보인다면 관념론에 관한 논의를 읽은 후 이 주장이 조금이라도 더 명확해졌는지 검토하기 바란다[3.5.4].

---

[1] 여기서 다시 한번 사물에 대한 데카르트의 견해가 매우 플라톤적이라는 점이 드러난다. 곧 진정한 지식은 실제 세계에 존재하는 현실적 사물들에 대한 것이 아니라 이들의 배후에 놓인, 시간을 넘어선 실재에 대한 것이다. 우리는 과학적 탐구를 이런 방식으로 생각하는가? 또한 데카르트가 상기에 의한 지식을 언급하면서 플라톤적인 사상을 얼마나 깊이 반영하는지도 주목할 필요가 있다. "이런 문제들에 대한 진리는 매우 명료하고 또 나의 본성과 매우 잘 조화를 이루므로 이를 처음 발견할 때 이는 내가 새로운 무언가를 배운 것이 아니라 내가 이전에 알았던 바를 다시 떠올리는 것처럼 여겨진다"(64).

3.5.2 제5성찰, 2절. (65-8)

'존재론적' 신 존재 증명

개관

하지만 나는 삼각형의 본성이나 정의에 포함된 삼각형의 속성들을 확실하게 인식할 수 있으므로 신이 존재한다는 점도 인식할 수 있다. 존재는 신의 본성이나 정의에 포함되기 때문이다. 따라서 신은 삼각형이 세 변을 지니는 것과 마찬가지로 확실하게 존재한다(65-6).

여기에는 일종의 속임수가 포함된 듯하지만 사실은 그렇지 않다. 존재하지 않는 것은 완전하지 않을 것이다. 그런데 신은 정의상 완전하므로 결코 존재하지 않을 수 없다. 나는 세 내각의 합이 180도가 아닌 삼각형을 생각할 수 없듯이 신을 존재하지 않는 것으로 생각할 수 없다(66-7). 물론 나는 신이나 삼각형에 대해 반드시 생각해야 할 필요는 없다. 하지만 삼각형에 대해 **실제로** 주의 깊게 생각해보면 세 내각의 합이 얼마가 되어야 하는지를 알 수 있다. 그리고 내가 신에 대해 주의 깊게 생각하면 나는 신이 반드시 존재하며 유일하다는 사실을 알 수 있다(67-8).

주석

데카르트의 신 존재 증명 방식은 둘 모두 신의 개념에서 출발한다—그럴 수밖에 없는 까닭은 사고하는 자가 신 존재 증명 문제에 직면한 상황을 볼 때 그가 사용할 수 있는 유일한 출발점은 자신의 정신과 그것이 지닌 관념뿐이기 때문이다. 제3성찰에서의 증명은 사고하는 자가 신의 관념을 지닌다는 사실로부터 출발한다. 제5성찰의 증명은 순전히 신의 관념의 내용과 더불어—'신'이라고 불릴 수 있는 존재라면 그 어떤 것이든 반드시 지녀야 하는 속성들로부터—시작된다.[2]

대부분의 사람들은 제5성찰의 증명을 처음 접하면 여기에는 분명히 어떤 오류나 일종의 속임수가 포함되어 있다고 생각한다. 데카르트 자신도 '처음 접하면 … 이 증명은 그리 명확하지 않으며 일종의 궤변처럼 보이기도 한다'고 말한다(66). 동시에 대부분의 사람들은 이 증명이 잘못인 이유가 무엇인지, 속임수가 정확히 어디서 등장하는지를 말하기가 상당히 어렵다고 느낀다―이 증명이 거의 천 년 동안 계속 논의되어 왔다는 사실은 설령 여기에 속임수가 있더라도 최소한 매우 교묘한 것임을 암시한다.[3]

이 증명의 기본 생각은 매우 단순하다. 신은 정의상 전적으로 완벽하다. 신에게는 약함이나 결함, 불완전성이 전혀 없다. 안셀무스(An-selm)의 표현에 따르면 신은 '그보다 더 위대한 것을 생각할 수 없는 가장 위대한 존재'이다. 물론 우리는 신을 이렇게 생각하지 않을 수도 있다―예를 들면 신을 하늘에 있는 노인 같은 존재로 생각할 수도 있다. 하지만 이럴 경우 우리는 신이 무엇인지, '신'이라는 용어가 진정으로 의미하는 바를 모르거나[4] 아니면 최소한 이 용어를 데카르트가 사용한 방식과는 다르게 사용하는 셈이 된다. 따라서 우리가 '신은 존재하지 않는다'고 말하더라도 데카르트와 다른 의견을 보이는 것은 아니다. 하지만 만일 우리가 신이라는 용어를 실제로 데카르트와 같은 방식

---

2   『원리』, 1.4-18에서는 두 증명의 순서가 바뀌어 등장한다. 『반박과 답변』 1; 101에서 데카르트는 제3성찰의 증명을 자신의 '주요한'(praecipuam/principale) 논증이라고 부른다.
3   이 증명은 안셀무스가 1077-78년 사이에 쓴 『프로슬로기온』(Proslogion, §1-5)에 처음 등장한 후 지금까지 계속 논의의 대상이 되어왔다.
4   많은 철학자들은 만일 '신'이 어떤 개별적 존재의 이름이라면 그것은 의미를 지니지 않는다고 생각한다. 곧 그것은 아무 내용이 없이 자기 자신을 지시하는 방식으로 사용될 뿐이라고 생각한다. 나는 이런 견해를 선택하더라도 존재론적 증명은 여전히 유지될 수 있다고 생각한다. 하지만 더 오랜 과정이 필요하고 덜 명확할 듯하다.

으로 사용한다면 '신은 존재하지 않는다'는 말은 분명히 모순에 빠지게 된다. 존재하지 않는 것은 바로 존재하지 않는다는 그 이유 때문에 전적으로 완전할 수 없다. 그것은 존재를 결여하므로 무언가가 부족한 것임에 틀림없다. 또한 그것은 '그보다 더 위대한 것을 생각할 수 없는 가장 위대한 존재'가 아니다. 우리는 가장 위대한 동시에 실제로 존재하는 것을 손쉽게 상상할 수 있는데 그렇다면 이 존재는 더욱 위대하고, 완전하고, 완벽할 것이기 때문이다. 따라서 '신은 존재하지 않는다'는 말은 제대로 이해할 경우 '전적으로 완전한 무언가가 전적으로 완전하지 않다'거나 '아무것도 결여하지 않은 무언가가 존재를 결여한다' 또는 '우리가 생각할 수 있는 가장 위대한 존재보다 더 위대한 무언가를 생각할 수 있다'는 말이 될 것이다—이들은 모두 분홍색 물건이 색이 없다거나 삼각형이 세 변을 지니지 않는다는 말만큼이나 모순적이다. 그렇지 않은가?

연결고리
• 이 증명은 3.5.5에서 논의된다.

3.5.3   제5성찰, 3절. (68-71)

회의의 끝

개관

우리가 감각적 세계의 삶에 주의를 빼앗기지 않는다면 신이 존재한다는 사실은 명확히 드러날 것이다. 그리고 신에 대한 인식을 통해 우리는 회의에서 벗어나 다른 것들도 확신할 수 있게 된다(69-70). 이제 우리는 물리

적 세계에 대한 지식도 신뢰할 수 있다. '하지만 내가 오류에 빠진다는 사
실 또는 내가 꿈을 꾸고 있을지도 모른다는 생각은 어떤가?' 나는 내가 명
석 판명하게 파악하는 것에 대해서는 오류에 빠지지 않는다. 그리고 설령
물질세계가 존재하지 않는다 할지라도 나는 물질세계에 대한 나의 지식이
참이라는 점을 여전히 확신할 수 있다(70-1).

주석

이 대목은 데카르트의 인식론과 『성찰』에서 지금까지 전개된 사고 과
정을 적절히 요약해 보여준다. 회의에는 오류 논증(사고하는 자가 간
과했던), 꿈 논증[3.1.3], 본성에 기초한 논증[3.1.5]이 포함된다. 코기
토는 이런 모든 논증을 극복하며[3.2.1], 우리가 지닌 명석 판명한 관
념에 신뢰성을 부여한다[3.3.1]. 명석 판명한 관념은 우리를 신에 이르
게 하고[3.3.4], 신은 본성에 기초한 논증을 논박함으로써 명석 판명한
관념에 대한 우리의 신뢰가 잘못이 아님을 보여준다[3.4.1]. 이와 더불
어 데카르트는 자신이 하려는 바를 거의 다 했다. 본성에 기초한 논증
을 논박함으로써 설령 꿈 논증을 논박하는 것과 물리적 지식에 대응하
는 물질세계가 존재한다는 점을 보이는 데는 아직 이르지 못했다 할지
라도[3.5.1] 우리가 사물에 대한 객관적 지식을 지닐 수 있음을 증명했
다. 여기서 데카르트는 이런 입장을 적절히 요약하는 동시에 회의주의
를 논박하고 플라톤적인 또는 관념론적인 결론을 다시 언급한다.

　이 요약에서 분명히 드러나듯이 데카르트는 진정한 회의, 곧 우리가
자기 자신과 주변의 세계에 대해 객관적 지식을 지닐 수 있다는 견해를
실제로 위협하는 회의는 더욱 유명하고 더 크게 주의를 끈 꿈 논증이
아니라 본성에 기초한 논증이라고 생각한다. 그리고 이 논증은 신의 진
실성이 증명됨으로써 논박된다. 그는 만일 신의 진실성에 대한 증명이

실패한다면 우리는 '그 무엇에 대해서도 참되고 확실한 지식을 결코
지니지 못하며, 단지 막연하고 쉽게 변화하는 의견만을 지닐 것'이라고
말한다(69). 따라서 무신론자는 본성에 기초한 논증에서 결코 벗어나
지 못하며 그 무엇도 확신할 수 없게 될 것이다. 하지만 존재론적 증명
이 보여주듯이 무신론자라는 말은 신의 개념을 제대로 파악하지 못한
사람을 의미할 뿐이다.

* * *

제4성찰을 통해 경험을 이성적으로 분석함으로써 객관적 지식에 이
를 수 있는 이론적 가능성이 제시되었다. 제5성찰에서 사고하는 자는
이 가능성을 두 가지의 중요한 방식으로 구체화한다.

1. 그는 세계를 객관적으로, 곧 그 자체로 고려했을 때 세계가 어떤 모
   습인지에 대한 개략적인 설명을 제시했다.
2. 그는 종교적인 주장을 조금도 손상하지 않으면서 신의 필연적인 존
   재를 함축하는 그리고 신의 존재에 의해 함축되는 객관적인 견해를
   분명히 밝혔다. 곧 우리는 신이 틀림없이 존재한다는 점을 객관적으
   로 인식할 수 있으며 이 사실을 깨달은 이후에야 객관적 지식을 지
   닐 수 있다.

3.5.4 논의 20

관념론

1. 데카르트와 관념론

데카르트는 물질세계가 존재한다는 사실을 증명하기에 앞서, 그리고 이런 증명과 무관하게 확고하고 불변하는 지식의 성립 가능성을 확립했다. 그리고 이를 확립하는 단계에서 그가 자신의 지식이 논리학이나 수학과 같은 순전히 아프리오리하게 확실한 지식에만 한정되지 않으며 경험에 대한 이성적 분석에까지, 따라서 순수한 자연과학에까지 확장된다고 생각했음은 분명하다[3.5.1 ; 3.4.5]. 이런 주장이 다소 이상하게 보일지도 모르지만 이는 철학적 관념론이 일관되게 주장하는 바를 드러낸다.

   이런 주제와 관련해 우선 지적해야 할 바는 '관념론'(idealism)이라는 용어가 매우 폭넓게, 서로 다른 방식으로 사용된다는 점이다. 가장 일반적으로 이 용어는 이상주의로 해석되어 다소 낙관적이고 비현실적인 삶의 태도를 의미하는 데 사용된다. 곧 주변의 사정이 실제로 어떤가보다는 어떻게 될 수 있으며 어떻게 되어야 하는가에 더 큰 관심을 보이는 사람들을 지칭하는 데 사용된다. 하지만 이런 의미는 철학에서 사용되는 경우와 단지 간접적으로 연결될 뿐이다. 철학에서 관념론은 존재론의 ─ 곧 무엇이 존재하는가를 설명하려 하는 이론의[3.2.9] ─ 영역에서 하나의 관점을 지칭한다. 관념론은 세계에 존재하는 바가 현재 우리들 대부분이 생각하는 것보다 훨씬 정신적('관념적')이라고 주장하는 이론이다.

   데카르트는 관념론자가 아니다. 그는 물질세계가 진정으로 존재한다고 생각하며, 제6성찰에서 이를 증명하려 한다. 하지만 그는 우리가 물

질의 본성에 대한 지식을 물질의 존재에 대한 지식과 무관하게 획득할
수 있다고 여기는 점에서 많은 사람들이 생각하는 것보다 관념론에 무
척 가깝다. 이를 통해 그는 관념론에 훨씬 더 가까운 입장, 곧 말브랑슈
나 버클리의 입장으로 나아가는 길을 열어 놓는다.[5] 여기서 나는 데카
르트가 드러내는 관념론적인 경향이 보기보다 그렇게 터무니없는 것은
아니라는 점을 밝히기 위해 명확하게 관념론에 속하는 입장의 윤곽만
을 제시하려 한다. (혹시 이렇게 하는 데 실패하더라도 최소한 다른 철
학자들이 더욱 터무니없는 주장을 편다는 점은 밝힐 수 있을 듯하다.)

2. 난공불락의 관념론

잠시 어떤 물체에 대한―예를 들면 우리 눈앞에 있는 책에 대한―우
리의 지식에 관해 생각해보자. 책에 관해서가 아니라 그것에 대한 우리
의 지식에 관해 생각해보자. 우리의 지식은 무엇으로 구성되는가? 우리
는 그 책이 여기에 있다는 점을 어떻게 알게 되는가?

글쎄, 우리는 그 책을 볼 수 있고, 느낄 수 있고, 그 책을 골랐을 때를
기억하고, 펴서 내용을 볼 수 있다. 또한 그 책이 만든 그림자를 볼 수
있고, 그 책을 비단 쿠션 위에 가만히 올려놓았을 때 그 책이 만드는 자
국도 볼 수 있다. 그 책을 읽고 감명받은 이웃도 있고, 내가 키우는 고
양이가 그 책 위에 오줌을 쌀 수도 있다. 기타 등등. 이런 경험을 수없

---

5   말브랑슈(Nicholas de Malebranche, 1638-1715)는 스스로 데카르트주의자임을
인정했지만 물질세계의 존재에 대한 데카르트의 '증명'은 단지 물질이 존재할 가능성
이 매우 높다는(tout-à-fait vrai-semblable, 63-4) 점을 보여줄 뿐이라고 주장했다.
버클리(George Berkeley, 1685-1753)는 물체가 존재하지 않으며 얼마든지 존재하지
않을 수도 있다고 주장했다(예를 들면 4-24). 하지만 버클리의 '관념론'은 후에 등장
한 칸트나 헤겔의 관념론과는 거의 공통점이 없다―이는 버클리의 주장을 관념론으
로 지칭한다면 오해의 소지가 있음을 암시한다.

이 많이 들 수 있는데 이들 모두는 그 책에 대한 우리의 의식을 구성한다. 물론 그 책 자체는 이런 모든 경험 중 어떤 것도 아니다. 그 책은 독립적으로 존재하는 물질적 대상이며, 이런 서로 다른 모든 경험을 일으키기는 하지만 이런 경험들 중 어떤 것과도 동일하지는 않다. 이는 결국 제1성찰에서 등장했던 꿈 논증의 핵심을 다시 언급하는 것에 지나지 않는다. 곧 그 책 자체가 실제로 존재하지 않는다면 내가 이런 모든 경험을 지닐 수 없다고 주장할 만한 어떤 확실한 근거도 존재하지 않는 듯하다.

실제로 존재하는 것과 그것에 대해 우리가 아는 것 사이의 간격을 처음 접하게 되면 대부분의 사람들은 큰 충격을 받는다. 내가 이런 모든 경험을 지니는데 경험의 대상이 존재하지 않는다면 나는 어떻게 그것에 대해 무언가를 안다고 주장할 수 있는가? 더 나아가 어떻게 내가 무언가라도 안다고 주장할 수 있는가? 이런 생각을 하면 나를 둘러싼 세계는 완전히 혼란에 빠져 마치 내가 미리 알아채지 못한 상태에서 크기나 부피를 잃어버릴 듯하다.

하지만 생각해보자. 어느 날 이 문제가 해결되면 어떻게 되겠는가? 누군가가 놀라운 물체 탐지기(이하 탐지기로 약칭)를 발명했다고 상상해보자. 이 탐지기를 휴대하고 다니면 (배터리의 용량이 남아있는 한) 사방 100미터 안에서 물질적 대상을 발견할 때마다 녹색 불이 켜져서 우리를 안심하게 한다. 그렇다면 이제 우리는 제1성찰을 두려움 없이 읽을 수 있다. 우리가 꿈꾸고 있다는 생각이 들 때마다 탐지기를 켜기만 하면 녹색 불을 보고 만족스러운 미소를 지으면서 안심하고 우리의 삶으로 돌아올 수 있다.

하지만 탐지기의 도움으로 물질을 파괴할 능력을 지닌 교활한 악령의 존재를 발견할 수 있다고 상상해보자. 이 악령은 우리의 삶에 어떤 변화도 일으키지 않으면서 한 순간에 물질세계 전체를 파괴할 수 있다―물론 탐지기의 불은 녹색에서 빨간색으로 바뀌겠지만 이를 제외하고는 모든 것이 이전과 다름이 없다. 우리는 이 악령이 매주 토요일 오후에는 10분 동안 이런 일을 하며, 때로는 수요일 오후 2시 이전에도 이런 일을 한다는 사실을 발견한다. 이런 발견에 대해 우리는 어떻게 느끼겠는가? 물론 악령은 자신의 성향을 그대로 유지하므로 (마치 신이 영원불변하듯이 악령은 필연적으로 변덕스럽고 믿을 수 없는 존재이다) 악령이 정해진 시간을 항상 지키지 않는다는 사실을 발견할지도 모른다. 우리가 탐지기를 주의 깊게 지켜본다면 계속해서 물질이 존재하다가 존재하지 않았다가 한다는 사실을 알게 될 것이다. 이제 과연 우리가 이런 일에 신경을 쓸 것인가라는 질문을 던져보자.

우리는 분명히 전혀 신경 쓰지 않을 것이다.

사실상 이런 탐지기는 당연히 공상일 뿐이다. (어쩌면 이는 내가 독자들의 동의를 이끌어내기 위해 억지로 만들어낸 것이라고 생각할 수도 있다.) 내가 상상한 상황에서 우리는 설령 탐지기를 믿는다 하더라도 (물론 믿지 않을 수도 있지만) 끊임없이 불빛이나 깜빡이는 이 비싼 장치가 사실상 우리에게 아무 쓸모가 없다고 생각해 이를 내던져 버릴지도 모른다. 과연 우리는 탐지기의 불빛이 녹색일 때와 빨간색일 때를 구별해 어떤 방식으로든 서로 다르게 행위할 것인가? 탐지기의 불빛이 빨간색일 때는 현재 물질이 존재하지 않는다고 생각해 밖에 나가는 일이나 코코아를 마시는 일을 거부할 것인가? 또한 불빛이 빨간색일 때는 모든 책이나 꽃들, 찻주전자가 현재 존재하지 않는다고 생각해 이들에 관해 말하는 것을 멈추고 단지 이들에 대해 우리가 지니는 지속적인 경험에 관해서만 말할 것인가? 아니면 이전과 정확히 똑같은 일을 계속할 것인가?

나는 우리가 마치 아무것도 변하지 않았다는 듯이 행동하리라고 확신한다. 우리는 이전과 똑같이 찻주전자를 사용하고 그것에 관해 말할 것이며 다른 일들도 똑같이 할 것이다. 하지만 이런 상황이 사실이라면 탐지기의 불빛이 빨간색일 동안 우리는 "이 멋진 찻주전자를 한번 봐!"라고 말할 때 이것이 의미하는 바가 무엇인지를 묻는 대신 무엇이라고 말할 것인가?

이 질문에 대한 대답은 아마도 우리가 현재 경험의 영역에서 사라져버린, 독립적으로 존재하는 물질적 대상에 대해서가 아니라 이런 상황에도 찻주전자를 계속 사용할 수 있도록 만드는, 찻주전자에 대한 일련의 일관된 경험들에 대해 말하리라는 것일 듯하다. 달리 표현하면 우리는 찻주전자에 대해 관념론적인 설명을 하지 않을 수 없다. 관념론적인 관점에 따르면 "내가 이 찻주전자는 실재한다고 말하면서 의미하는 바는 진정으로 존재하는 어떤 물질적 대상이 있다는 것이 아니라 내 삶의 경험에 비추어볼 때 이 찻주전자가 일관성을 지니고 불변한다는 것이다. 그리고 내가 '저 찻주전자는 실재하지 않는다, 저것은 내가 너무 오랫동안 차를 마시지 못해 생겨난 신기루일 뿐이다'라고 말할 때 의미하는 바는 내가 찻주전자를 경험할 때 지니는 일반적인 유형이 저 찻주전자에 대해서는 적용되지 않아서 신뢰할 수 없다는 것이다. 저 찻주전자가 신기루라면 다른 찻주전자와 시각적으로는 차이가 없을지 몰라도 손으로 만지려 하면 아무것도 느껴지지 않는다든지 차를 만들기 위해 뜨거운 물을 부었는데 그 아래 있던 고양이가 물을 뒤집어쓰는 일이 생길 것이다."

이런 생각을 더욱 정리해서 표현하면 이런 종류의 단순한 관념론자는 물질적 대상이 사실은 정신이 지각하는 경험들의 (또는 '감각적 자료들' 또는 '관념들'의) 집합에 지나지 않는다고 말한다. 그렇다면 이

3장 본문 읽기 273

런 경험은 어디서 오는가? 우리가 존재한다고 믿었던 물질적 대상들이 존재하지 않는다면 경험의 원인은 무엇인가? 버클리는 이 질문에 대해 '신'이라고 답한다. 곧 신이 우리의 정신에 직접 관념들을 형성한다. 본질상 이와 같은 이야기지만 이후에 등장한 이론에 따르면 이런 질문은 의미가 없다. 왜냐하면 우리는 정의상 경험이 아닌 것들에('물질적 대상'이나 '신') 대해 말하려 하기 때문이다―이런 용어들은 결국 경험에 관한 진술로 번역될 수 없으며 따라서 의미가 없다.[6]

우리는 이런 대답 중 어떤 것도 만족스럽지 않다고 생각할지 모른다. 하지만 다음 두 가지는 지적할 필요가 있다.

1. 이런 관념론을 반박하기란 몹시 어렵다. 우리가 물체의 존재를 보이기 위해 사용할 수 있는 증거들이 각각 관념론을 지지하는 증거로도 똑같이 사용되고, 따라서 우리가 경험할 수 있는 것 중 그 무엇을 가지고도 관념론자를 제대로 반박할 수 없기 때문이다. 따라서 관념론을 반박하고 물체의 존재를 증명하려면 데카르트가 제시한 것과 같은 논증이 필요하다. 우리에게 그런 논증이 있는가? 혹시 물체의 존재에 대한 우리의 믿음은 오직 그 논증과 같은 정도로만 강한 것이 아닌가?

2. 관념론은 물체의 존재에 대한 우리의 상식적인 믿음을 넘어서서 큰 장점을 지닌다. 우리가 어떤 용어를 통해 물질적 대상을 지칭하지만 그 대상의 존재를 증명할 수 없는 경우 우리는 외부 세계 또는 '데카르트적인' 회의주의에 갇혀 영원히 꼼짝 못하는 신세가 되는 듯하다[3.1.7]. 그런데 유일한 실재가 단지 경험된 관념이라고 생각하면

---

6   이에 관해서는 20세기 초에 에이어(Ayer) 같은 철학자가 주장한 '논리 실증주의'를 참조.

이 문제는 사라지는 듯이 보인다.[7]

3.5.5 논의 21

신은 존재하지 않을 수 있는가? '존재론적' 증명

제5성찰에 등장하는 존재론적 신 존재 증명에 대해서는 이미 무척 많은 논의가 이루어졌다. 이 증명에 대해 독자들이 태도를 결정하도록 돕기 위해 나는 여기서 왜 존재론적 증명이 성립하지 않는지를 보이려 하는 가장 유명하고 강력한 시도들을 설명하려 한다. 이어서 이 문제가 그렇게 간단한 것이 아니라고 생각되는 이유를 밝히려 한다.

나는 앞에서 이 증명이 어떻게 작용하게 되는지를 설명하려 했다. 우리가 신의 관념을—곧 신의 본성과 정의 또는 '본질'을 분석한다면 신이 되기 위해 어떤 속성을 지녀야 하는지를 알 수 있다. 그리고 데카르트에 따르면 이 속성은 신이 존재한다는 점을 함축한다.

무언가의 본질로부터 도출된 바가 그것에 대해 필연적으로 참이라는 생각에 이의를 제기할 수는 없을 듯하다. 삼각형의 정의가 세 직선으로 둘러싸인 평면상의 도형이기 때문에 우리는 그 도형의 세 내각의 합이 180도라는 점을 증명할 수 있다. 무언가가 삼각형에 속한다면 그것은 이런 속성을 반드시 지녀야만 한다. 물론 어떤 삼각형도 존재하지 않을 수도 있지만 만일 존재한다면 그것은 삼각형이라는 바로 그 점 때문에 이런 속성을 지녀야만 한다. 데카르트는 신은 그의 본질이 존재를 포함한다는 점에서 유일하고 독특하다고 주장한다. 따라서 무언가가 신으

---

7 버클리는 항상 자신의 관념론만이 우리를 회의주의에서 구한다고 주장하면서, 자신의 견해를 받아들이지 않는다면 우리가 회의주의에 빠질 수밖에 없다고 생각했다.

로 여겨지기만 하면 그것은 필연적으로 존재해야만 한다.

　이런 결론에 이의를 제기하는 여러 가지 방식이 있다.[8] 이들 중 가장 유명한 것은 칸트가 제기한 것이다. 칸트에 따르면 내가 존재론적 증명의 '속임수'라고 불렀던 바는 존재를 나타내는 문장의 문법을 잘못 이해한 데 놓여있다. 문법상 '돼지는 날 수 있다', '파이가 맛있다', '신은 존재한다'라는 문장은 모두 유사하다. 각 문장에서 술어는 ('날 수 있다', '맛있다', '존재한다'는) 주어에 (돼지, 파이, 신에) 적용된다. 비록 세 문장이 문법상 동일하다 할지라도 논리적으로 마지막 문장은 앞의 두 문장과 매우 크게 다르다. '날 수 있다'와 '맛있다'는 진정한, 논리적 술어인—곧 무언가가 지니거나 지니지 않을 수도 있는 속성인—반면 '존재한다'는 전혀 다른 것이기 때문이다. 존재는 무언가는 지니고 다른 것은 지니지 않는 속성이 아니다. 만일 무언가가 존재하지 않는다면 그것은 존재라는 속성을 지니지 않는 무언가가 아니라 아예 아무것도 아니다.[9]

　이런 방식으로 생각해보자. '신은 존재한다'는 언뜻 보면 신에 관한 언급인 듯하지만 사실상 전혀 그렇지 않다. 이는 우리에게 신이 존재한다는 점을 알려주는, 신에 관한 언급이라기보다는 세계와 실재에 관한, 곧 세계가 신을 포함한다는 언급이다. 이 언급의 논리적 형식은 '신은 존재한다'가 아니라 '세계 안에 신이 있다', '실재는 신을 포함한다'라

8　이에 속하는 자연스러운 방식 중에 하나는 신은 '완전하다'라는 말이 의미하는 바를 문제시하는 것이다. 사실 현재 우리가 완전하다고 번역하는 용어가 17세기에 사용된 의미를 전제할 때 이 용어는 실제로 데카르트의 증명에서 가장 강력한 논거 중 하나로 작용한다. 이 용어는 라틴어에서 유래했는데 '이루어진', '완성된', '전부 갖추어진', '실현된' 등을 의미한다. 따라서 신은 완전하다는 말은 사실상 신이 실재함을 의미한다. ('실재 또는 완전성'이라는 표현은 『성찰』의 프랑스어 판과—예를 들면 IXa.32—다른 저술들에서 몇 차례 등장한다.)

9　『순수이성비판』, A592-602 ; B620-31 참조.

는 문장을 통해 더욱 잘 드러난다.

이런 논점은 사소한 것처럼 보이지만 이런 여러 문장들을 부정할 경우 상당한 중요성이 드러난다. 이제 존재론적 증명은 '신은 존재하지 않는다'는 말은 모순에 빠진다는 주장으로 변하게 된다. 하지만 존재가 술어가 아니라면 '신은 존재하지 않는다'는 말은 가장 완전한 신이 존재라는 완전성을 결여하고 있다는 말이 아니라 단지 이 세계에 가장 완전한 존재가 포함되지 않는다는 말에 지나지 않는다. 따라서 '실재가 가장 완전한 존재를 포함하지 않는다'거나 '세계 안에 신이 없다'고 말하더라도 모순이 발생하지 않는다.

이런 주장은 의미를 지니는가?

현대 철학자들 대부분은 대체로 칸트가 존재론적 증명을 결정적으로 반박했다고 여긴다.[10] 하지만 이런 칸트의 승리 또한 상당한 부담을 감수해야 한다. 첫째, 우리는 논리적 형식이 성립함을 받아들여야 한다. 곧 '신은 존재한다'는 문장의 문법은 다소 모호하지만 이 문장이 진정으로 의미를 지닌다는 점을 인정해야 한다. 이런 전환은 반박을 위해 반드시 필요하다. (만일 칸트가 그저 '나는 이런 방식으로 문장을 분석하는 편을 선호한다'라고 말했다면 그의 반박은 설득력을 완전히 잃을 것이다.) 하지만 의미가 이런 방식으로 성립한다는 사실에 결코 모든 사람이 동의하지는 않을 것이다. 둘째, 칸트의 반박은 우리가 존재하지 않는 대상을 이해하는 방식과 관련해 문제를 일으킨다. 그는 존재하지 않는 대상은 어떤 속성도 지닐 수 없음을 전제하는 듯이 보이기 때문이다. 이런 전제는 셜록 홈스가 런던의 베이커가에 살았다든지, 간달프(Gandalf)가 발로그(balrog)와 싸웠다든지 또는 꼬마 아가씨 머핏(Lit-

---

10   이것이 현대의 형식 논리 체계에서 존재는 술어로 표현되지 않고 양화사로 사용되는 이유이기도 하다.

tle Miss Muffet)이 숲에 앉아있었네 등과 같은, 소설에 등장하는 허구적인 내용은 모두 참일 수 없음을 암시한다. 하지만 이들은 얼마든지 참일 수 있다, 그렇지 않은가?

여기서 전혀 다른 종류의 문제도 제기된다. 우리가 칸트의 반박을 수용한다 할지라도 이 반박은 신에 대한 모든 개념에 대해서도 마찬가지로 적용되는가?

나는 만일 신이 일종의 존재라면, 곧 세계 안에 있는 무언가라면 칸트의 반박은 상당한 무게감을 지니리라고 생각한다. 하지만 데카르트가 의미한 신이 과연 이런 신인가? 내가 보기에 안셀무스와 데카르트는 모두 신을 단지 존재하는 것이 아니라 (설령 존재하더라도 매우 특별한 종류의 것이겠지만) 존재 자체로 생각한 듯하다. 이 점은 안셀무스에게서 매우 분명히 드러나는데 그는 신을 말로 표현할 수 없는 하나, 유일한 실재로 부르면서, 신은 그 자체로 우리가 일상적인 언어에서 존재한다고 말하는 모든 것이 지닌 서로 다른 명료함의 정도를 모두 드러낸다고 주장한다. 데카르트가 신을 유일한 실체, 곧 세계의 모든 현상의 배후에 있는 하나의 실재라고 믿는 한 그의 견해 또한 안셀무스의 신플라톤적인 관점과 그리 큰 차이를 보이지 않는 듯하다[3.3.9]. 칸트의 반박은 이런 다소 낯선 신의 관념에도 똑같이 효력을 발휘하는가?

칸트의 반박은 '신은 존재하지 않는다'는 말에는 문법상 모순이 있을지 몰라도 '세계 안에 신이 없다'는 말은 사실상 올바른 진술의 형태이므로 모순이 없다는 주장으로 전환된다. 하지만 이 주장은 신이 유일한 실재이더라도 여전히 참인가? 신이 유일한 실재라면 '신은 존재하지 않는다'는 진술은 '실재는 존재하지 않는다' 또는 '실재는 다음과 같은 형태, 곧 실재는 존재하지 않는다는 형태를 취한다'와 동일한 의

278 데카르트의 「성찰」 입문

미를 지닐 것인데 ─ 이는 다시 모순에 빠지는 듯이 보인다.

　이런 논의가 어떤 의미라도 지니려면 위에서 드러나듯이 처음부터 훨씬 더 많은 것을 알고 시작해야 하는 듯하다. 신의 존재 또는 비존재에 관한 문제는 다른 모든 복잡하고 논쟁거리가 되는 문제와 마찬가지로 어떤 쪽으로든 간에 하나의 논증을 통해서 간단히 해결되기를 바랄 수 있는 단순한 문제가 아니라 서로 연관되는 다양한 개념과 믿음, 태도 등을 조화롭고 효과적으로 사용해 접근해야 하는 문제이다.

연결고리
- 서로 다른 종류의 무신론은 3.3.7에서 제시된다.
- 데카르트가 생각한, 유일한 참된 실체로서의 신의 개념은 3.3.9에서 설명된다.

6부

물체의 존재

3.6.1 제6성찰, 1절. (71-8)

이해와 상상

개관

나는 물체의 **본성**에 대해 내가 아는 바를 명확히 제시했으므로 이제 물체의 **존재**에 대해 살펴보려 한다. 나는 물체가 존재할 **수 있음**을 안다. 물체는 마치 존재하는 듯이 **보이고 느껴진다**. 하지만 과연 물체는 실제로 존재하는가(71-2)?

우리는 세계에 대한 우리의 이해와 자주 여기에 동반되는 정신적인 상을 분리해야 한다. 이런 상들은 내 정신의 본질적인 부분이 아니지만 지성은 본질적인 부분에 속한다. 상들은 물질적인 나의 육체가 산출한 것임이 당연한데 그 후에 나의 정신이 이를 파악한다. 하지만 이런 상들에는 내가 육체를 지닌다는 점을 **증명해주는** 요소가 포함되지 않는다(72-3).

나는 감각을 통해 세계를 풍부하고 다양하게 바라보지만 이는 동시에 혼란스럽기도 하다. 감각은 물체가 존재한다는 점을 드러내는가? 내가 현재 생각하는 바를 명확히 얻기 위해 지금까지 따라왔던 사고의 연쇄를 다시 검토해보려 한다(74).

나는 내가 많은 물리적 대상 가운데 하나라고 생각하는 데서 출발했다. 대상의 본성은 내 경험의 본성에 의해 밝혀지므로 나의 모든 지식은 나의 감각으로부터 생겨난다. 하지만 사실상 내가 지니는 감각과 그것의 원인 사이에는 아무런 유사성도 없으므로 결국 나는 내 감각들이 잘못일 수도 있음을 깨달았다. 그 다음에 나는 내가 경험할 수 있는 모든 것이 혹시 꿈일 수도 있다는 점을 검토했고, 나의 본성 때문에 내가 항상 그렇게 잘못될 수도 있다고 생각했다. 이제 나는 무엇을 생각하는가(74-8)?

주석

제6성찰의 임무는 세계와 그 안에서 우리가 차지하는 위치에 대한 설명을 완성하는 것인데, 데카르트는 사고하는 자가 성찰을 시작하면서 지녔던 상식적인 견해를 대신할 만한 설명을 제시하려 한다[3.5.1]. 이렇게 하려면 세 가지를 행해야 한다. 우선 우리가 이제 이해하게 된 물체가 실제로 존재한다는 점을 보여야 하며, 제2성찰에서[3.2.2] 시작된, 정신의 비물질성에 대한 증명을 완성해야 하고, 어떻게 정신이 물체에 대한 지식을 지닐 수 있는지를 설명해야 한다. 이들 중 첫 번째는 내가 제시한 3절에서, 두 번째는 2절에서 각각 행해졌다. 이제 앞의 4절과 더불어 여기서 데카르트는 정신과 세계 사이의 상호관계를 설명한다.

상상력

나는 삼각형에 대해 생각하면서 삼각형을 시각화하는 성향이 있다. 곧 내 마음에 떠오르는 다소 막연한 정신적인 상으로 여긴다. 이 삼각형은 특별한 색이나 배경, 심지어 크기도 없다. 그것은 대충 정삼각형 모양이며, 그것을 구성하는 선들은 무척 굵어서 삼차원으로 보이기도 한다. 내가 아는 한 내가 지닌 삼각형의 개념을 생각할 때마다 나는 거의 같은 또는 매우 유사한 상을 마음에 떠올리지만 그것을 확실하게 알지는 못한다. 독자들도 상을 지닌다면—독자들이 떠올리는 상은 아마 나의 상과 크게 다를 것이다.

여기서 데카르트의 핵심 논점은 이런 종류의 정신적인 상의—그는 이를 '상상'이라고 부르는데—등장은 내가 지닌 삼각형의 개념과, 곧 삼각형이 무엇인지에 대한 나의 이해와 아무 상관이 없다는 것이다. 그리고 그는 천각형을 예로 들어 이를 증명하려 한다(72). 나는 천 개의 변을 지닌 도형과 만 개의 변을 지닌 도형 사이의 차이점을 완벽하게 잘 이해한다. 하지만 내가 이들을 각각 마음속으로 생각할 때 떠오르는 상은 서로 동일하다—그저 수많은 변을 지닌, 형태가 모호하고 멀리서 보면 원처럼 보이는 도형이 떠오를 뿐이다(『반박과 답변』 5, 384-5).

내가 보기에 이는 매우 훌륭한 논증이다. 여기에 동일한 개념에 대해 거의 동일한 방식으로 이해하면서도 서로 다른 사람들이 서로 크게 다른 상을 지닌다는 점과 대부분의 경우 내가 지닌 대부분의 개념들이 (예를 들면 실수, 수요일, 유용함 등의 개념이) 사실상 내 마음에 아무런 상도 전혀 일으키지 않는다는 점을—물론 애써보면 몇몇 상을 만들어낼 수도 있겠지만—더하면 좋을 듯하다. 이런 종류의 상을 지닌다는 사실이 그 대상에 대한 엄밀한 사고를 구성하지는 않지만 많은 사람들의 정신적인 삶에서 흥미로운—누군가는 중요하다고 주장할지도 모르지만—부분을 차지하는 특징을 잘 드러낸다는 점은 분명하다.

데카르트는 이런 상들을 본질상 육체의 사건으로 여긴다. 내가 실제로 어떤 삼각형을 볼 때 나의 망막에는 상이 형성되고, 이 상이 결국 두뇌 안에서 특수한 사건을 일으킨다. 나의 정신과 육체는 밀접히 연결되기 때문에 정신은 이 상이 산출한 두뇌의 새로운 상태를 감지한다. 두뇌가 삼각형을 의식하는 일은 두뇌가 그것에 대해 주의를 돌리는 독특한 느낌의 형태를 취한다.

하지만 이 느낌과 궁극적으로 이런 느낌을 일으키는 대상 사이의 연결고리는 그리 확고하지 못하고 사실상 멀리 떨어져 있다. 서로 다른 대상이 같은 느낌을 일으킬 수도 있고(예를 들면 내가 삼각형을 꿈꾸거나 환각에 빠진 경우처럼), 설령 이 느낌이 삼각형에 대한 나의 육체적 반응의 특성이라고 할지라도—예를 들면 이 느낌이 내가 원이나 사각형을 지각할 때 느끼는 바와 전혀 다르다 할지라도—이는 그것을 산출하는 사물에 대한 어떤 종류의 정확한 표상도 아니다. 사실 이 느낌이 삼각형의 본성에 대한 정확한 표상이 전혀 아닌 것은 시각 장애인이 지팡이로 같은 대상을 쳐보고도 전혀 다른 촉각적 감각을 느끼는 것과 마찬가지이다. 그가 느끼는 촉각적 '상' 또는 '인상들'은 모두 똑같이 대상의 형태가 지닌 특징을 드러내지만 결코 대상과 유사하지 않으며 우리가 지니는 시각적인 상과도 유사하지 않다. 감각들의 집합은 우리의 정신이 두뇌의 상태를 의식한 것에 지나지 않는데 이런 상태는 특별한 종류의 원인에 의해 구체적으로 생성된다.

이제 예를 들어 내가 지닌 삼각형의 상과 같은 것이 두뇌의 상태의 원인이 아니라면 그 원인은 진정 무엇인가? 이에 대한 대답은 내가 반응하는 물체의 영역에 대해 수리 물리학자가 기술하는 바, 곧 대상의 크기, 형태, 위치와 운동 등에 대한 수적인 값으로 규정되는 기술인데 여기에는 어떤 시각적 관계도 전혀 포함되지 않는다. 사물 자체로서의 삼각형은 사실상 전혀 다른 무엇처럼도 보이지 않는다. 왜냐하면 무언가가 우리에게 보이는 방식은 그것 자체의 일부가 전혀 아니며 단지 인간이 그것에 접했을 때 느끼는 방식에 지나지 않기 때문이다.

그렇다면 상상과 이해는 서로 크게 다른 정신적 활동이다. 정신은 오직 사고함으로써 무언가를 이해한다. 반면 상상할 때 정신은 육체의 상태에 주의를 기울이며, 육체의 (무의식적인) 반응을 의식적으로 해석한다. 무언가를 이해하는 것과 경험하는 것 사이의 차이는 우리가 사랑하는 사람을 그냥 생각하는 것과 사진의 도움을 받아 그 사람을 더욱 강력하게 마음에 떠올리면서 생각하는 것 사이의 차이와 유사하다. 비유를 이어나가기 위해 사진이 무엇인지 모르는 사람을 예로 들어보자. 어떤 사진이 세상을 떠난 더그(Doug) 삼촌과 닮았다는 말을 듣고 그 사람은 더그 삼촌이 흑백이고, 이차원이며, 가운데 접힌 자국이 있다고 생각할 것이다. 이런 생각은 물론 잘못이다(더그 삼촌은 실제로 내 친척 중 한 사람이었는데 흑백이 아니라 천연색을 지녔으며, 삼차원이었고, 나이가 비슷한 다른 사람들에 비해 그렇게 주름이 많지도 않았다)—그리고 이는 세계를 감각적 관점에서만 생각하는 사람이 범하는 것과 정확히 같은 종류의 잘못이라 할 수 있다.

물론 내가 든 비유는 곧 무너지고 마는데 그 까닭은 우리가 거의 항상 주변의 사람과 사물들을 인식하기 위해 사진을 필요로 하는 것이 아니라 이들의 본성을 발견하기 위해 '상상'을 필요로 하기 때문이다. 여기서 데카르트는 우리가 세계를 아프리오리하게 인식할 수 있다고 주장하지 않는다. 대신 그는 우리의 정신이 주변의 사물들을 지적으로 파악할 수 있다는 점과[3.4.5] 우리가 물리적 감각을 지닐 수 없는—논리학이나 수학, 신과 같은—것들도 인식할 수 있다는 점에 비추어볼 때 상상을 넘어설 수 있는 능력을 지닌다고 주장한다. 이런 '본유' 관념들은[3.3.2] '나의 지성 안에는 이전에 감각을 통해서 받아들이지 않은 것은 아무것도 없다'는(75) 사고하는 자의 생각이 틀렸음을 보여준다. 설령 내가 상들을 형성하는 능력을 잃어버린다 할지라도 나는 여전히 지성을 통한 이해를 할 수 있을 것인데 이는 상상력이 나를 구성하는 본질적인 부분이 아님을 드러낸다. 반면 나의 지성은 내가 무언가를, 심지어 나의 정신적인 상들까지도 의식할 수 있도록 해준다. 따라서 만일 내가 더 이상 지성을 지니지 않는다면 나는 전혀 존재하지 않을 것이다(73).[1]

연결고리

• 정신과 육체에 대한 데카르트의 '이원론적' 설명은 2.2.6에서 제시된다.

3.6.2 제6성찰, 2절. (78)

정신과 육체 사이의 '진정한 구별'

개관

내가 명석 판명하게 이해하는 모든 것은 가능하다. 따라서 만일 내가 무언가를 다른 것이 없이도 명석 판명하게 이해할 수 있다면 이는 그것이 독립적으로 존재할 **수도 있음**을 의미한다. 그렇다면 내가 나 자신의 존재를 육체의 존재와 무관하게 명석 판명하게 이해할 수 있다는 사실은 내 정신과 육체가 진정으로 구별되며, 내 정신이 내 육체가 없이도 존재할 수 있음을

---

1   이렇게 지성과 상상력을 분리하고 상상력을 우리를 잘못 인도하는, 육체와 관련된 것으로 낮게 평가하면서 이를 진리를 추구하는, 순수한, 거의 신과 같은 지성의 활동과 대비되는 물질적 육체의 작용으로 여기는 관점은 인간의 감각, 감정, 상상력의 측면을 경시하는 계몽주의의 전형적인 태도이다. 이런 태도는 현재 우리가 예술, 창조성, 남성과 여성 등을 생각하는 방식에도 여전히 영향을 미친다.

의미한다.

주석

여기서 '진정한 구별'은 일종의 전문 용어로서 진정한 존재(라틴어로
는 res) 사이의, 곧 실체 사이의 구별을 의미한다[3.2.9].² 따라서 정신
과 육체 사이에 진정한 구별이 성립한다는 말은 곧 이 둘이 서로 다른
것, 서로 다른 실체임을 의미한다. 그리고 실체는 당연히 다른 무엇과
도 무관하게 존재할 수 있고 이해될 수 있는 것이다. 앞서 제2성찰에서
사고하는 자는 자신이 자기 자신을 물질세계 전체와 구별되는 무언가
로 명석 판명하게 파악할 수 있다는 결론에 도달했다. 왜냐하면 그는
자신의 존재는 회의할 수 없지만 모든 물체를 회의할 수 있었기 때문이
다[3.2.2]. 하지만 제2성찰에서 그는 자신이 자신의 육체와 진정으로
구별되는, 독립된 존재임에 틀림없다는 결론을 철회하지 않을 수 없었
다. 왜냐하면 그 단계에서 그는 자신이 명석 판명하게 지각하는 관념들
이 실제로 참이라는 사실을 아직 증명하지 못했기 때문이다. 이제 그는
이런 사실을 증명했으므로[3.4.1]—설령 자신과 구별되는, 독립적인
물질세계가 존재하는지 그렇지 않은지를 아직 모른다 할지라도—자신
의 논증을 완성할 수 있게 된다. 그는 자신이 물체의 관념과 무관하게
자기 자신에 대한 명석 판명한 관념을 지닐 수 있다는 사실을 보였으므
로 이제 그는 자신이 물체가 없이도 존재할 수 있다는 사실이 **참**이라는
점을 인식한다—곧 정신과 육체를 분리할 수 있다는 것이 단지 자신의
사고 안에서 이루어지는 것이 아니라 실제로 이 둘이 분리된다는 점을
인식한다. 현대 철학자들의 표현을 빌리면 그는 이 둘을 분리할 수 있

2 '엄격하게 말해 진정한 구별은 오직 둘 이상의 실체 사이에서만 성립한다'(『원리』
1.60).

음이 심리적 사실이 아니라 논리적 사실임을 보였다고 주장한다.[3]

이에 관한 전체 논증은 3.2.8에서 이미 논의했으므로 여기서는 마지막 단계만을 살펴보려 한다. 정신과 육체가 실제로 서로 분리된다면 신이 둘 중 하나만 있고 다른 것은 없는 세계를 창조하는 일이 가능할 것이며, 따라서 이 둘은 사실상 서로 다른 것이다. 물론 내가 살아있는 한 내 정신은 육체와 분리되어 존재하지 않는다—둘은 서로 밀접하게 결합되어, 데카르트가 자주 말하듯이(81 ; 『반박과 답변』 4, 228) 마치 하나의 것을 형성하는 듯이 보인다. 그리고 인간 삶에 대한 그의 설명 전반은 이 두 요소의 결합을 전제한다[3.2.6]. 하지만 둘 중 하나가 다른 것 없이도 존재하는 일이 논리적으로 가능하다는 사실은 여전히 남게된다. 따라서 이 둘은 서로 다른 것이거나 서로 다른 실체에 속한다, 그렇지 않은가?

3.6.3 제6성찰, 3절. (78-80)

물체의 존재

개관

나의 상상과 감각적 지각은 나의 정신에 의존하지만 그 역은 성립하지 않는다. 내가 할 수 있는 다른 것들은—예를 들면 운동과 같은 것은—지성의 활동이 아니며 따라서 내가 육체를 지닌다면 내 육체에 의존함이 틀림없다. 하지만 감각적 상들을 지각하는 나의 능력은 만일 이런 상들을 **산출**

---

3   하지만 심리적 사실과 논리적 사실은 진정으로 구별되는가? 사람들이 내리는 판단에 관한 (특히 어떤 종류의 사람들이 내리는 판단에 관한) 사실 이상의 무언가를 나타내는 논리적 사실도 있지 않은가?

하는 무언가가 존재하지 않는다면 아무 소용이 없다. 나는 이들을 스스로 산출할 수는 없다. 이들은 지적인 것이 아니기 때문이다. 그리고 내게는 이들이 생겨나는 것을 막을 능력도 없다. 따라서 이들은 내가 아닌 다른 무언가를 원인으로 삼음에 틀림없다. 그리고 그 원인은 최소한 물체만큼의 실체성을 지녀야 한다. 그렇다면 그 원인은 물체 자체이거나 신이거나 아니면 이 둘 사이의 무언가임에 틀림없다. 하지만 신은 내게 그 원인이 물체라고 믿는 자연적인 성향을 부여했으며, 신은 우리를 속이지 않는다. 따라서 물체에 대한 나의 관념은 물체를 원인으로 삼음이 분명하다. 물질세계는 내가 감각하는 바와 다를지도 모른다. 하지만 (내가 지닌 명석 판명한 관념은 참이므로) 그 세계는 내가 이해하는 대로 존재해야만 한다{『원리』, 2.1}.

주석

현재 단계에서 데카르트는 자신이 아프리오리한 진리에 대해서뿐만 아니라 더욱 중요한 것으로, 변화하는 현상들에 대한 자신의 경험 아래에 놓여있으며 이들을 설명해주는, 항구적인 자연법칙에 대해서도 확고하고 불변하는 지식을 지닐 수 있다는 점을 이미 증명한 상태이다. 그는 신이 존재한다는 점과 계속 진행 중인 신의 창조 활동이 우리가 인식하는 것으로서의 세계를 산출한다는 점을 보였다. 그는 또한 우리가 세계에 대한 감각적 의식에서 벗어나 세계의 참된 본성을 드러내는 과학적 지식에 이를 능력이 있다는 점도 보였다. 그리고 이들 모두는 설령 현상과는 반대로 물질세계가 존재하지 않는다 할지라도 우리가 이런 지식을 지닐 수 있음을 드러낸다[3.5.1; 3.5.4]. 달리 말하면 데카르트의 이론은 충분히 플라톤적이며 관념론에 가깝기 때문에 설령 그가 물체의 존재를 증명하지 못한다 할지라도 그의 이론은 그리 심각하게 손상되지 않는다.

그의 논증을 그저 이런 정도로 받아들이는 것이 적절한 듯하다. 나는 이 논증을 많은 사람들이 매우 인상 깊게 여기지는 않으리라 생각한다. 가장 흥미로운 질문은 그의 논증이 얼마나 강력한가가 아니라 우리가 이를 개선할 수 있는가라고 생각된다.

하지만 이 논증은 나름대로 어떤 힘을 지닌다. 사고하는 자가 현재 도달한 지점에 우리가 놓여있다고 생각해보자. 그는 신이 존재하며, 신은 우리를 속이지 않는다는 점과 신이 그에게 신의 창조를 인식할 수 있는 능력을 부여했다고 전제한다. 그는 또한 다른 모든 사람들과 마찬가지로 자신이 물질세계에서 물질적 육체를 지닌다는 (최소한 육체와 결합해 있다는) 믿음에서 벗어나기가 어렵다는 점을 발견한다. 그렇다면 우리 모두가 지니고 또한 우리를 구성하는 듯이 보이는 이런 믿음이 잘못일 수 없다고 생각하는 것은 그리 비합리적인 일이 아닌 듯하다. 말브랑슈가 말했듯이[4] 이 논증은 완전한 증명에는 미치지 못하는 듯이 보이지만 만일 전제를 받아들인다면 최소한 결론을 지지하는 내용을 제시함으로써 물체가 존재하지 않을 가능성보다는 존재할 가능성을 높게 만든다.

하지만 이 논증이 명확한 증명으로서 지니는 약점은 매우 분명하다. 첫째, 이 논증은 신이 존재하며 우리를 속이지 않는다는 점을 전제로 삼기 때문에 오직 이 점이 증명될 경우에만 이와 같은 정도의 효력을 지닌다. 둘째, 사고하는 자가 자신이 감각의 원인이 아니라고 말하면서 제시하는 근거가 그리 강력하지 못한 듯하다. (그는 감각이 지적인 것이 아니라는 점을 어떻게 아는가? 그가 감각을 선택할 수 없다는 사실

4　[3.5.4] 각주 5 참조.

이 그가 감각의 원인이 아님을 증명해주는가?) 셋째, 이 논증은 제4성찰에서 명석 판명한 관념이 참임을 보이기 위해 제시된[3.4.1], 매우 유사한 논증에 비해 상당히 약한 듯이 보인다. 완벽하게 선한 신이 어떻게 우리를 결코 진리를 인식할 가능성이 없는 채로 남겨둘 수 있는지는 납득하기 어렵다. 이에 비해 그런 신이 우리가 물체의 존재와 관련해 잘못 판단하도록 내버려둘 수 없다는 주장은 훨씬 덜 명확한 듯하다. 특히 방금 살펴보았듯이 물체의 존재가 자연에 대한 우리의 지식에서 비교적 작은 부분을 차지한다는 점을 전제할 때 더욱 그렇다.[5] 이들 두 논증 사이의 차이는 정확히 물체의 존재에 대한 믿음이 얼마나 자연스러운가라는 문제로 전환되는 듯하며, 제6성찰의 나머지 부분에서는 어떤 상황 아래서 어느 정도의 범위로 자연스러운 것이 우리를 속일 수 있는가가 논의의 대부분을 차지한다.[6]

이런 모든 근거에서 데카르트의 증명은 그다지 설득력이 없는 듯하다. 하지만 우리가 주변의 물질세계가 존재한다는 믿음을 자연스럽게 느끼고 거의 여기서 벗어날 수 없다는 데카르트의 주장은 분명히 옳다. 과연 우리는 이런 결론을 증명하기 위해 데카르트가 제시한 것보다 더 나은 논증을 제시할 수 있는가?

연결고리
• 물체가 존재하지 않는 세계에 대한 간략한 설명은 3.5.4 참조.

5　홉스는 가끔 의사들이 환자에게 도움을 주려고 환자를 속이는 것과 마찬가지로 신은 이런 문제와 관련해서 우리를 속일 수도 있다고 말한다(『반박과 답변』 3; 195).

6　버클리는 자연스러운 것과 아무 상관없이 물체가―우리가 직접 경험할 수는 없지만 우리의 경험 배후에 놓인 무언가가―존재한다는 믿음이 사실은 비교적 최근에 등장한 (데카르트의 이론과 같은) 나쁜 철학 이론들에서 기인한 오류라고 생각했다 [3.5.4].

290 데카르트의 『성찰』 입문

- 데카르트의 증명이 실패했다는 사실로부터 이끌어낼 수 있는 결론에 관해서는 3.3.8 참조.

3.6.4 제6성찰, 4절. (80-끝)

특수한 물리적 사실에 대한 지식(또는 꿈의 끝)

개관

이제 나는 물체의 본질을 알며, 그것이 존재한다는 사실도 안다. 그렇다면 특수한 물리적 사실에 대한 나의 지식은 어떤가(80)?

선원은 배에서 무슨 일이 일어나는지 관찰하고 조사하지만 나의 정신은 나의 육체를 이런 식으로 **관찰하지** 않는다. 정신은 육체와 주변 세계 사이의 상호작용과 이에 대한 육체의 반응 그리고 육체의 충동을 **느낀다.** 우리는 이런 감각들이 ─ 이들은 육체가 자신을 보호하고 유지하기 위해 반응하는 방식에 대한 우리의 의식일 뿐인데 ─ 세계가 진정으로 어떤지를 우리에게 알려준다고 생각할 때, 예를 들면 색채가 대상의 고유한 속성이라고 생각할 때 잘못을 범하게 된다. 감각은 우리에게 세계의 전체상을 제공하지 않으며, 때로는 비정상적인 원인이 정상적인 감각을 만들어내어 우리를 잘못 이끌기도 한다 ─ 예를 들면 실제로 물이 부족해서가 아니라 수종이라는 질병 때문에 목마름의 감각이 발생하기도 하고, 팔이나 다리를 절단했는데도 신경 손상 때문에 절단한 부위에서 '환상의 고통'과 같은 감각을 느끼기도 한다(80-9).

하지만 나는 이제 이런 것들을 모두 이해하며, 내가 감각들을 있는 그대로 받아들이는 것이 아니라 주의 깊게 해석할 때 이들이 나에게 세계에 대한, 결코 혼돈이나 꿈에서의 경험이 아닌 세계에 대한 신뢰할 만한 지식을 제공한다는 점을 깨닫는다. 현실적인 이유로 성급한 판단을 내릴 경우 나는 잘못을 범하게 된다. 하지만 충분한 시간을 가지고 주의 깊게 검토한다면 나는 내 주변의 세계에서 일어나는 특수한 사실과 사건에 대해서도 신뢰할 만한 지식을 얼마든지 얻을 **수 있다**(89-90).

주석

이 마지막 절은 이해와 상상 사이의 구별을[3.6.1] 더욱 발전시켜 왜 데카르트가 우리 주변 세계의 진정한 본질에 대한 객관적 지식을 지닐 수 있다고 생각하는지뿐만 아니라 왜 우리가 심지어 특수한 사실 및 사건과 관련해서도, 예를 들면 어떤 나무의 높이나 질병의 원인 또는 누가 붉은가슴새를 죽였나와[7] 관련해서도 결코 잘못을 범할 수 없다고 생각하는지를 설명한다.

　앞서 제4성찰에서[3.4.2] 이미 우리는 오류에 대한 데카르트의 설명과 우리가 주의 깊게 그리고 (현재 우리의 표현으로는) 과학적으로 탐구를 진행해 나간다면 '잘못을 범하는 것은 결코 불가능하다'는 그의 주장을 살펴보았다. 거기서 나는 이런 주장을 명석 판명한 관념은 회의할 수 없고, 우리가 회의할 수 없는 것은 참임에 틀림없음을 신이 보증해주므로 이로부터 우리가 과학과 형이상학에서 사물들이 어떻게 존재하는지에 대한 객관적 지식에 도달할 수 있음을 의미하는 것으로 해석했다. 하지만 이런 지식은 오직 자연의 불변하는 사실들에 대해서만 적용되는 것이 아닌가, 과연 이런 지식은 특수한 우연적 진리에까지 확장될 수 있는가?

　이에 대한 데카르트의 대답은 매우 상식적이다. 예를 들면 붉은가슴

7　[옮긴이 주] '누가 붉은가슴새를 죽였나?'(Who Killed Cock Robin?)는 영국의 유명한 전승 동화의 제목이다.

새를 죽인 특수한 사건에 포함된 요소들은 실제로 무척 많지만 얻을 수 있는 증거는 매우 적으므로 과연 우리가 범인을 발견할 수 있는가에 대해 현실적인 부담을 느낄지도 모른다. 하지만 이런 경우에도 설령 증거가 부족해서 명확한 대답을 내놓지는 못하더라도 우리가 잘못을 저지르지 않도록 인도하는 이성적, '과학적' 탐구가 이루어질 수 있다. 이런 종류의 탐구에서 우리가 실제로 잘못을 저지르게 되는 유일한 길은 시간과 자료가 부족한데도 확실하게 확립할 수 있는 바를 (우리가 명석 판명하게 지각할 수 있는 바를) 넘어서서 아무렇게나 추측하는 것이다.

이 절에서 실제로 이루어지는 유일한 새로운 전환은 꿈을 통한 회의, 곧 사고하는 자로 하여금 자신의 판단을 심각하게 불신하도록 만들었던 최초의 회의를 최종적으로 부정하게 된다는 점이다. 사고하는 자가 물질세계의 존재에 대한 '자연스러운' 믿음을 포기하게 된 것은 바로 꿈을 통한 회의 때문이었는데[3.1.3], 이제 이런 믿음이 회복되었으므로 (비록 그가 다시 제시한 물질세계는 처음에 포기했던 물질세계와는 전혀 다른 것이기는 하지만[3.5.1]) 데카르트는 여기서 마지막으로 회의를 잠재우려 한다.

그가 이를 위해 사용하는 방법은 너무 평범해서 그리 인상적이지 않다. 대부분의 사람들은 꿈을 통한 회의가 사물을 바라보는 상식적 관점에 문제를 제기한다고 생각하므로 데카르트가 최종적으로 이런 회의를 반박한 내용을 완전히 논점에서 벗어난 것이라고 여긴다. 그는 단지 우리가 여러 경험을 서로 비교하고 다른 감각들에 비추어 판단한다면 그리고 기억을 활용해 각각의 경험이 우리 삶의 전체적인 양상과 조화를 이루는지를 살펴본다면 우리는 꿈과 현실의 삶을 쉽게 구별할 수 있으리라고 말하는 데 그친다. 하지만 우리의 경험 중 어느 하나라도 꿈일 수 있다면 우리가 여기에 비추어 검토하는 다른 경험이나 기억들 또한 꿈일지도 모른다, 그렇지 않은가? 아니면 역으로 만일 이런 상식적인 대응이 실제로 회의를 해소할 수 있다면 왜 그는 제1성찰에서 이 점을 바로 지적해 상당한 시간을 절약할 수 있도록 하지 않았는가?

이에 대한 대답은 데카르트가 꿈을 통한 회의가 첫째 날에는 사고하는 자에게 큰 걱정거리가 되지만 여섯째 날에는 그렇지 않다고 생각한다는 것이다. 대부분의 사람들과 마찬가지로 우리에게 우리의 일상적인 삶에 잘 들어맞는, 주의 깊게 검토되어 충분한 근거를 지닌 형이상학적, 인식론적 체계가 없다면 우리는 제1성찰에서 제기된 회의를 보고 상당히 당황할 것이다. 우리가 삶의 과정에서 무턱대고 고른 숙고되지 않은 태도와 누구에게 전해 들어 제대로 이해 못 한 이론의 혼란 속에 빠져있다면 제1성찰의 회의와 같은 진지하고 지속적인 문제 제기에 맞서 우리 자신을 옹호하기 어려울 것이다. 하지만 우리가 신과 창조에 대한 주의 깊고 면밀한 존재론, 인간 경험에 대한 '이원론적' 설명, 오류에 대한 적절한 해명, 감각적 자료에 대한 이성적 해석을 통해 확고한 지식에 도달할 수 있음을 말해주는 인식론 등을 지니고 있다면 우리는 사고하는 자가 논의의 출발점에서 굴복했던 (그리고 『성찰』을 읽는 대부분의 독자들이 여전히 빠지기 쉬운) 두려움을 충분히 이겨낼 수 있을 것이다. 이들은 모두 데카르트가 현 단계에서 확고히 도달했다고 주장하는 바들인데, 이들을 발견하는 데는 어떤 특별한 훈련이나 교육이 필요하지 않으며 오직 주의 깊게 생각할 수 있는 능력만 있으면 충분하다. 그리고 지금까지 이 책을 읽어온 독자라면 누구나 이런 능력을 지니고 있음에 틀림없다.

달리 표현하면 현 단계에서 던져야 할 질문은 이 논증이 꿈을 통한 회의를 해소하는가가 아니다. 이 논증은 회의를 해소하지 못한다. 하지만 이 논증은 회의의 해소를 의도한 것이 아니다. 우리가 진정으로 던져야 할 질문은 데카르트가 제1성찰 이래 증명하려고 애써온 바를 모두 받아들인 사람에게 과연 자신이 지금까지 느낀 모든 감각들이 이론상 꿈을 꾸면서 느낀 것일 수도 있다는 사실 때문에 걱정할 만한 어떤 근거라도 있는가라는 것이다. 나는 그에게 그런 근거가 없으리라고 생각한다.

하지만 우리들 대부분은 이렇게 편안한 상태에 놓여있지는 않다. 왜냐하면 우리들 대부분은 『성찰』의 화자가 말하는 모든 단계를 확신하지는 않으므로 지금 이 마지막 절을 읽으면서 우리의 철학적 방어막이 처음 출발점에서보다 더욱 강력해졌다고 생각하지 않을 수도 있기 때문이다. 우리의 방어막을 더욱 견고하게 만들 다른 방법을 발견할 수 있는가? 아니면 우리는 우리의 세계상 전체가 그렇게 확고히 옹호할 수 없는 것이라는 사실을 받아들일 수밖에 없는가?

* * *

이제 지금까지 이어져온 이야기는 끝났다. 엿새에 걸쳐 사고하는 자는 세계를 새롭게 만들었으며,[8] 은둔 상태에서 벗어나 자기 자신에 대해, 그리고 창조된 이 세계에서 자신이 차지하는 위치에 대해 명확한 견해를 얻었다. 제5성찰의 끝부분에서 그는 자신의 의식과 신에게 의지해 자연에 대한 객관적인, '과학적인' 견해를 확립했다. 그리고 제6성찰에서는 다음과 같은 점들을 주장하면서 이야기를 끝맺는다.

---

8 창세기의 신이 그랬듯이 데카르트는 엿새 동안 일하고 일곱 번째 날에는 휴식을 취한다.

1. 우리는 모두 물질세계 안에서 살아간다고 믿으므로 물질세계의 존재를 확보할 수 있다.

2. 동시에 우리는 물질세계와 밀접하게 관련되지만 본질상 물질세계와 구별된다는 점이 증명되는데 이는 우리가 잘 아는 인간 삶의 명확한 특성이기도 하다. 그리고

3. 이 결과 어떻게 이성이 우리 주변 세계에 관한 일반적인 질문에 대한 진정한 대답을 제공할 수 있는지뿐만 아니라 어떤 질문에 대해서도 개인과 무관한 객관적인 견해를 지닐 수 있게 해주는지를 설명할 수 있다.

3.6.5 논의 22

명확한 과학적인 상(또는 『성찰』의 큰 질문에 대한 재검토)

현대인들은—대체로 17세기 이후 서양인들을 의미한다고 할 때—서로 다른 두 가지 방식으로 세계와 관계를 맺고, 세계를 생각한다는 지적이 자주 등장한다. 한편으로 우리는 우리 자신을 다른 대상들에 둘러싸여 세계 안에 존재하는, 다소간 안정된 대상으로 생각한다. 대상들 중 일부는 우리와 유사하며, 다른 일부는 그렇지 않다. 그리고 우리는 삶을 시작하면서부터 우리에게 허락된 시간 대부분을 수많은 대상들을 인식하고 다루는 방법을 배우는 데 할애한다. 이런 과정을 거쳐 우리는 무엇이 위험하고 무엇이 그렇지 않은지를, 무엇을 사랑하고 무엇을 미워하는지를, 무엇이 우리에게 쾌락을 주고 무엇이 고통을 주는지를, 우리가 무엇을 할 수 있고 무엇을 할 수 없는지 등을 잘 알게 된다. 이런 모든 실용적인 것에 숙달하는 일은 지적인 피조물이라면 누구나 자신

의 주변 환경에서 얻을 수 있는, 곧 경험을 통해 획득하거나 다른 존재
로부터 배울 수 있는 수준의 지식에 지나지 않는다.

하지만 동시에 우리는 세계를 전혀 다른 방식으로 개념화할 수도 있
다. 우리는 세계에 대해 우리가 얻은 경험을, 아니 어느 누구의 경험이
라도 추상화해 그것을 개인과 무관한 또는 '객관적인' 방식으로 사고
할 수 있는 기법을 이미 터득했다. 따라서 나는 집에 있는 탁자를 딱딱
하고, 값싸고, 쓸모 있고, 연갈색이고, 약간 흔들리기도 하는, 공간을
차지하는 대상으로 경험한다. 하지만 나는 그것을 현실적인 경험과는
전혀 관계없는 방식으로, 곧 매우 작고 빠르게 운동하는 입자 또는 압
력파가 많이 모여 빈 공간을 차지하는 대상으로 생각할 수도 있다. 또
한 태양을 열을 내는 밝고 노란 대상으로 인식하기도 하고, 경험과 무
관한 용어를 동원해 스스로 수소 융합 반응을 일으키는, 상상할 수 없
을 정도로 큰 발광체로 생각하기도 한다. 나는 내가 경험하는 어떤 개
인을 재치 있고 활기가 넘치지만 가끔 화를 잘 내는 사람으로 묘사하기
도 하고, 셀 수 없이 많은 신경 세포 조직의 활동으로 움직이는 복잡한
물리적 구조물로 생각하기도 한다. 이런 예는 수없이 많다.

이런 서로 다른 두 개념은 우리 삶의 무척 이른 시기부터 이미 우리
에게 무척 익숙하므로 우리는 그저 일상을 살아가듯이 별로 노력하지
않고도 두 개념 사이의 구별을 쉽게 건너뛴다. 이 결과 우리는 서로 다
른 두 관점이 어떻게 형성되며, 추상화가 낳은 대단한 업적이 무엇인지
를 쉽게 잊어버린 채 하루에도 수백 번씩 사물에 대한 경험적 파악에서
벗어나 우리가 속한 세계를 개인과 무관한, 이론에 기초한, '객관적인'
방식으로 사고한다.

철학자들은 이런 종류의 구별을 다양한 방식으로 특징지어 왔다. 에
딩턴(Sir Arthur Eddington)은 우리가 익숙한 세계에 속한 대상들 각

각이 '과학적으로 이중화'된다고 말하면서, 널리 알려진 대로 '두 탁자' 사이의 구별을 통해 이를 설명했다.[9] 셀라스(Wilfrid Sellars)는 우리가 세계를 개념화해 상을 형성하는 '현시적' 방법과 '과학적' 방법을 대비한다.[10] 우리가 쉽게 깨닫지 못하는 점은 비록 현재 우리에게는 자연스럽게 보일지 몰라도 사물에 대한 이런 이중의 의식이 인간 인식의 영원한, 본질적인 특징이 아니라 오직 17세기 이후에 사람들이 세계에 직면해 지니게 되고 확산되기 시작한 관점이라는 것이다. 그리고 이는 현재 우리가 근대 과학의 출발점으로 여기는 바의 핵심적인 부분을 차지하는, 넓은 의미에서 플라톤적인 사고의 재도입이 낳은 결과이기도 하다[1장].

내가 보기에 데카르트가 『성찰』에서 전개한 이야기는 바로 현시적 상과 과학적 상 사이의 차이를—곧 현재 우리는 당연히 여기지만 그의 동시대인들은 대부분 시도하지 않았고 잘 이해하지 못했던 구별을—설명하고 옹호하려는 시도이다. 우리가 첫째 날의 회의를 통해 떠나버린 세계는 현시적 세계, 곧 주관적인 생생한 경험의 세계이다. 그리고 여섯째 날 되돌아온 세계는 과학적 세계, 곧 객관적인 과학의 관점에서 본 세계이다[3.5.1]. 데카르트식으로 말하면 이 구별은 육체적 세계(주변 환경에 대한 육체의 물리적 반응을 우리가 의식함으로써 느껴지는 세계)와 지적 세계(정신이 사고라는 본유 능력에 기초해 내리는 이성적 판단을 통해 파악되는 세계) 사이의 구별이다[3.6.1 ; 3.2.6]. 이는 또한 인간의 세계(육체와 결합된, 물리적인 것과 얽혀있는 정신의 세계)와 신의 세계(순수한 지성을 통해 인식되는 세계) 사이의 구별이기도 하다[3.3.9]. 우리가 객관적 지식에 도달할 수 있는 까닭은 바로

---

9   Eddington, xi-xiii.

10   Sellars, 1.2.

과학적 상을 채택할 수 있기 때문이며, 우리가 과장된 회의에 직면하는 까닭은 바로 현시적 상과 과학적 상 사이에 간격이 존재하기 때문이 다[3.3.1; 3.4.4].

2장에서 나는 우리 사회가 직면한 큰 문제가 지역을 넘어선 판단 기준을 제시하는 것이라고 주장했다. 우리가 단지 어떤 특수한 사실의 문제에서뿐만 아니라 이런 사실 문제의 진리성을 판단하는 기준이 되는 전체 구조와 관련해서 이런 문제 상황에 직면할 때 과연 우리는 무엇을 할 수 있는가? 이에 대한 대답은 없다거나 우리는 이런 기준을 평가할 수 없다는 이유를 들어 이 문제는 해결할 수 없는 것이라고 말해야 하는가? 아니면 우리의 개인적이고 문화적인 여건에서 벗어나 문제를 객관적으로 고찰할 가능성이 있으므로 심지어 현재와 같은 상황에서도 여전히 문제에 대한 대답이 존재한다고 말할 수 있는가? 데카르트는 『성찰』에서 우리가 세계에 대한 현시적 상에서 벗어나 과학적 상을 형성할 수 있으므로 객관적 지식에 도달할 수 있다고 주장한다.

내가 보기에 이는 위의 문제에 대한 매우 훌륭한 대답인 듯하다. 하지만 앞서 살펴본 대로 이 대답은 인간에 대한 데카르트의 '이원론적' 설명과 신에 대한 그의 견해에 결정적으로 의존한다. 이 두 가지를 제거하면 우리에게 무엇이 남는가? 이들이 없이도 객관적 지식에 의미를 부여할 수 있는가? 만일 객관적 관점, 곧 과학적 상이 비물질적인 인간의 정신이 본유적 능력을 통해 참여할 수 있는 신의 관점을 의미하지 않는다면 이는 과연 무엇을 의미하는가?

내 생각에 실재에 대한 어떤 관점도, 어떤 인식 가능한 조망도 결국 누군가의 관점일 수밖에 없는 듯하다—만일 그 누군가가 실재하는 개인이 아니라면 그는 상상적인 개인이 되고 만다. 이것이 바로 어떤 관점 또는 조망이 의미하는 바이기도 하다. 어떤 관점이나 조망이 인식

가능한 것이 되려면 그것은 누군가의 기준이나 가치의 집합과 관련해서 의미를 지녀야만 한다. 그것은 다른 사람이 아니라 특정한 누군가의 고유한 선개념이 구체화된 것이어야 한다. 데카르트는 이 규칙을 준수한다. 그리고 비물질적인 정신이 본유적 능력을 통해 공유할 수 있는, 신의 객관적 관점을 도입해 자신의 생각을 전개한다. 하지만 이런 관점을 제거하면 무엇이 남는가?

내가 보기에 신이라는 기초를 제거하면 객관적 관점은 결국 다시 인간의 관점이 될 수밖에 없는 듯하다—그것은 다시 우리들 중 일부는 옹호하고 다른 일부는 옹호하지 않는 관점이 될 수밖에 없다. 그리고 이는 객관적 관점이 중요하다고, 곧 폭넓게 선택되고 공유될 만한 가치가 있다고 생각하는 사람이라면 (나도 그렇게 생각하는데) 누구나 신의 도움에 의지하지 않고 이 관점을 옹호할 수 있는 방법을 찾아나서야 함을 의미한다.

4장

평가와 영향

『성찰』은 매우 큰 영향을 미친 저술이었다.

하지만 『성찰』이 철학사에 미친 영향은 매우 복잡하다. 왜 이 책은 계속 출판되었는가? 많은 사람들, 특히 큰 영향력을 지닌 사람들이 이 책을 읽으려 했고 읽어야 했기 때문이다. 왜 사람들은 이 책을 읽었는 가? 흥미롭고 교육에 도움이 되는, 아니면 다른 어떤 방식으로 유익한 무언가를 발견하리라 기대했기 때문이다. 사람들은 언제 이 책을 읽었으며, 왜 데카르트의 사상이 가치 있다고 생각했는가? 이 책이 그들의 질문에 답을 내리고, 그들이 의심하는 바를 명확히 밝혀주고, 그들의 편견을 불식시키고, 그들이 이미 지녔던 태도와 기대, 믿음, 선호 등을 호의적인 방식으로 서로 연결해주기 때문이다. 달리 말하면 『성찰』의 성공 비결은 내용 자체보다는 내용이 독자들의 마음과 밀접히 연결된 방식에 있다. 이것이 사실이라면 일부 독자들은 이 책을 읽지 않았더라면 믿지 않았을 바를 믿게 되었다고 말할 수 있다. 또한 이들이 나름대로 자신만의 믿음을 갖고 있지 않았더라면 아무도 이 책을 읽지 않았으리라는 점도 사실임을 잊어서는 안 된다.

『성찰』이 매우 큰 영향을 미쳤다는 내 말을 이 책이 일방적으로 사람들을 이렇게 또는 저렇게 생각하도록 만들었다는 의미로 여겨서는 안 된다. 내가 의미한 바는 이 책에는 사람들이 폭넓게 활용할 수 있는 생각들이 담겨있다는 점이다. 그리고 이 책이 지금까지도 여전히 큰 영향력을 발휘하는 저술로 남아있다는 사실은 이렇게 오랜 시간이 흐른 뒤에도 사람들이 유용한 무언가를 계속 발견해낸다는 점을 의미한다. 하지만 사람들이 유용하다고 생각해온 바 또는 사람들이 이 책과 더불어할 수 있었던 바는 시간이 흐르면서 계속 변화해왔다. 사람들이 지닌 믿음의 체계가 변화하고 발전하듯이 독자들이 『성찰』을 해석하는 방식도 이에 따라 변화해왔다. 그런데 흥미로운 (그리고 다소 혼란스러운)

사실은 사람들의 믿음의 체계에 이런 변화를 일으킨 요소 중 하나가 『성찰』과 같은 책의 영향이라는 점이다. 따라서 이제 책과 독자들 사이의 복잡한 순환적 상호작용을 살펴보면서 우리의 논의를 마무리 지으려 한다. 독자들은 자신이 중요하다고 생각하는 바와 세계를 보는 방식에 기초해 이와 관련되는 책을 선택한다. 이것이 중요한 까닭은 독자들이 책을 활용하고 책에 반응하는 방식이 그들의 세계관이 변화하는 이유 중 상당 부분을 차지하기 때문이다. 그리고 이런 태도의 변화는 또한 책 자체를 서로 다른 여러 방식으로 읽고 해석하는 결과로 이어진다.

사람들이 자주 말하듯이 역사는 우리가 생각하는 것보다 훨씬 복잡하다.

따라서 『성찰』에 대한 평가가 시대에 따라 변화하는 일을 의미 있게 받아들이려면 이런 복잡성을 항상 기억해야 한다.

1. 『성찰』과 역사

데카르트가 17세기 수학사와 과학사에서 차지하는 중요성은 더 이상 말할 필요가 없다. 수학에서 그는 해석 기하학(곡선을 대수적으로 다루는)을 창시했다. 자연과학과 관련해 그는 서로 다른 두 차원에서 막대한 영향을 미쳤다.

1. 우주론, 기상학, 해부학, 생물학, 의학 그리고 광학 등의 세부 분야를 다룬 그의 전문 저술들을 통해 그는 자연과학의 모든 영역을 주도하는 대표적인 — 거의 유일한 — 학자가 되었으며, 그의 저술을 비판할 수 있을지는 몰라도 무시할 수는 없는 수준의 학자로 부상했다.
2. 그리고 최소한 이런 전문적인 저술들만큼이나 중요한 것은 이들을 가능하게 한 전반적인 물리적 체계이다. 데카르트의 기계론은

[3.2.4] '새로운 철학'을 내세운 학자들이 자연을 바라보고 탐구하는, 최초의 적절한 전망을 제공했다. 비록 그의 저술들이 1663년 가톨릭교회의 금서 목록에 올랐지만[1] 그의 관점은 17세기 말 뉴턴의 견해가 폭넓게 받아들여지기 이전까지 자연과학의 영역을 지배한 정통 모델이 되었다.[2]

하지만『성찰』에는 데카르트 자신의 수학이나 과학과 관련된 내용은 전혀 포함되지 않으며 기계론적인 자연의 체계 전반에 관한 언급도 거의 찾아볼 수 없다. 그 대신 현재 우리가 그의 철학이라고 부를 수 있는 바를 매우 높은 수준으로 이론화한 내용이 등장한다.『성찰』에는 신과 창조의 관계, 인간의 본질과 우주에서 차지하는 위치에 대한 그의 설명이 제시된다. 그리고 그가 그린 그림의 중심에 놓인 것은 결국 앞의 두 설명에 기초해 우리가 어떻게 현재 자연과학이라고 불리는 일종의 이성적 탐구를 통해 자연에 대한 객관적인 지식에 도달할 수 있는가를 설명하려는 시도이다. 그렇다면『성찰』이 철학사에 미친 영향에 대해서는 어떤 말을 할 수 있는가?

『성찰』에서 발견되는 철학적인 상은 또한 (다소 가감이 있지만)『원리』와『방법서설』에서도 등장하므로 이 세 저술 모두를 통해 제시되는

---

1   교회 당국을 화나게 만든 가장 큰 이유는 그가 성변화의 신비성을 부정한 것인 듯하다.
2   데카르트의 모델이 얼마나 유용한가에 대해서는 의견이 엇갈린다. 생물학에서 데카르트의 기계론은 생명체를 설명하는 모델로서는 지나치게 허술하고 불충분한 설명을 제공하므로 대체로 실패한 연구 프로그램으로 여겨진다. 물리학에서도 이와 유사한 평가가 뒤따른다. 자연에서 모든 신비로운 힘이나 능력, 공명 등을 제거하고 이를 오직 물체의 운동에 기초한 체계로 대체하려는 그의 시도는 영웅적인 것이었지만 뉴턴의 종합적 체계, 곧 당시로서는 설명할 수 없는, 다소 '신비한' 개념인 '중력'을 중심에 둔 체계가 등장하면서 데카르트의 체계는 무너지고 만다.

사상과 분리해서 『성찰』이 미친 영향에 대해서만 언급하기란 쉽지 않다. 하지만 이 세 저술 중 어떤 것을 통해서 알려졌든 간에 『성찰』에서 발견되는 철학적 전망은 서양 철학사에서 가장 중요한 것 중 하나라고 생각되는데[3] 그 이유는 다음 두 가지이다. 첫째, 17세기 후반에 등장한 모든 위대한 철학자들은 ─ 스피노자, 라이프니츠, 말브랑슈, 로크 등을 포함해 ─ 『성찰』에 등장하는 사상을 의식적으로 자신들의 영감의 원천, 출발점, 기반 또는 공격 목표로 삼았다. 18세기에 접어들어서는 『성찰』 자체보다는 데카르트의 후계자들을 언급하는 경우가 더욱 잦아졌지만 버클리나 흄 같은 철학자들은 여전히 매우 분명하게 데카르트적인 틀 안에서 논의를 진행했으며, 칸트에 이르러서야 ─ 그 또한 자신이 데카르트와 그의 후계자들이 논의했던 문제를 그들과는 다른 방식으로 해결하려 한다고 생각했지만 ─ 비로소 우리는 데카르트의 틀에서 벗어난 최초의 주요 철학자를 만나게 된다.

하지만 『성찰』이 다른 철학자들에게 미친 영향은 두 번째 이유에 비하면 사소하고 덜 흥미로운 것에 지나지 않는다. 첫 번째 이유보다 훨씬 더 중요한 이유는 『성찰』에 등장한 여러 생각들이 데카르트의 시대 이후로 지금까지도 유럽 사상의 주류를 형성하고 지배해 왔다는 사실이다.

이런 나의 언급이 데카르트가 역사의 흐름을 변화시켰다거나 우리를 현재와 같은 모습으로 만들었다는 점을 의미하지는 않는다. 혹시 그렇게 생각한다면 이는 역사 전반에서, 특히 사상사에서 개인이 행할 수 있는 역할을 착각한 것에 지나지 않는다. 내 생각에 데카르트가 진정으

---

3   이런 정도의 중요성을 지니는 또 다른 전망은 (이는 아리스토텔레스의 전망임이 분명한데) 데카르트의 전망에 비해 훨씬 더 오랫동안 지속되었다. 하지만 우리는 이런 전망들을 공유했던 사람들의 수 또한 고려해야 한다.

로 행한 바는 오히려 사람들이 변화하는 세계에서 자신의 삶과 자신이 차지하는 위치를 이해하는 데 도움이 되는, 서로 밀접하게 연관된 일련의 생각들을 주의 깊게 탐구해 제시한 것이라고 할 수 있다. 그가 그린 그림은 매우 근본적이면서도 흥미롭다. 그것은 당시 개인주의의 등장과도 궤를 같이했으며, 이미 확립된 철학에 반기를 들고 기존의 성취를 무너뜨리려 하는 세속 사상가들을 고무했고, 새로운 과학적 발견에 중요한 역할을 부여하면서도 이를 대다수의 사람들이 지닌 종교적 신념과 어떻게든 결합하려 했다. 데카르트는 왜 사람들이 이전에 믿었던 바나 현재 믿는 바를 계속 믿으려 하는지에 대한 이유를 일방적으로 제시하지는 않았다. 하지만 그는 사람들이 삶 전반을 통합해서 영위할 수 있도록 이끈 사상을 제시한 가장 탁월한 대변자인 동시에 이론가, 영감의 부여자, 옹호자였다. 또한 그가 제시한 이론적 기반을 근거로 이런 사상의 승리는 더욱 확실해졌으며 더욱 완벽하게 드러났다.

　그렇다면 왜 이런 일이 일어났는가? 왜 이 작은 책이 그렇게 큰 성공을 거두었는가? 지금 우리의 세계에도 이어지는, 이 책에 포함된 사상은 과연 무엇인가?

　데카르트는 『성찰』을 라틴어로 써서 1641년 처음 출판했다. 프랑스어 번역은 6년 뒤에 나왔는데 이를 통해 더욱 많은 사람들이 이 책을 접할 수 있게 되었다. 두 판 모두에서 그의 문장은 간결하고 명확하며 어려운 전문 용어는 거의 등장하지 않는다. 더욱 중요한 점은 『성찰』의 형식과 설명 방식이 독자들을 직접 논의에 참여할 수 있도록 만든다는 사실이다. 『성찰』은 우리에게 무언가를 가르치거나 알려주려 하지 않는다. 그저 탐구 과정에 대한 이야기를 풀어놓으면서 사고 과정을 따라오도록 우리를 초대하며—심지어 따라오라고 요구하며—이야기하는 자와 더불어 여러 주제를 함께 생각하도록 만든다. 이런 설명 방식은 독서 행위를 더욱 생동감 있게 만들 뿐만 아니라 동시에 상당한 정치적 중요성도 지닌다. 데카르트는 우리가 스스로 생각할 수 있으며 또 그렇게 해야 한다고 말한다. 그리고 지식과 이해는 수도원에 틀어박힌 학자들의 전유물이 아니라 당시 자신들의 정치적, 경제적, 지적 독립을 점차 주장하기 시작했던 중산층의 일반인들도 얼마든지 접근할 수 있는 것임을 밝혔다[3.1.1 ; 3.1.2].

그의 사상은 상당히 급진적이었지만 그는 또한 정치적으로 매우 영리하게 대처할 줄도 알았다. 프랑스를 떠나고, 자신이 지동설을 지지한다는 사실을 교묘히 감추고, 『성찰』을 종교적 목적을 지닌 종교적 저술로 보이게 하는 등의 방법을 동원함과 동시에 『반박과 답변』에서 누가 제기했든 (고위 성직자를 포함해) 상관없이 모든 반박을 기꺼이 받아들임으로써, 그는 이렇게 하지 않았더라면 시달릴 수밖에 없었던 수많은 비판에서 벗어나 새로운 생각들을 정리할 시간을 벌 수 있었다.

마지막으로 데카르트가 『성찰』을 쓸 당시 아직 널리 전파되지 않았던, 따라서 『성찰』에 새로이 포함된 핵심 사상은 무엇인가? 그리고 사람들이 보편적으로 받아들여 현재 우리도 그것 이상을 주장한다고 말하기 어려울 정도로 확고한 믿음의 지위를 얻은 요소는 과연 무엇인가?

가장 확실하게 여기에 속하는 것으로 데카르트가 제시한 과학의 형이상학이라고 불릴 만한 것을 들 수 있다. 그가 자신과 동시대인들 대부분이 그렇게 행하지 않는다고 지적했지만 현재 우리들 대부분이 행하는 요소로 다음과 같은 것들이 있다.

• 자연과학은 질적인 것이 아니라 양적인 것을 다루어야 한다. 현재 우리는 얼음을 만졌을 때 느껴지는 바를 얼음이 지닌 차가움이라는 고유한 속성이 아니라 얼음을 구성하는 입자들이 운동하는 (수량화 가

능한) 속도를 통해서 설명한다. 또한 우리는 잔디의 색을 잔디가 지
닌 녹색이라는 본질이 아니라 잔디가 반사하는 광선의 (수량화 가능
한) 압력을 통해서 설명한다.

- 자연의 실재는 일상적인 평범한 언어가 아니라 오직 전문가들이 사
  용하는 특별한 용어를 통해서 정확하게 기술할 수 있다. 따라서 '차
  가움'은 'x도의 온도'로, '녹색'은 '파장이 얼마인 반사광'으로 표현
  된다.
- 육안으로 보이는 대상들의 활동은 이들을 구성하는 현미경적인, 초
  현미경적인 요소들의 활동에 의존한다.
- 우리가 자연에서 관찰하는 모든 과정들은 불변하는 결정론적 법칙이
  낳는 결과이다.
- 자연의 기본적인 사실들은 오직 수학적으로 표현될 수 있다.

데카르트만 이런 생각을 한 것은 아니었다. 다른 학자들의 사상이
『성찰』의 중요한 배경과 동기를 제공했다 할지라도 『성찰』을 읽어보면
이들의 흔적이 선명하게 드러나지는 않는다. 오직 데카르트주의자만의
특유한 주장은 아니지만 데카르트가 『성찰』의 결론에서 분명히 지적
한, 오늘날 우리가 당연시하는 요소로서 다음의 두 가지를 추가로 언급
할 수 있다.

과학 인식론
- 데카르트는 인간이 세계에 관해 진정한 객관적 지식을 지닐 수 있다
  고 생각한다―개인의 차원이든 아니면 집단의 차원이든 우리는 사
  물들이 우리에게 어떻게 보이는가를 넘어서서 사물들이 그 자체로
  진정 어떻게 존재하는지를 발견할 수 있다.

- 그런 객관적 지식은 종교나 다른 어떤 권위로부터가—전통이나 시대를 거쳐 누적된 지혜로부터가—아니라 현재 우리가 자연과학이라고 부르는, 자연에 대한 일종의 이성적 분석으로부터 얻어진다.

철학적 인간학

- 데카르트는 우리들 각각이 주관적인 사적 세계를 형성해 살아간다고 생각한다. 이 사적 세계는 감각의 세계이며 자아의 세계이다. 우리가 다른 사람에게 어떻게 보이는지는 단지 현상과 외관의 문제일 뿐이다. 우리 자신이 진정 무엇으로 존재하는가, 곧 우리의 본성과 인격은 오직 우리 자신만이 직접 파악하고 참으로 인식할 수 있는 문제이다.

- 이런 사적 자아가 진정한 우리 자신이다. 하지만 동시에 우리는 이런 사적 자아를 극복하기 위한 노력을 끊임없이 계속해야 한다.
  - 우리가 실재를 인식하려 한다면 감각과 감정의 주관적인 세계에서 벗어나 객관적인 진리를 발견하기 위해 우리의 이성을 사용해야 한다.
  - 좋은 삶, 곧 도덕적 삶은 우리의 감각과 욕구에서 벗어나 이성이 우리에게 옳은 행위라고 알려주는 바를 행하는 것으로 이루어진다.[4]

2. 『성찰』과 현대철학

한 시대에 새롭게 등장해 논쟁의 대상이 되었던 사상이 그 다음 시대에는 너무나 명확하게 받아들여져 아무도 그것에 관해 글을 쓰는 일을 거

---

4   사실 이 점은 데카르트 자신의 도덕에 관한 저술에서보다 그가 자신의 이원론을 발전시켜 나간 방식과 관련해서 더욱 분명하게 드러난다.

리끼지 않는 일이 자주 일어난다. 이런 경우 그 사상의 근원은 거의 항상 쉽게 망각된다. 무언가를 모든 사람들이 명확한 것으로 받아들이면 우리는 그것이 발견되거나 발명될 필요가 아예 없었다는 듯이 느낀다. 어쩌다가 역사를 거슬러 올라가 그 사상을 처음 제시한 사상가들의 저술을 접하게 될 경우 우리는 그들이 우리에게 말하려는 바를 오해할 가능성이 무척 크다. 이런 과정이 18세기 이래 데카르트의 저술을 읽는 경우에도 똑같이 발생한 듯이 보인다.

최소한 19세기 중반에 이르면 데카르트는 평생 분투했던 싸움에서 매우 광범위한 승리를 거둔 듯이 보였다. 계몽주의는 완성되었으며, 내가 바로 앞 절에서 근대 세계를 만든 것으로 나열했던 사상들의 핵심 내용을 이들에 대해 깊이 생각하는 사람들 대다수가 받아들이게 되었다. 더욱 중요한 점은 이런 사상들이 정치, 경제 제도나 사회 조직, 교육, 종교, 대중문화 그리고 예술 등과 순조롭게 결합되었다는 사실이다.[5] 이렇게 시대적 배경이 변화하면서 데카르트에 대한 평가 또한 변화하기 시작했다.

철학의 영역에서 『성찰』에 대한 해석은—다른 모든 고전에 대한 해석과 마찬가지로—영미의 분석적 전통과 유럽 대륙의 전통 사이에서 큰 차이를 보인다. 영미 분석철학의 영역에서 데카르트의 '과학적' 저술로 분류된 것들은 근대의 과학적 탐구가 이제는 더 이상 쓸모없는, 시대에 뒤진 것이라는 근거에서 거의 무시되었으며, 과학적 지식이 가능하며 중요하다는 점을 당연시했던 철학자들은 이런 결론을 확립하기 위해 데카르트가 보였던 영웅적인 노력을 전혀 다른 무언가를 의미하는 것으로 생각하기 시작했다. 따라서 이들은 데카르트를 일차적으로

---

5 내가 위에서 나열했던 사상들의 핵심 내용이 대학의 교과과정, 도덕주의자들의 선언, 소설의 양식, 과학에 대한 후원 등의 다양한 것들에 반영되었음을 생각해보라.

인식론자로 여기면서, 『성찰』을 우리가 누구를 믿어야 하는가라는 실
천적인 문제가 아니라 지식의 기초에 관한 더욱 차원 높은 '철학적' 문
제를 다루는 저술로 여겼다. 이들은 칸트에서 유래한 구별을 사용해 데
카르트를 모든 지식은 경험에 의존한다고 생각했던 '영국 경험론'의
철학자들과 구별되는, 모든 지식은 궁극적으로 아프리오리한 것에 근
거한다고 주장하는 '대륙 합리론'의 대표적 철학자로 분류했다.[6]

유럽 대륙의 전통에서 『성찰』의 중요성은 항상 내가 그의 철학적 인
간학이라고 불렀던 것에 훨씬 더 집중되는 경향을 보였다. 주관적 자아
를 만들어내고 이런 자아가 내적 성찰을 통해 얻은 바를 강조한 그의
철학은 그를 현상학의 창시자로, 따라서 실존주의와 그 후에 등장한 모
든 철학 사조의 창시자로 떠받드는 다소 무리한 시도로 이어졌다.

최근에 접어들어 분석적/대륙적 구별이 점차 사라지는 경향이 드러
나는데 이런 경향의 원인인 동시에 결과로 이제 영어권 철학자들도 여
러 고전적인 원전들을 역사적 맥락에 기초해 훨씬 더 섬세하게 읽기 시
작했다. 이 결과 데카르트도 내가 젊을 때 생각되었던 정형화한 모습보
다는 훨씬 더 흥미로운 철학자로 여겨지기 시작한 듯이 보인다.[7] 이 책
이 어떻게든 이런 흥미를 포착하는 데 도움이 되기를 바란다.

---

6   이런 식의 전개는 '이성'이라는 용어의 의미가 변화했다는 사실에 크게 의존한다.
데카르트는 이성의 임무가 후에 우리가 '과학'이라고 부르게 된, 경험에 대한 이성적
분석이라고 여겼지만 이후 특히 칸트가 등장한 후에는 이성이 순수하고 아프리오리한
추론을 담당하는 것으로 생각하게 되었다.
7   흥미롭게도 데카르트는 주류 철학의 외부에서 오히려 가장 정확하게 묘사되어 온
듯하다. 나는 전문 철학자가 아닌 사람들, 역사가와 문학이론가들이 그를 이성을 옹호
한 위대한 인물로 올바르게 평가해왔다고 생각한다. 반면 철학자들은 데카르트를 예
술과 도덕을 단지 개인적 느낌 수준으로 평가절하하고, 동물들을 인간의 편리와 이익
을 위해 마음대로 학대해도 좋은 로봇 정도로 여기는 사상을 낳은 인물로 묘사해왔다.

5장

더 읽어볼 만한 자료들

1. 『성찰』

수많은 서로 다른 판본과 번역본들이 있다. 표준 (라틴어) 판은 다음과 같다.

- Adam, C. and Tannery, P., eds. *Oeuvres de Descartes* (Paris, Cerf, 1897–1909; new edition Paris, Vrin, 1964–74), vol. VII. (데카르트 자신이 직접 감수한 프랑스어 번역은 vol. IX에 실려 있다.)

영어 번역의 표준판은 다음과 같다.

- Cottingham, J., Stoothoff, R. and Murdoch, D., eds. and trans. *The Philosophical Writings of Descartes* (Cambridge, CUP, 1984), vol. II.

이와 동일한 번역이 단행본으로도 출판되었다.

- Cottingham, J., Stoothoff, R. and Murdoch, D., eds. and trans. *Descartes: Selected Philosophical Writings* (Cambridge, CUP, 1988).

2. 데카르트가 쓴 관련 저술들

『성찰』의 내용은 다른 형태로 다음의 저술에도 등장한다.

- 『방법서설』(*Discourse on the Method*)
- 『철학의 원리』(*Principles of Philosophy*) 중 앞부분.

『성찰』 본문은 90페이지에 지나지 않지만 500페이지가 넘는 『반박과 답변』과 함께 출판되었다.

- 『반박과 답변』(*Objections and Replies*)은 방대한 분량의 부연 설명을 제공한다. 동시대 여러 학자들이 제기한 반박은 제대로 된 지적

에서 지루한 넋두리에 이르기까지 다양하며, 이에 대한 데카르트의 답변 또한 아첨에 가까운 것부터 실제로 도움이 되는 것, 거만하게 무시하는 것까지 다양하다.

데카르트의 기계론에 관해서는 다음의 저술을 참고할 필요가 있다.
- 『세계』(*The World*)
- 『인간론』(*Treatise on Man*)
- 『인체의 구조에 관하여』(*Description of the Human Body*)
- 『굴절광학』(*Optics*)
- 『철학의 원리』, 2–4부.

그의 인식론과 형이상학에 관해서는 다음의 저술을 참고할 필요가 있다.
- 『버만과의 대화』(*Conversation with Burman*)
- 『진리 탐구』(*The Search for Truth*)
- 『프로그램에 대한 주석』(*Comments on a Certain Broadsheet*)
- 『정신 지도를 위한 규칙들』(*Rules for the Direction of our Native Intelligence*)

데카르트의 생리학, 심리학, 윤리학은 다음 저술에 포괄적으로 등장한다.
- 『정념론』(*The Passions of the Soul*)

그리고 방대한 분량의
- 『편지』(*Correspondence*)에서 그는 모든 주제에 관해 논의한다.

3. 유용한 이차 문헌들

데카르트와 『성찰』에 관한 저서

Cottingham, J. *Descartes* (Oxford, Blackwell, 1986).

Curley, E. M. *Descartes against the Skeptics* (Oxford, Blackwell, 1978).

Dicker, G. *Descartes, an Analytic and Historical Introduction* (New York and Oxford, OUP, 1993).

Garber, D. *Descartes' Metaphysical Physics* (Chicago, UCP, 1992).

Gaukroger, S. *Descartes: An Intellectual Biography* (Oxford, OUP, 1995).

Hatfield, G. *Descartes and the* Meditations (London, Routledge, 2003).

Williams, B. *Descartes: The Project of Pure Enquiry* (Harmondsworth, Penguin, 1978).

Wilson, C. *Descartes'* Meditations: *An Introduction* (Cambridge, CUP, 2003).

Wilson, M. D. *Descartes* (London, Routledge, 1978).

논문집

Chappell, V. ed. *Descartes'* Meditations: *Critical Essays* (Lanham, New York, Boulder and Oxford, Rowman & Littlefield, 1997).

Cottingham, J. ed. *The Cambridge Companion to Descartes* (Cambridge, CUP, 1992).

Doney, W. ed. *Descartes: A Collection of Critical Essays* (London and Basingstoke, Macmillan, 1967).

Hooker, M. ed. *Descartes: Critical and Interpretive Essays* (Baltimore and London, Johns Hopkins UP, 1978).

Rorty, A. O. ed. *Essays on Descartes'* Meditations (Berkeley, UCP, 1986).

Sorell, T. ed. *Descartes* (Aldershot, Ashgate, 1999).

Voss, S. ed. *Essays on the Philosophy and Science of René Descartes* (New York and Oxford, OUP, 1993).

4. 본문에서 언급한 다른 저술들

Aquinas, T. *Summa Theologiae* (『신학대전』).

Ayer, A. J. *Language, Truth and Logic* (『언어, 진리, 논리』).

Berkeley, G. *A Treatise Concerning the Principles of Human Knowledge* (『인간 지식 원리론』).

Bouwsma, O. K. "Descartes' Evil Genius", in *The Philosophical Review*, 1949.

Eddington, A. S. *The Nature of the Physical World* (Cambridge, CUP, 1929).

Febvre, L. *Le Problème de l'incroyance au XVIe siècle*.

Galileo, G. *Il Saggiatore* (『분석자』), in Drake S. and O'Malley, C. D. eds. and trans. *The Controversy on the Comets of 1618* (Philadelphia, U Pennsylvania Press, 1960).

Hume, D. *A Treatise of Human Nature* (『인간 본성에 관한 논고』).

Kant, I. *Critique of Pure Reason* (『순수이성비판』).

Kuhn, T. S. *The Structure of Scientific Revolutions* (『과학 혁명의 구조』).

Lichtenberg, G. C. Aphorisms, in Grenzmann, W. ed. *Gesammelte Werke* (Frankfurt am Main, Holle Verlag, 1949).

Locke, J. *An Essay Concerning Human Understanding* (『인간 지성론』).

Malebranche, N. 6th Éclaircissement, in Rodis-Lewis, G. ed. *Oeuvres Complètes* (Paris, Vrin, 1964), vol. 3.

Mersenne, M. *L'Impiété des Dèistes, Athées et Libertins de ce Temps* (Stuttgart-Bad Cannstatt, Frommann/Holzboog, 1975).

Popper, K. *Conjectures and Refutations* (『추측과 논박』).

Putnam, H. *Reason, Truth and History* (『이성, 진리, 역사』).

Ryle, G. *Dilemmas* (Cambridge, CUP, 1954).

Sellars, W. *Science, Perception and Reality* (『과학, 지각, 실재』).

Wittgenstein, L. *Philosophical Investigation* (『철학적 탐구』).

찾아보기

|ㄱ|

가상디(Gassendi, Pierre) 253n9

'가설 연역적 방법' 250-6

갈릴레오(Galileo) 17, 19, 21, 35, 88n22, 171, 207

감각적 지식

~과 과학 86-90

~의 본성 105-7, 108-11, 279-84

~의 확실성 48-56, 70-3, 170-1, 289-95

개념 대 파악 194, 198-99

객관성 21, 74-80, 89, 107n4, 173-4, 239-47, 293-9

계몽주의 27, 284n1, 311

고크로저(Gaukroger, Stephen) 208

공간과 물체 115-20

과학

~과 객관성 26-9, 237-9

데카르트의 ~ 대 스콜라철학의 ~ 86-8, 113-5, 232n1

데카르트의 ~ 이론 248-56, 260-2, 308-10

데카르트의 ~ 저술 19-20, 248, 304-10

과학 혁명 20, 88, 297

관념론 260-2, 266, 268-74, 287

관념의 종류 175-9

교활한 악령 59-61, 67, 74-80, 92, 98, 138, 102-3, 270-1

꿈 논증 48-53, 58, 60, 70-80, 150, 168, 260-2, 266, 270, 291-4

|ㄴ|

'나는 생각한다, 그러므로 존재한다' (코기토) 91-103, 138-43, 149-54, 164-72, 266

뉴턴(Newton, Sir Isaac) 19, 305

|ㄷ|

다원론 127-9, 159

데카르트적 순환 논증 239-43

도덕 43n8, 126, 135, 137, 207, 222, 227-8, 235, 256, 310n4

|ㄹ|

라이프니츠(Leibniz, Gottfried Wilhelm) 127, 306

라일(Ryle, Gilbert) 76n18

레기우스(Regius, Henri le Roi)
    178n18
로크(Locke, John) 178, 193, 306
리히텐베르크(Lichtenberg, Georg)
    138

|ㅁ|
마니교 228n28
말브랑슈(Malebranche, Nicholas de)
    269n5, 288, 306
『매트릭스』(The Matrix) 74-80
메르센(Mersenne, Martin) 207
명석 판명한 관념 153, 175n6, 201,
    230, 260, 266, 284-6, 289
    ~의 본질 164-8
    ~의 역할 169-72, 235-9, 251-6,
    289-95
무신론 114, 218-9, 228
    ~과 이성적임 211-4
    ~의 가능성 221-2, 225-8
    ~자로서의 데카르트 215-7
    17세기의 ~ 206-8
    현대의 ~ 208-11
무한 192-5, 198
물체
    ~의 본성 105-6, 108-9, 113-20,
    128-9, 259, 282-3
    ~의 존재 48-51, 154, 175n6,
    188-91, 213-4, 259-62, 266-
    75, 279-80, 286-90

|ㅂ|
『방법서설』 34n1, 60n14, 93n1, 113,
    305, 315
버클리(Berkeley, George) 158,
    269-73, 289n6, 306
보존 117, 184, 196, 199-201, 219-22
본성에 기초한 논증 240-1, 266
'본유적' 지식 54, 166, 169, 175n5,
    178-9, 193-5, 197, 225, 283-4
부스마(Bouwsma, O. K.) 79n19
'분석' 철학 대 '대륙' 철학 72n16,
    311-2
브루노(Bruno, Giordano) 207
비물질적 존재 133, 144-7, 160
비트겐슈타인(Wittgenstein, Ludwig)
    173

|ㅅ|
사고하는 자 34-7
상대주의 26-9, 68-9, 80-5, 243-7
상상력 177, 280-4
『성찰』
    ~의 목표 28-9, 34-5, 108-9,
    113-5, 248-9, 258-9, 310-2
    ~의 영향 303-12
    ~의 '큰 질문' 30, 43, 48-50,
    293-9
    허구로서의 ~ 34-7
『세계』 114-5, 121, 316
섹스투스 엠피리쿠스(Sextus
    Empiricus) 64

셀라스(Sellars, Wilfrid) 297

송과선 136n10

수학

　수학자로서의 데카르트 18, 304-5

스피노자(Spinoza, Baruch) 127, 158, 207, 306

신 36, 44, 135, 153, 179, 188-91, 229-31, 272-3, 287-90

　~과 객관성 30, 126, 164, 174, 230-1, 239-48, 298-9

　~에 대한 믿음의 의미 208-11, 215-23, 223-8

　~에 대한 '존재론적 논증' 263-7, 274-8

　~의 속성 223-8

　데카르트의 첫 번째 ~ 존재 증명 186-7, 190-7, 201-2

신인동형론 223-8, 231

실재론 79-80, 110-2

실재성 181-3

실체 127-8, 150, 157-61, 180-3, 220-1, 284-6

심리학 대 논리학 44, 84n21, 100, 150-2, 164-8, 285-6

|ㅇ|

아르노(Arnauld, Antoine) 239

아리스토텔레스(Aristotle) 129-31, 180n11, 232n1, 306n3

아인슈타인(Einstein, Albert) 126

아퀴나스(Aquinas, St. Thomas) 226n27

아프리오리한 지식

　~과 본성에 관한 지식 248-9, 252-3, 260-2, 268, 282-3

　~의 본성과 지위 53-6, 62, 95, 169-72

　~의 회의 가능성 56-8, 97, 164, 171-4

안셀무스(Anselm of Canterbury, St.) 264, 277

에딩턴(Eddington, Sir Arthur) 296

에이어(Ayer, Sir Alfred J.) 273n6

영혼 129-31

오류

　~로부터의 논증 50, 266

　~의 본성과 ~를 피하는 방법 231-9

완전성 179, 193-7, 223-8, 262-5, 276

의식 93, 101-4, 111, 133-5, 147-8, 282-6

의지

　~와 오류 135, 231-9

　~의 자유 135, 234n2

이원론 127-38, 310n4

『인간론』 114n6, 316

인과적 타당성 원리 183-5, 192-3

일원론 127-9, 160

|ㅈ|

자아 101-5, 179, 186-91, 310

　~의 존재 138-43, 146-7

자연법칙 21, 42, 115-7, 201, 209,
　　215-22, 237-8, 259, 261, 287,
　　308-9
전능함 217, 225-6, 234n3
전지함 226-7, 234n3
정당화 84, 242
정신
　　～과 육체의 분리 104-5, 111-2,
　　　143-54, 284-6
　　～의 본성 101-5, 127-38, 280-4
　　다른 사람의 ～ 150n13, 186-91
　　데카르트의 ～ 이론의 중요성 30,
　　　89, 111-2, 127, 190, 297-8,
　　　311-2
정신과 육체의 상호작용 135-6
제1성질과 제2성질 120-7, 186n15,
　　259, 261-2, 281-3
존재론 127-9, 141-3, 154-61, 181-
　　2, 202-5
종교와 과학 86, 88-9, 217-22, 235
지구의 운동 17, 19-20, 28, 42-3, 89,
　　170-1, 207
진공의 불가능성 118-20

|ㅊ|
『철학의 원리』 35, 305

|ㅋ|
칸트(Kant, Immanuel) 212, 269n5,
　　275-8, 306, 312
케플러(Kepler, Johannes) 17, 21, 35,

171
쿤(Kuhn, Thomas) 28n2
크리스티나 여왕(Christina, Queen of
　　Sweden) 18

|ㅌ|
튀코 브라헤(Tycho Brahe) 17

|ㅍ|
퍼트남(Putnam, Hilary) 185n14
페브르(Febvre, Lucien) 206n22
포퍼(Popper, Karl) 252n8
플라톤(Plato), 플라톤주의 166n1,
　　262n1, 266, 287
필연적 진리 94-7, 141, 152-4, 274-5

|ㅎ|
하비(Harvey, William) 17
핼리(Halley, Edmund) 250-1
헤겔(Hegel, Georg Wilhelm Friedrich)
　　269n5
홉스(Hobbes, Thomas) 145n12,
　　289n5
확실성
　　～과 과학 48-56, 61-2, 169-71,
　　　249-50, 251-6, 257-62
　　～과 명석 판명한 관념 164-8
　　～과 코기토 91-101, 112, 164-5
　　～과 회의주의 47, 64-5, 68-9, 82-
　　　5, 243-7, 266-7
　　～의 종류 44-6, 80-2

회의

　~의 방법 37-47, 58, 107

　'과장된' ~   173-4, 230-1, 239-
　　47, 298

회의주의 22, 42, 47, 61, 62-9, 207

　~가 불가능함에 대한 증명 229-31,
　　245-7, 265-7

~에 대한 정의 63-4

~의 역사 64-5

데카르트적 ~   69, 74-80, 260,
　273-4

보편적 ~ 66-7

흄(Hume, David) 247n5, 306